農学基礎
シリーズ

園芸学の基礎

鈴木正彦
［編著］

農文協

まえがき

近年，人々の生活向上にともなって食生活が豊かになり，農産物もたんなる食料としてよりも，安全でおいしいものが求められるようになってきた。園芸作物の種類も増え，栽培法も格段に進歩して，今では主要な野菜や果物は１年を通して手に入れることができるようになった。とくに日本では園芸作物の品質が高く，日本で生産される果物は海外でも非常に人気が高い。

農学では主食となる穀物やイモ類，豆類を農作物，副食の野菜や果物を園芸作物として分けているが，穀物などの農作物は貯蔵ができ輸送も容易なので，北米や南米などで大規模に生産される農法が優位である。それに対して，新鮮さが要求され輸送も困難であった園芸作物には国や地方独特のものがあり，それぞれ固有の栽培法が発達した。園芸作物は集約的な栽培が必要なため，きめ細かい管理を得意とする日本人に向いており，江戸時代からさまざまな方法が考案され栽培されてきた。最近では植物工場などの技術で世界をリードし，日本の園芸技術は世界一ともいわれている。

しかし，発展途上国も日本やオランダなど先進国の技術を導入し園芸技術の向上に努めており，国際的な競争は一段と激しさを増している。日本が今後も世界のトップレベルの技術を保つには，若い人達の教育が欠かせない。まずは植物を理解し，それを基礎に園芸作物の育成にはなにが重要であるかを知ることが大切である。専門書や個別の作物についての解説書は数多いが，全体を俯瞰できる入門的な園芸学の書は少ない。そこで，初めて園芸学に触れる入門書として企画したのが本書である。

園芸作物の生理・生態を総合的に学ぶには，作物の成長を通して栽培条件や環境条件との関係や調節などをみたほうが理解しやすい。本書では，種子の発芽から成長して次世代の種子をつけるまでの園芸作物の一生を，分子生物学などの最新研究を取り入れながら生理的に解説し，環境変化によって成長がどう影響されるのかということを学べるようにした。そして，園芸作物の栽培技術や環境制御技術がどういう場面で応用・利用されているのかについて解説した。また，図や写真を多く入れるなど，入門書としてわかりやすい解説に努めた。

農文協の丸山良一氏には本書の出版にあたり企画から内容の詳細にわたり，貴重なご助言をいただいた。氏のご尽力に深く感謝するしだいである。

2012 年 8 月

鈴木 正彦

目次

第5章 園芸作物の繁殖と改良 157

第6章 園芸作物の利用と機能 / 前田智雄 179

第1章

園芸の起源と歴史

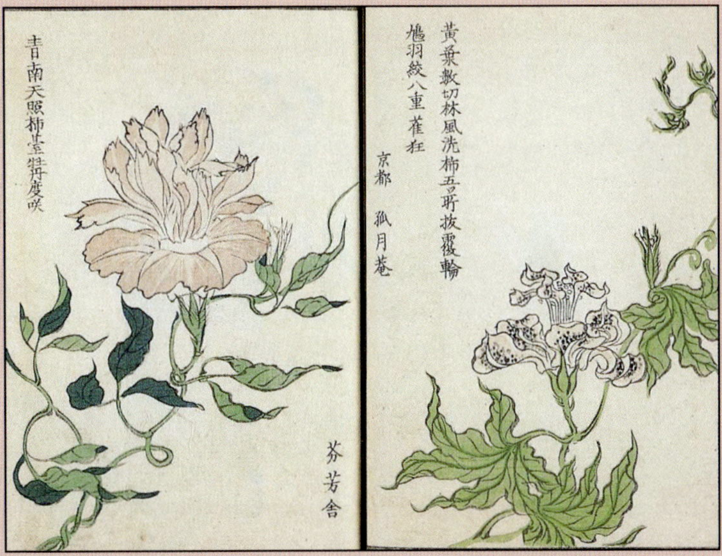

1 園芸作物とはなにか

1 園芸作物と園芸

人類が狩猟と採集の生活を離れ，農耕を始めたのは約１万年前といわれている。その後，人類は長い時間をかけて野生植物から栽培植物をつくりあげ，自らの食糧などに用いてきた。

栽培植物は，大きく農作物と園芸作物とに分かれている。農作物は穀物やイモ類，マメ類などの食用作物を中心に，飼料作物や工業原料作物，緑肥作物がある。園芸作物には野菜（注1），果樹（注2）という，いわゆる‘おかず’や‘デザート’といった副食的なものと観賞用・装飾用の花卉（注3）がある（表1-1）。

園芸（horticulture）は，ラテン語の hortus（囲い）と cultura（栽培管理）という言葉の複合語であり，裏庭など囲ってある敷地内や果樹園などで，小規模に栽培されていた作物を意味する。

〈注1〉
食用にする草本植物。古くは栽培されているものは「蔬菜」といわれていたが，野生のもの（ウド、ワサビ、タケノコなど）も栽培されるようになり，現在では野菜とほとんど同義である。‘蔬’も‘菜’も食用となる草本植物の意味。

〈注2〉
食用にする果実をつける木本植物。スイカやメロンは草本で野菜だが，バナナは草本だが果樹に分類される。

〈注3〉
花，茎葉，枝条，果実などを対象に観賞用に栽培される植物。

2 園芸作物の特徴と利用

❶特徴と栄養価

主食となる穀物やイモ類などの農作物は貯蔵できるものが多いが，野菜や果物などの園芸作物は，長期間保存できない。新鮮な状態で食べるものが多く，その時々の旬があり季節感がある。柔軟で水分含量が多く，多汁であることも特徴である。また，主食である農作物はカロリー源となるのに対し，園芸作物はビタミンやミネラル（無機塩類），食物繊維などを多く含む機能性食品（第６章２〜３参照）である。

❷観賞利用と癒し

動物がひたすら食糧となる植物の採集を目的とするのに対し，花を観賞するのは人類だけであるといわれる。

以前，イラクのシャニダール遺跡でネアンデルタール人の骨が見つかったが，一緒に花の花粉の化石（注4）が発見された。古代の人々がどこからか摘んできて供えたもので，当時から人類は花を愛でていたと考えられている。彼らは最初の花人と呼ばれている。現代では，花は式典やパーティ

〈注4〉
発見されたのは，ヤグルマギク，ムスカリ，セネシオ，タチアオイ，キンポウゲ，セイヨウノコギリソウ，マオウの花の花粉。

表1-1　栽培植物の種類と利用

栽培植物	農作物	食用作物	主食となる食用の作物	コメ，ムギなどの穀物，イモ類，マメ類など	長期保存可能，カロリー源
		工業原料作物	繊維，油糧，嗜好料，薬，糖類	綿花，ナタネ，アマ，サトウキビなど	加工用，成分利用
		飼料作物	家畜の飼料	トウモロコシ，ソルガム，飼料イネなど	長期保存可能，安価
		緑肥作物	畑の肥料となるもの	レンゲソウ，クローバー，エンバク，マリーゴールドなど	緑肥，雑草防除，線虫などの駆除
	園芸作物	果樹	デザートなどの副食	リンゴ，ミカン，モモ，ナシ，ブドウ，バナナなど	生食用，加工用のものがある
		野菜（蔬菜）	おかずなどの副食	トマト，キュウリ，キャベツ，ハクサイ，ホウレンソウなど	保存しにくい。新鮮な状態で食べる。ビタミン，ミネラルが豊富
		花卉	観賞用植物，造園用樹木，園芸療法	バラ，チューリップ，カーネーション，サクラ，ウメなど	切り花，鉢植え，植木，盆栽などで利用

ーなどの装飾に多用され，癒し効果も広く認識されている。

❸園芸作物は文化のバロメーター

野菜，果実などの副食類や装飾用の花卉は，文化が発達するにつれ種類が多くなり，調理や利用も多様化する傾向がある。園芸作物の発展の度合いは，文化のバロメーターといっても過言ではない。

2 園芸作物の起源と改良

1 園芸植物の起源

❶起源の探求

ダーウィン（Darwin）の『種の起源』（1867 年）をはじめ，18 世紀の終わりごろから，農作物や園芸作物などの栽培植物の起源が探し始められた。

ド・カンドル（De Candolle）は，栽培植物の起源を調べるために，栽培植物と野生植物の形態的な特徴を比較し，さらに地球上の分布を調査した。また考古学的に遺跡を調査し，聖書や古文書に登場する作物も調べた。約 250 種の作物の調査結果から，彼は野生植物と栽培植物は連続していることを見つけ，それを『栽培植物の起源』（1883 年）として出版した。

❷作物の発生 8 つの起源地

その後，1900 年代に入るとロシアのバビロフ（Vavilov）によって「遺伝子中心説」（1926 年）が唱えられた。彼は世界のさまざまな場所で植物の調査と収集を行ない，作物の発生地域と考えられるところでは優性遺伝子が多いことを発見した。その調査結果をもとに，8 つの栽培植物の地理的中心地（起源地）を推定したが，そこは古代文明が発祥した地域と重なっていた（図 1 - 1）。古代文明は人類が栽培植物を見出し，農耕を始め定

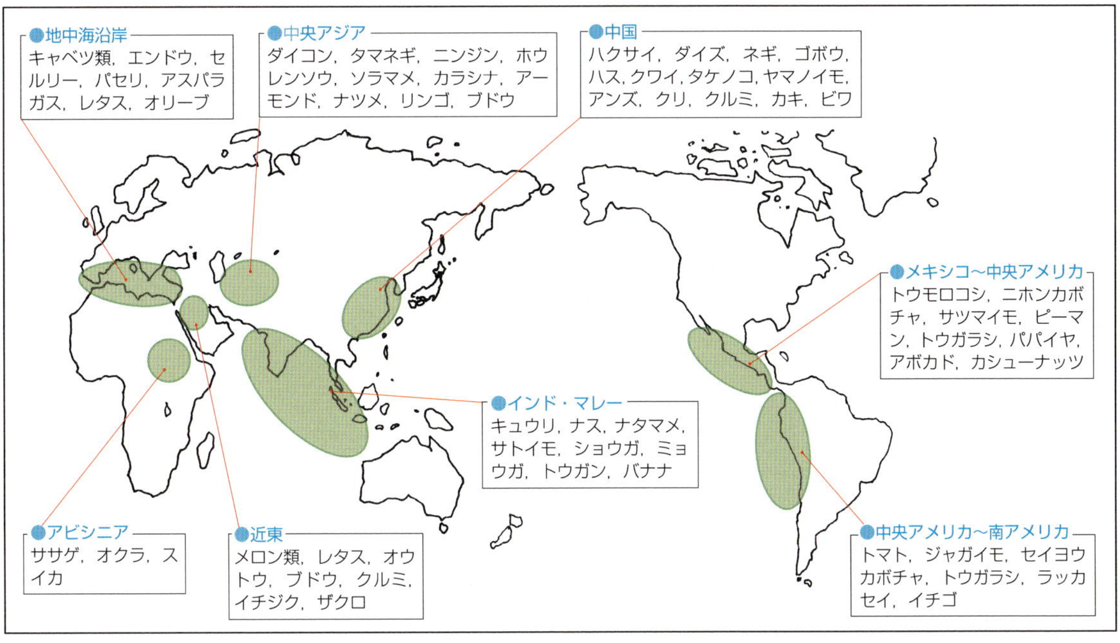

図1-1　園芸作物（野菜，果樹）の起源地

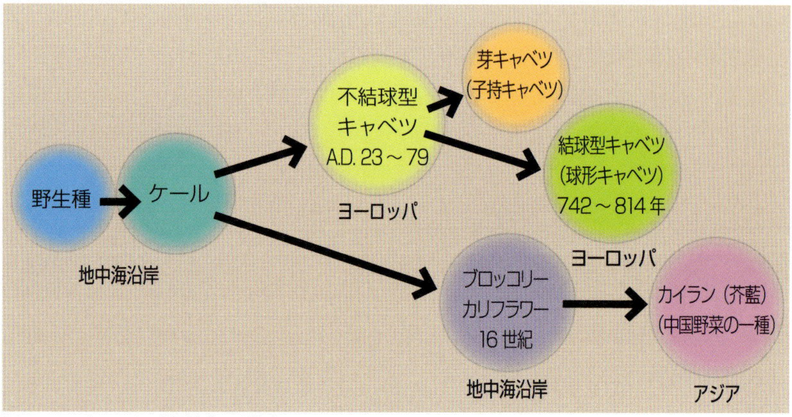

図1-2　キャベツ類分化の推定　（『野菜園芸大百科 8』農文協，1989，p.121 を一部改変）

着した地に起こったことを示唆している。

2 起源地からの伝播と多様化

栽培植物は人類の移動とともに世界各地に広まっていき，変異をともないながら，生育しやすい環境の地域で栽培されるようになっていった。

たとえばブラシカ類（アブラナ科）は，キャベツやハクサイをはじめ，カブ，芽キャベツ，ブロッコリーなど数多くの野菜が含まれる一大ファミリーであるが，その起源は地中海沿岸のケールだといわれる。原始型のケールが，伝播した地域で変異や交雑しながら栽培化され，その地域の代表的な園芸作物になったのである（図 1-2）。

また，トマトは南米アンデス山脈の高原地帯が原産地である。高地に育つ野生種のトマトは，果実の皮が堅く有害成分を含むので食用には適さないが，低地に広がるなかで変異を起こし，食用となる野生トマトになったと考えられている。そして 16 世紀にヨーロッパに伝わり，イタリアで食用化され，その後，品種改良されて世界で広く栽培されるようになった（図 1-3）。

その他の園芸作物も同様な栽培化の歴史を持っており，食料や観賞用として，また育てやすいように改良され栽培されてきたのである。

図 1-3
トマトの野生種の *L.* チレンセ
アンデス山脈の西側の乾燥地帯（降雨量は年間 50㎜以下），標高 1,000 mで生育。このトマトは食べられない。
（写真提供：池部誠氏）

ブラシカ類（アブラナ科）の分化

ブラシカ類のなかで最も古いのがケール。原産地の地中海沿岸地域には今でも原種と思われる植物が見られる。ケールは，古代イベリアのバスク人によって栽培化され，紀元 1 世紀ごろにヨーロッパ各地に広まった。ケールは結球しないが，ヨーロッパで長く栽培されているなかで結球型のキャベツになったといわれている（図 1-2 参照）。一方，ハクサイはブラシカ カンペストリスという仲間で，原種はトルコや東ヨーロッパに自生している。日本のナタネや，中国野菜のチンゲンサイ，パクチョイ，ターサイもこの仲間である。原種が 2000 年以上も前に中国に伝播し，カブとの交雑により 7 世紀ごろに不結球型の原始型ハクサイが誕生したといわれる。さらに，16 世紀ごろに半結球型，18 世紀に結球型のハクサイができたと推察されている。

3 日本での園芸の発達

1 江戸時代以前

日本でも古くから園芸作物も栽培・利用されていた。弥生時代ころまでは，日本原産の種類（注5）が多かったと推察されるが，奈良・平安時代に，海外との交流がさかんになるとともに，中国や朝鮮半島から多くの種類が導入された。ダイコン，カブ，ニンニク，シロウリ，ナス，キュウリ，ササゲ，エンドウなどで，中国やアジア原産だけでなくヨーロッパや中近東原産のものもみられる。

〈注5〉
野菜：フキ，ミョウガ，ハス，セリ，ウド，ワサビなど
果樹：ニホンナシ，ニホングリなど
花卉：サクラ，アジサイ，ユリ（オリエンタル系），ハギ，ヤマブキなど

室町から桃山時代には，ジャガイモ，カボチャ，トウモロコシなど新大陸原産の種類も導入されている。

図1－4　江戸時代のブドウ栽培
（大蔵永常著『広益国産考』安政6（1859）年）

2 花開く江戸時代の園芸

❶地域の特産作物として定着

江戸時代には全国に都市が発達し流通がさかんになったので，全国で商品作物の生産が行なわれ，それとともに各地の特産品として園芸作物の栽培もさかんになった。果樹では，大和（奈良）のカキ，甲斐（山梨）のブドウ，伏見（京都）のモモ，越後（新潟）のナシ，丹波（兵庫）のクリ，紀州（和歌山）のミカンなどである（図1-4）。野菜でも，江戸の小松川でつくられたコマツナ（小松菜），谷中のショウガ，練馬ダイコンや亀戸ダイコン，群馬県の下仁田のネギやコンニャクなど，今でも地名が残っている野菜の多くは江戸時代につくられている。

花卉も特定の地域で育種され，嵯峨ギク，美濃ギクなどのキク，またアサガオ，サクラソウ，フクジュソウをはじめ，多くの種類で多様な品種がつくられた。庶民のあいだで花見が広まったのも，江戸時代である。上野の花見や，徳川吉宗が飛鳥山や隅田川沿いなどにサクラを植えて花見を推奨した。

❷日本固有の園芸技術が発達

江戸時代になると，世界に類を見ない日本固有の園芸技術が，とくに観賞用植物で発達した。

当時は斑入り（ふい）りや矮小化，葉変わりなどの突然変異体がもてはやされたが，オモト（万年青）やマツバラン（松葉蘭），セッコクなどで斑入り品種がつくられ，非常な高値で取引されていた（図1-5）。

奈良時代に，種子が薬用として中国から伝わったアサガオも，江戸時代には観賞用として育種され，アサガオとは思えない色や形のものがつくられ「変化朝顔」とよばれた。種子がとれない一代限りのものも多く，現代では見ることができないアサガオの絵が当時の書籍に残っ

図1－5　さかんにつくられ珍重された斑入りの植物
けいらん，がんせきらん，するがらん縞，なつゆき，くまたけらん（げっとう）など。
（水野忠敬著『草木錦葉集（そうもくきんようしゅう）』文政12（1829）年より）
（提供：雑花園文庫）

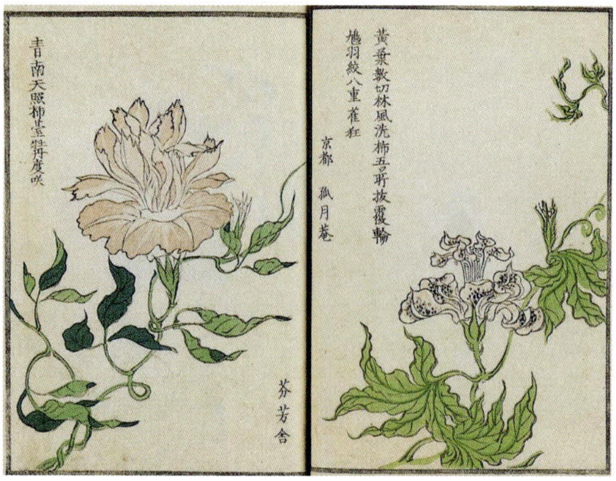

図 1-6　変化朝顔のいろいろ
（成田屋留次郎『三都一朝（さんといっちょう）』 嘉永 7（1854）年より）
（提供：雑花園文庫）

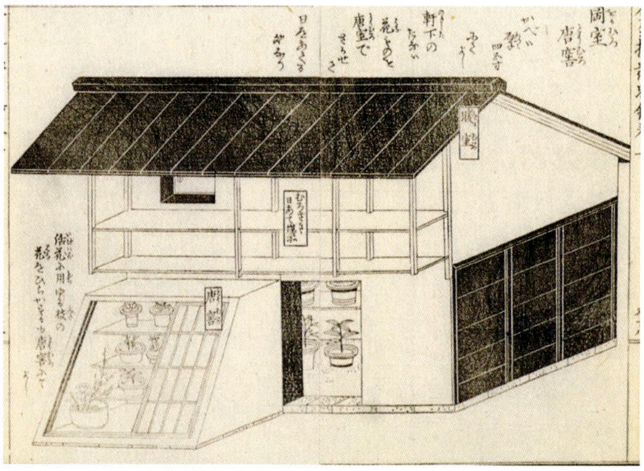

図 1-7　江戸時代に使われていた温室
（長生舎主人（栗原信充）著『金生樹譜（きんせいじゅふ）』天保 4（1833）年より）
（提供：雑花園文庫）

ている（図 1-6）。

当時はメンデルの法則などまったく知られていなかったが，育種家たちは経験的に把握して，品種改良や不稔性の維持をしていたという。

4　園芸技術の変遷

1 自給菜園がスタート

穀物と違い，野菜や果物などの園芸作物は，庭で自給用に小規模に栽培されていた。ローマでは，商談や一見客のためのアトリウム（Atrium）や，花や低木が植えられ，家族の団欒や親しい客の接待の場としてのペリスティリウム（Peristylium）などの庭が流行した。さらにそれらの奥に，クシュトス（Xystus）という果樹園や野菜園を持つ家もあった。

中世ヨーロッパの修道院では，自給自足的な生活が原則とされ，中庭には薬草園や野菜園，果樹園が併設された。そこで栽培された野菜類をスープにしたのがポタージュで，語源となったポタジェ（potager）は家庭菜園を意味するフランス語である。その後，世界中から野菜や果樹，観賞植物がヨーロッパに持ち込まれ，荘園や城主の庭園が発達していった。今でもイギリスではキッチンガーデン，フランスではポタジェがみられる。

果樹園の歴史も古く，ブドウはローマ時代から栽培されワインに加工されており，中世になると教会や修道院でも栽培されるようになった。

2 生産と流通の拡大

都市が発達し市場が大きくなるにつれて，園芸作物もしだいに大規模に栽培されるようになっていった。そのための技術が，近代農学の発展とともに開発・普及され，現代の園芸技術がつくられた。

また，近代科学の発展とともに，貯蔵技術や新鮮なまま輸送できる方法も開発された。窒素ガスを利用したリンゴの CA 貯蔵（第 2 章Ⅴ-7-3 参照），野菜のコールドチェーン流通による鮮度保持（注 6），カーネーションなどのチオ硫酸銀錯塩（STS）処理（2 章Ⅵ-6 参照）による鮮度保持な

〈注 6〉
収穫から販売まで，保冷庫や保冷車などを用いて低温を維持し，成熟や呼吸活性を抑え鮮度保持を行なうこと。

ど，新しい技術が次々と開発されている。

3 施設園芸の始まりと発達

❶施設園芸の始まり

園芸作物の栽培の歴史のなかで，最も大きな変化をもたらしたものの1つに施設園芸がある。作物を寒さから保護して生産性を高めようとする考え方は，遠くフェニキア時代からあったといわれている。フェニキア人はとくに園芸技術にすぐれ，園芸に関する書物も数多く書かれている。

ローマ時代に入ると本格的な抑制栽培や促成栽培が行なわれ，貴族のパーティーには季節はずれの野菜がテーブルに並べられるようになった。ローマの皇帝ネロは，雲母板とか半透明な滑石板を用いた施設をつくらせ，年中キュウリを栽培させたといわれる。

❷日本の施設園芸の始まり

日本でも江戸時代になると，穀物の保存や冬期の保温，花卉の促成栽培に用いるための，簡易な温室フレームに相当する暖室（おかむろ）や唐室（とうむろ）が考案された。江戸時代の園芸書『通賢花壇抄』（屋代通賢著，1828（文政11）年刊）には，暖室の名前やつくり方が記載されており，これが日本における最も古い温室であるとされている（図1-7）。

❸ガラス温室の登場

現在の温室に近い形態のものが生まれたのは，1684年イギリスのロンドン郊外にあるチェルシー地区の農場からである。そして，屋根にガラスが用いられるようになると本格的な温室の開発研究が始まり，19世紀の中ごろまでに構造的にほぼ完成の域に達し，現在まで本質的な変化はほとんどない。英国では温室が開発されたことを記念して，毎年チェルシーで園芸博覧会が開かれている。

日本で西洋風の温室が建てられたのは，1870（明治3）年東京府（現東京都）青山の開拓使の試験場内が最初である。その後内務省内藤新宿試験場（現環境省新宿御苑）などにも建てられ，西洋野菜の試作や園芸技術の研究，教育に活用された（図1-8）。しかし，農家に取り入れられたのは，50年以上もあとの大正中期で，場所は豊橋とされている。第二次世界大戦前には130haにもおよんでいたが，大戦によりほとんど壊滅してしまった。

❹プラスチックハウスの登場と普及

戦後になると，プラスチックフィルムを利用したトンネル，ハウス（第4章1-5参照）が開発され，軽量，簡易かつ廉価な施設として，日本でも急速に普及した。ガラスを用いた温室は，建設費や維持費がかさむので対象作物や地域が限定されていたが，プラスチックハウスは，広い地域や，野菜，花卉，果樹など多くの園芸作物に普及した。現在では，野菜や花卉では周年栽培が可能になり，“旬”がなくなるほどになった。

現在の施設園芸は，温度だけでなく日長や湿度，炭酸ガス濃度なども管理できる，高度な栽培技術になっている。

図1-8　明治8年，内務省内藤新宿試験場（現新宿御苑）内に建てられた本格的なヨーロッパ型の温室
（写真提供：環境省新宿御苑）

各部の名称

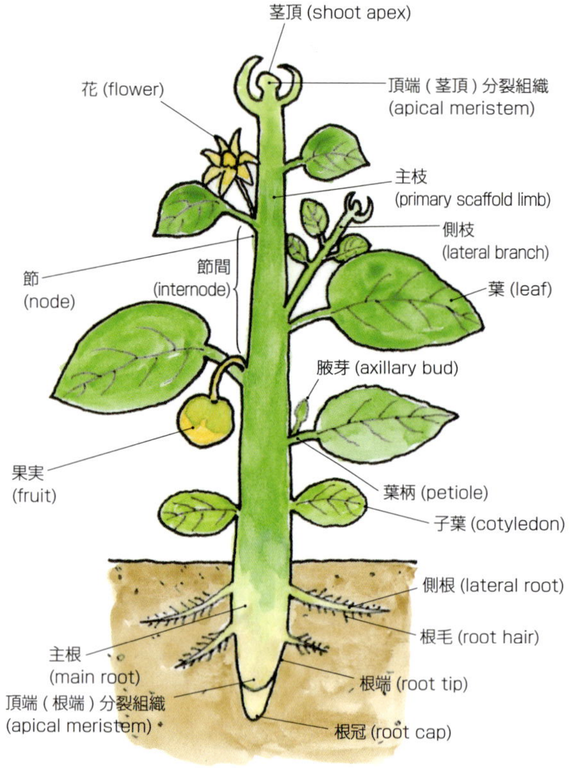

植物の主な器官と分裂組織

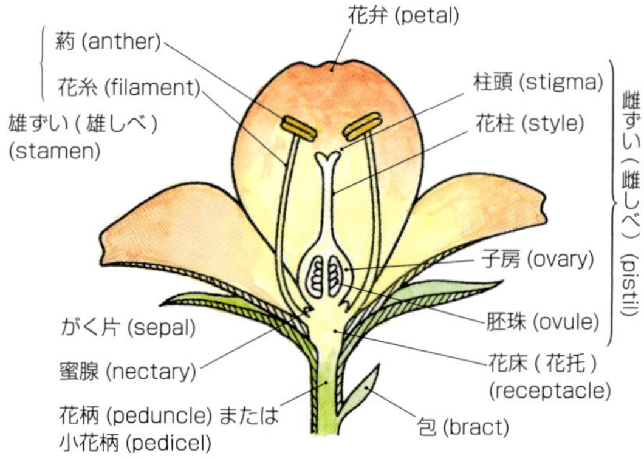

花の各部位の名称（福住久代，1981）

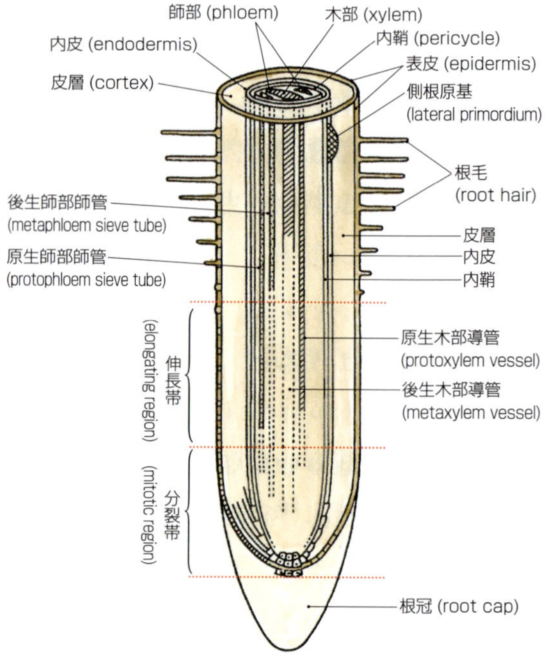

根端近くの組織形成の模式図（山崎耕宇，1984）

道管および師管の斜線および点線は，成熟状態を示す。

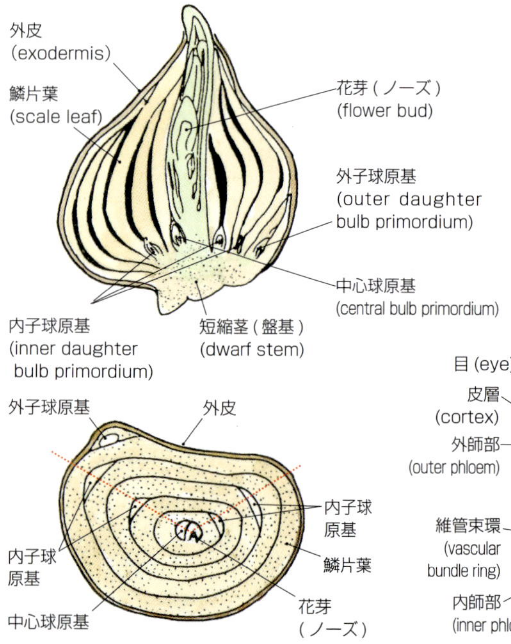

鱗葉球（鱗茎）の形態（チューリップの例）

上：縦断面（今西英雄，1989）

下：横断面（萩屋薫，1968）

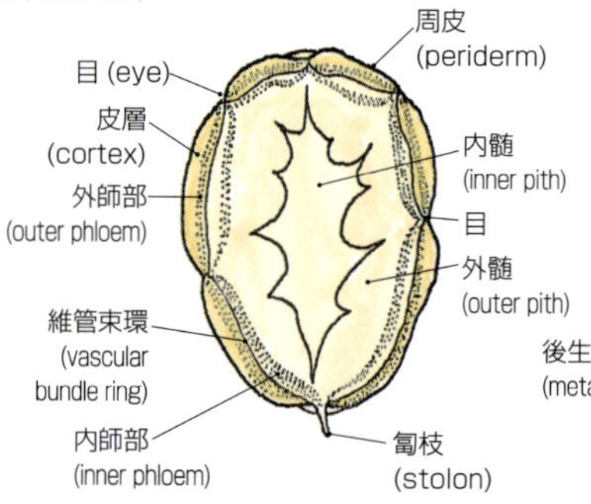

ジャガイモの塊茎（田口，1962）

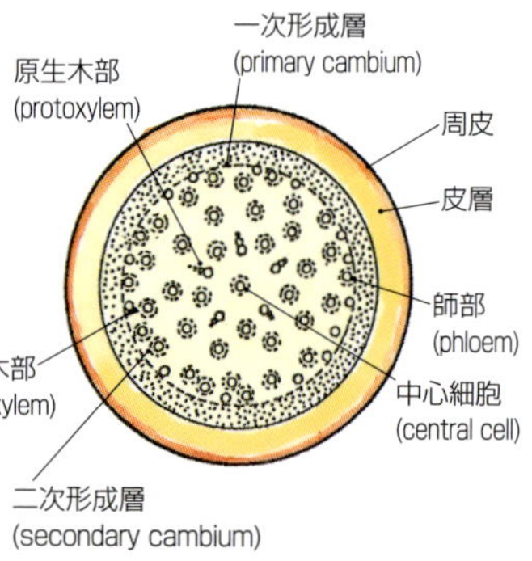

サツマイモの塊根（小倉，1947）

塊茎 (tuber)，塊根 (tuberous root) の内部形態

第2章

園芸作物の成長と形態

I 種子と発芽

1 種子とその役割

1 種子とは

種子は，種子植物（裸子植物と被子植物）の繁殖用の散布体（disseminule, diaspore）である。種子は有性生殖によってつくられる（図 2-I-1）ため，両親の遺伝子組成を受け継ぎ，個体群内の遺伝子組成を保持することができる。一方，多様な遺伝子の組み合わせによって，遺伝子組成を多様に変化させることも可能である。

2 種子の役割

農業的には，栄養繁殖がむずかしく，種子繁殖が容易な作物の増殖や栽培に種子の利用が有効である。種子は，一度に大量に得ることができるという利点があり，しかも小さいので，遺伝資源として大量に貯蔵するにも便利である。また，両親の遺伝子組成を受け継ぐので，交配による新品種の育成にも利用される。

野菜や花卉などの多くの種類は，播種後数カ月で収穫できるようになるが，木本類などの多くは種子から親になるまで長い期間を必要とする。

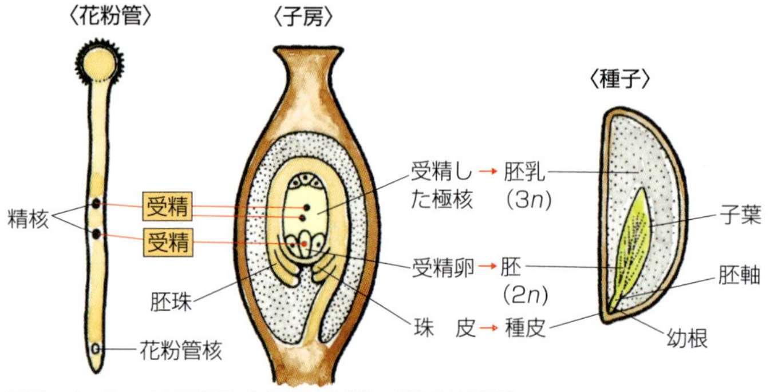

図 2-I-1　被子植物の受精と胚珠，種子の関係

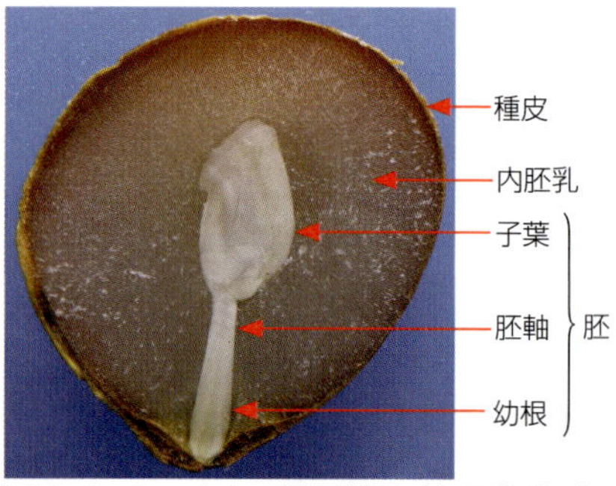

図 2-I-2　カキの種子断面（有胚乳種子）

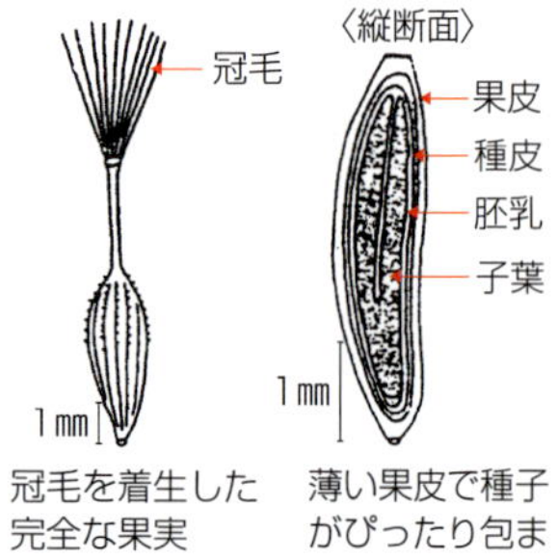

図 2-I-3　レタスの種子（痩果）（斎藤隆『野菜の生理・生態』農文協，2008，p.31 より引用）

2 種子の構造

種子は，種皮と胚および胚乳からなるが（図 2-I-2），種類ごとに形，大きさ，細部の形態や構造は異なる。果実と種子は区別されているが，薄い果皮や果実で種子がぴったり包まれている，イネ，レタス，ホウレンソウなどは，果皮や果実も含めて種子とよぶこともある（図 2-I-3）。

1 胚乳種子と無胚乳種子

種子には，胚の発育のための養分を含む胚乳を持つ有胚乳種子（albuminous seed）（図 2-I-2）と，胚乳を持たない無胚乳種子（exalbuminous seed）（図

表2-Ⅰ-1　胚乳からみた種子のタイプ

種子のタイプ	特　徴	主な植物
有胚乳種子	胚の発育のための養分を含む胚乳を持つ種子	ナス科，ユリ科，セリ科，イネ科など
無胚乳種子		
・子葉貯蔵型	子葉が肥大化して貯蔵器官の働きをする	マメ科，ウリ科，カンキツ，クリ，リンゴ，モモ，ナシ，クルミ，ゴボウ，レタスなど
・胚軸貯蔵型	胚軸が肥大化して貯蔵器官の働きをする	ブラジルナッツ（*Bertholletia excels*）

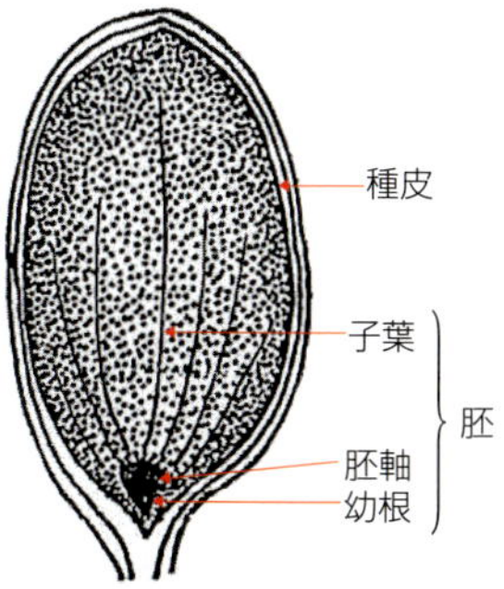

図2-Ⅰ-4　無胚乳種子（子葉貯蔵型）のカボチャ
（大阪府立大学農学部園芸学教室編『園芸学実験・実習』養賢堂，1981，p.97 より引用）

2-Ⅰ-4)がある。無胚乳種子は，種子がつくられる過程で胚乳が退化・崩壊・消失したもので，胚の子葉が肥大して養分を貯えて胚乳と同じ働きをする子葉貯蔵型と，胚軸に養分を貯える胚軸貯蔵型とがある（表2-Ⅰ-1)。

2 各部の名称と成り立ち

果皮（pericarp）：葉が変形した子房壁が発達したもので，葉の表裏に相当する外果皮（epicarp，exocarp）と内果皮（endocarp)，葉肉にあたる中果皮（mesocarp）とに分けられる。

果実（fruit）：子房（ovary）が発達したもの。果皮と果実が薄くぴったりと種子を包んでいる場合には，果実と種子との区別はむずかしくなる。子房のみが発達して果実になったものを真果（true fruit)，子房以外の花床や花柄，または果皮などが肥厚してできた果実を偽果（false fruit, pseudocarp）という（第2章Ⅴ-2参照)。

種皮（seed coat)：珠皮が発達したもの。

胚乳（endosperm, albumen とされる例もある)：胚の発育のための養分となる炭水化物，脂肪，タンパク質などを含む組織。胚のう内につくられた胚乳を内胚乳（内乳）（endosperm)，胚のうの外の珠心の一部からつくられたものを外胚乳（外乳，周乳）（perisperm）として区別する（図2-Ⅰ-5)。ラン類のように胚乳を持たない種子もある（図2-Ⅰ-6)。

胚（embryo)：精細胞と卵細胞が受精して発達したものである。幼根（radicle)，胚軸（hypocotyl)，子葉（cotyledon）からなり，幼芽（plumule）を形成している種類もあるが，胚の分化や発達の程度は植物の種類によってさまざまである（注1)。

へそ（hilum）（図2-Ⅰ-7)：胚珠（種子）が付着する子房壁表面の場所を胎座（placenta）（図2-Ⅰ-8）といい，へそは種子が胎座に付着してい

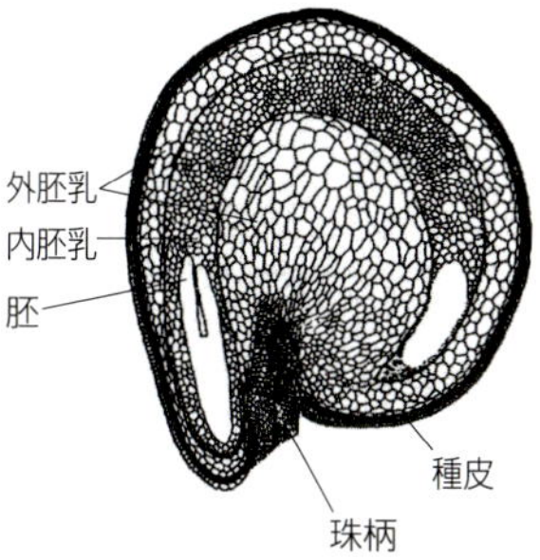

図2-Ⅰ-5　外胚乳を持つサトウダイコンの種子
（清水建美『図説植物用語事典』八坂書房，2001，p.110 より引用）

〈注1〉
オダマキ属，センニンソウ属などでは，種子の落下時に胚は十分成熟しているが，エゾノリュウキンカ，フクジュソウ，ヒメイチゲ，キクザキイチゲ，イチリンソウ，キバナノアマナなどではより未分化の段階にある。

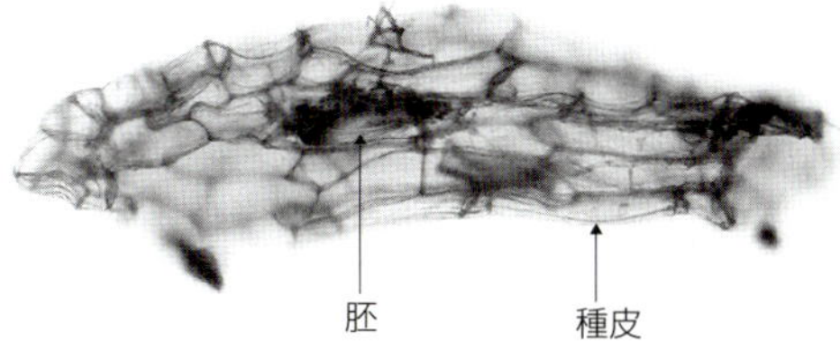

図2-Ⅰ-6　胚と種皮のみで胚乳がないハクサンチドリ（ラン科）の種子

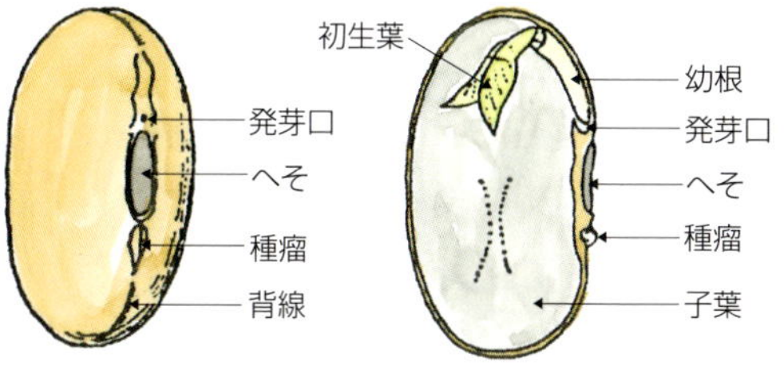

図2-Ⅰ-7　インゲンマメの種子（無胚乳種子）
（斎藤隆『野生の生理・生態』農文協，p.31 より引用）

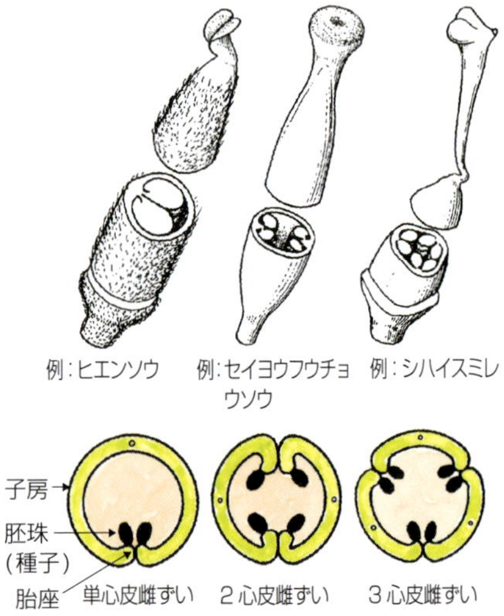

図２-Ⅰ-８　子房内のさまざまな胎座の位置
（塚本洋太郎監修『園芸植物大事典 6』小学館，1990，p.247 より引用）

図２-Ⅰ-９　エゾエンゴサクのエライオソーム

図２-Ⅰ-10　オオウバユリの翼果

た部分である。種類によってへその場所，形，色が異なる。

珠孔（micropyle）：胚珠の珠孔（受精のとき花粉管が胚のうに侵入する孔）が，受精後に胚珠が発達して種子になってもそのまま残った部分。

背線（縫線）（raphe）：マメ科などの種子の背面にみられる縦の隆起（図２-Ⅰ-７）。

種沈（caruncle）（種阜（しゅふ），strophiole，種瘤）：トウダイグサ属，カタクリ属などの珠孔付近の珠皮細胞にできる多肉質の付属物を種沈，マメ科などのへその近くにできる小突起や隆起を種阜や種瘤とよぶことが多いが，両者は厳密に区別されない（図２-Ⅰ-７）。

仮種皮（種衣）（aril）：珠柄または胎座が発達して広がり，種子の一部または全部を覆うまでに成長したもので，薄い膜状のものやイチイでみられるように肥厚して果実のようになっているものもある。

仮種皮や種沈がアリの餌となって種子が散布される場合，これらは，エライオソーム（elaiosome）とよばれる。カタクリ，エゾエンゴサク（図２-Ⅰ-９），キバナノアマナ，オオバナノエンレイソウなどにみられる。

種翼（seed wing）：種子の周囲をとりまく翼状の構造（図２-Ⅰ-10）で，外種皮からつくられる。種子の風による散布に役立つ。

3　種子の散布

農業や園芸では人が種子を移動したり播種することで植物（作物）が生産され，増殖する。自然界でも，植物が生活空間を拡大してゆくためには，種子を散布（dispersal）する必要があり，植物の種類ごとにさまざまな方法で散布している（表２-Ⅰ-２）。

3　発芽

1　発芽と発芽の過程

胚の幼根や幼芽が，胚乳や子葉から養分を吸収して成長する現象を発芽という。

種子が給水することによって，種子に含まれている酵素が活性化し，胚乳などの貯蔵養分が加水分解される。さらに，すでにあった酵素やホルモンの働きを介して新しい酵素が合成、活性化されて，加水分解がくり返さ

表 2-Ⅰ-2　種子の散布様式

散布様式		散布方法
風散布種子		
	微細種子散布	ラン科植物の種子は，胚乳を持たず胚と種皮だけの簡単な構造で，きわめて小さくて軽い（たとえばネジバナは 0.1 g 当たり約 20 万粒の種子を含んでおり，カトレアは 1 つの朔果中に 50 万～ 70 万粒の種子が入っている）ので，わずかな風でも舞い上がって遠くに散布される。
	羽毛状果散布	タンポポで代表される 冠毛 (pappus) や，ヤナギランなど長い羽毛のような毛を持つ種子は，これによって遠くへ散布される。
	翼果散布	カエデ科の種子は，周囲にプロペラのような翼（種翼）を発達させている。種子が落下する間に，おもりとなった種子を中心に翼が回転し，遠くへ散布される。
水散布種子		河川や海の流れに乗って散布される種子。これらの種子は比重が軽いか，木質の果皮などの浮くための器官を持っているものが多いが，浮くための器官を持たない種子でも雨水や川の流れなどによって運ばれる。
動物散布種子		
	被食散布	動物に食べられた後，糞とともに排出されて分布域を拡大する。主な被食動物は鳥とほ乳類である。鳥による散布は鳥散布 (ornithochory) と呼ばれ，鳥の行動範囲が広い分遠くまで種子が散布される。また鳥散布様式の種子は目立つ色や果肉を持っているものが多く，鳥にとっては栄養源を摂取し，種子にとっては遠くへ運んでもらうという相利共生（mutualism）の関係にある。
	アリ散布 (myrmecochory)	エライオソーム（「仮種皮」参照）を持つ種子は，アリが種子を巣に運ぶことによって散布される。
	付着散布	種子にトゲやカギ，小さな毛，あるいは粘着性の液を持ち，動物に付着して運ばれる。
	貯食散布	ネズミやリスなどの齧歯類，カケス，ホシガラスなど鳥類がドングリやマツの実などを食料として貯蔵したものが，食べられずに発芽して，結果的に散布される。
自動散布（機械的散布）		ホウセンカの果実に手を触れると勢いよく果実がはじけて種子が飛び散るように，植物自身の力で散布される。

れ，幼根や幼芽の成長が始まり，発芽する。

2 発芽の定義

「発芽（germination）」という語は，分野や文献によってその定義が異なったり，明確でない場合がある。たとえば，室内のシャーレを用いた実験では，種子から幼根が出現した時点を発芽（germination）とし，野外の実験や調査では，土壌表面にシュート（子葉または本葉など）が出現した時点を発芽（germination）とすることが多い。また，種子から幼根が出現した時点を発芽，土壌表面にシュートが出現した時点を出芽と区別する場合もあるし，種子から幼根が出現した時点を発根，土壌表面にシュートが出現した時点を出芽とする場合もある（図 2-Ⅰ-11）。文献を読む場

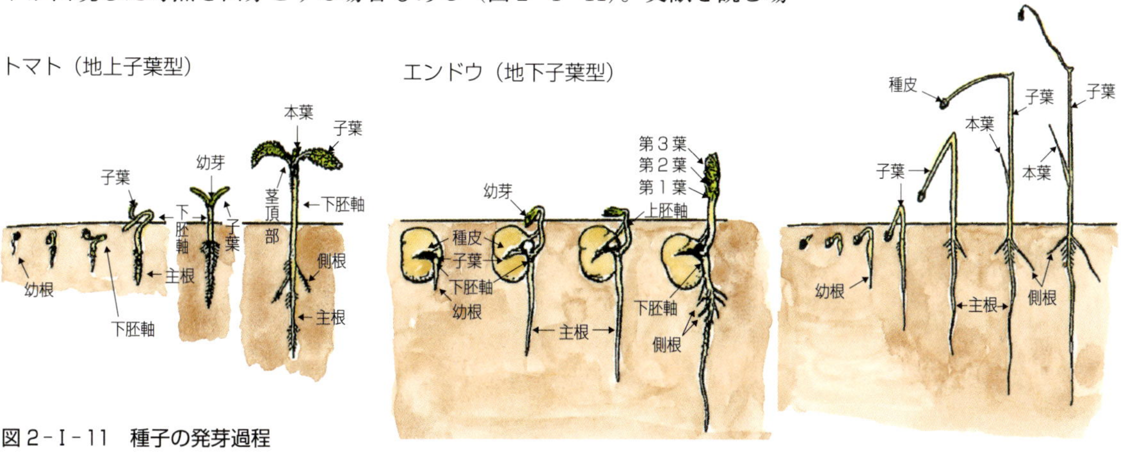

図 2-Ⅰ-11　種子の発芽過程
（斎藤隆『野菜の生理・生態』農文協，2008，p.35 より引用）

合には，「発芽（germination）」という語がどのような状態を意味しているのかについて注意する必要がある。

4 発芽に影響する環境条件

種子の発芽に大きく影響する環境条件は，水，酸素，温度，光である（図2-Ⅰ-12）。それぞれの条件の最適範囲は，休眠からの覚醒状態，植物の種類や，ときには品種，系統，また採種時期や栽培環境，貯蔵環境によっても異なる。

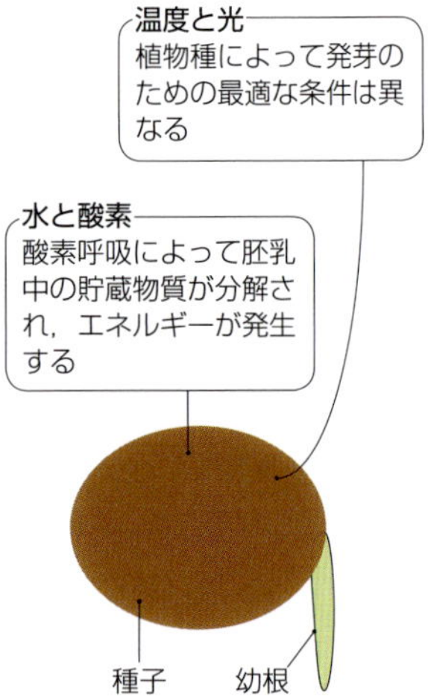
温度と光
植物種によって発芽のための最適な条件は異なる
水と酸素
酸素呼吸によって胚乳中の貯蔵物質が分解され，エネルギーが発生する
種子
幼根
図2-Ⅰ-12　発芽での水，酸素，温度，光の役割

1 水

植物体で最も水分が少ないのが種子であるが，発芽するためには水が必要である。水は，種子内の細胞小器官を活性化させるだけでなく，あらゆる代謝活動の溶媒として必要である。乾燥した種子は，温度や光にほとんど反応しないが，吸水することで感温性や感光性を示す。

発芽に必要な水分吸収量は種類によって異なり，穀類では種子の乾物重量の30%以上，マメ科では50%以上が必要である。しかし，水分が過剰になると，胚部への酸素が不足して発芽率が低下する。

スイトピーやアルストロメリアなどは，種皮が不透水性のために水を吸収しにくく，種皮に砂などで傷をつけて吸水を助けることが行なわれている（6-4 物理的休眠参照）。一方，ハマユウやヤドリギのように，種子中に水分を含んでおり，吸水しなくても発芽するものもある。

2 酸素

発芽には多量のエネルギーが必要で，種子は酸素呼吸によって胚乳中のデンプンや脂肪を酸化分解してエネルギーを得る。種子が，土中深く埋もれたり，水没したり，粘土質土壌で強い鎮圧を受けたときには酸素が不足して発芽できなくなる。

イネやタイヌビエなど，湿地や水田のように水分の多い環境に適応した種子は，無気呼吸によってエネルギーを生産するので，酸素がなくても発芽できる。

3 温度

発芽の限界となる温度は，高温域では30～40℃，低温域では0～5℃である。すみやかに発芽して高い発芽率を示す発芽適温は，その植物の自生地の気温と関連している（表2-Ⅰ-3）。温帯植物は20～25℃，熱帯植物ではこれよりやや高温域，冷温帯植物ではこれより低温域となることが多い。落葉果樹は15～20℃，カンキツ類は25℃付近が発芽適温となっている。

しかし，休眠が覚醒するにつれて発芽適温や発芽可能な温度の幅は広がる。たとえば，温帯や冷温帯に生育する多くの植物は，冬季の冷湿期間を経て休眠が覚醒すると，春の比較的気温の低い時期から発芽可能となる（図

表2-Ⅰ-3　植物の発芽適温

植　物　名	発芽適温（℃）
キンギョソウ，パンジー	15～20
ホウレンソウ	15～20
シソ	15～20
落葉果樹	15～20
多くの温帯原産の一，二年草	20～25
ゴボウ	20～30
ウリ類	20～30
カンキツ類	25～30
ケイトウ，マツバボタン	25～30
ブラジルヤシ	30
カナリーヤシ	30～35

（阿部定夫他著『花卉園芸学』朝倉書店，1993，pp.103-104　斎藤隆著『野菜の生理・生態』農文協，2008，p.36　間苧谷徹他著『新編　果樹園芸学』化学工業日報社，2002，p.109より引用）

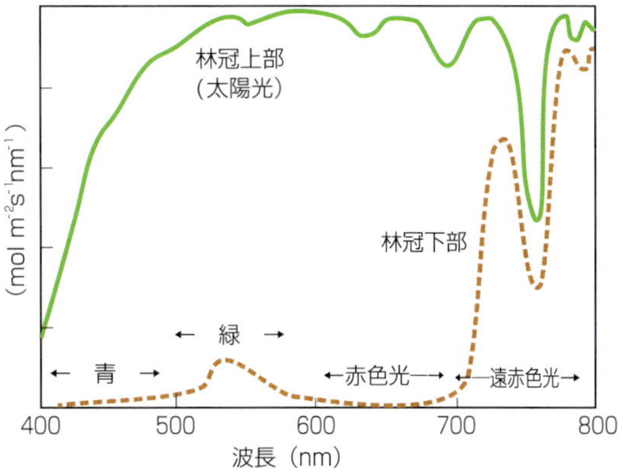

図2-Ⅰ-13　林冠上部と林冠下部における光のスペクトル分布
林冠下部では，林冠上部に比べて遠赤色光の割合が高くなる
（Baskin and Baskin,1998，p.67より改変）

2-Ⅰ-15参照）。また，多くの植物では恒温条件よりも変温条件で発芽率が高まる。

4 光

❶光発芽種子と暗発芽種子

発芽に光を必要とする種子や，光によって発芽が促進される種子を光（明）発芽種子（light germinater，photoblastic seed）または好光性種子とよび，逆に暗黒下でないと発芽しないか，暗黒下で発芽が促進される種子を暗発芽種子（dark germinater）または嫌光性種子とよぶ（注2）。

明発芽種子のほうが暗発芽種子よりもはるかに多い。明発芽の特徴は，種子が土中深く埋もれているときは発芽せず，耕起などによって，地表近くに出てきたときに発芽するための仕組みとも考えられている。

〈注2〉
発芽に光を絶対に必要とする種子：ゴボウ，レタス，シュンギク，ミツバ，シソ，ペチュニア，グロキシニア，コリウス，ムシトリスミレ，イワタバコなど。
暗発芽種子：ネギ，ウリ科，ナス科，ユリ科，ケイトウ，ベニバナ，ハナビシソウ，クロタネソウなど。

❷光の影響を左右する条件

光の影響は，植物の種類，品種，種子の齢，光の強さ，照射時間，波長，温度，休眠の程度などによって変化する。

たとえばレタスは，発芽に必要な光の照射時間は1～2分ときわめて短い。また，一般に，休眠が覚醒するにつれて，光に対する反応が鈍くなり，明条件でも暗条件でも発芽可能となる。

発芽に有効な光の波長は，多くの種子では赤色光（red，約600～700nm）付近にあり，遠赤色光（far-red，約700～750nm）は発芽抑制に作用する。赤色光と遠赤色光に対する反応は可逆的であり，最後に照射した光によって，発芽が促進されるか抑制されるかが決まる。

❸緑陰効果

林冠や草本植物などで上部が密に庇蔭された場所では，それらの葉を透過してきた光は，林冠上部の太陽光に比べて，赤色光の割合が少なく，遠赤色光の割合が多くなっている（図2-Ⅰ-13）。

こうした場所に種子が散布されると，発芽が抑制されることが多い。これを緑陰効果（leaf-canopy inhibition of germination）というが，発芽が抑制されない種子もある。

5 ラン類種子の発芽

ラン類の種子は，わずかな細胞からなる未発達の胚とそれをとりまく種皮からできており，胚乳や子葉を持たない（図 2 - Ⅰ - 6 参照）ので，外部から養分を与えられないかぎり発芽しない。

野外では，ある種の糸状菌が種子内に侵入し，それが刺激となって，プロトコーム（原塊体，protocorm）(注 3) が形成されて発芽する（第 2 章Ⅲ - 5 参照）。

〈注 3〉
プロトコーム：ランの種子から発達する，ひも状，枝状などに肥大した組織塊で，種や属に固有な形を示す。成長すると先端または一部に芽を生じ，茎や葉になる。

5 種子の休眠（dormancy）

1 自発休眠と条件休眠

「生きている種子が、さまざまな水分，酸素，温度，光などの環境条件を与えられても長期間発芽できず，発芽できない原因が種子自体にある状態」を自発休眠（innate dormancy）という。

一方，適当な環境条件が与えられれば発芽する種子が，乾燥貯蔵されている，発芽に光が必要な種子が光の届かない土中に埋もれている，発芽できない温度条件におかれている，など環境が不適なために発芽しない場合を条件休眠（conditional dormancy），または強制休眠（enforced dormancy），環境休眠（environmental dormancy）という。

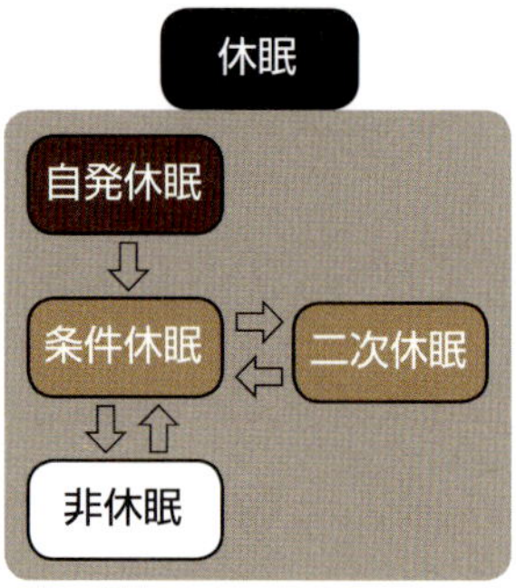

図 2 - Ⅰ - 14
休眠状態の変化の概念図

2 自発休眠－条件休眠－非休眠－二次休眠

自発休眠がやや解除されると，限定された条件でのみ発芽する条件休眠の状態になる。さらに休眠の解除が進むと，幅広い条件で発芽する非休眠となる（図 2 - Ⅰ - 14）。いったん休眠がやぶれて非休眠になっても，乾燥や高温，低温などの不適当な温度環境にあうと，再び条件休眠を経て深い休眠（二次休眠（secondary dormancy））に入る種子もある。しかし，二次休眠に入らない種子もある。

自発休眠のみを厳密に休眠とする場合もあるが，自発休眠，条件休眠，二次休眠のすべてを含めて，あるいはいずれかを「休眠」と表現することが多い。

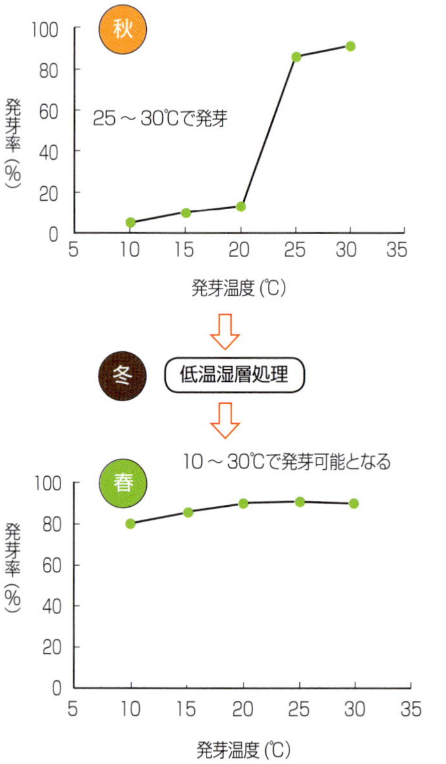

図 2 - Ⅰ - 15 低温湿層処理による条件休眠の休眠打破の概念図
低温湿層処理によって，低温域での条件休眠が打破され，幅広い温度で発芽するようになる。野外では，秋に発芽しないが，冬を経ることで春先から発芽可能となる。

3 種子休眠の意味

自然条件では，種子は，発芽とその後の実生の成長にとって適切な土壌水分，温度，光などの環境条件下に散布されるとは限らない。散布された場所の環境が適さないと，たとえ発芽したとしても死滅してしまう。このような環境では休眠して種子の状態で過ごし，実生の成長に適した環境が訪れたときに発芽すれば，高い確率で子孫を残すことができる。種子が休眠する意味はここにある。

たとえば，ヤナギランやコバギボウシの種子は，秋に散布された時点では 25 ～ 30℃で高い発芽率を示すが，10 ～ 20℃では発芽率が低く，秋に発芽する種子は少ない。しかし，冬の寒さによって冷湿処理（低温湿層処理，cold stratification）を受けると休眠が解除され，10 ～ 30℃の広い温度域で，高い発芽率を示すようになる（図 2‐Ⅰ‐15）。

もし種子が休眠せず，秋の低い温度で発芽してしまうと，小さく，弱い実生が冬の厳しい低温にあい，春まで生き残る確率は低くなる。休眠によって冬の厳しい期間を種子でやり過ごすとともに，冷湿処理期間として利用して休眠を解除することで，気温の低い早春から発芽・成長できるのである。

表 2‐Ⅰ‐4　種子休眠の種類

生理的休眠	・形態的に完全に発達した胚を持ち，発芽に際して胚は成長しない ・発芽のためには低温または高温処理を必要とする
形態的休眠	・形態的に未発達の胚を持ち，発芽のためには胚が成長する必要がある ・とくべつな温度処理を行なわなくても 1 カ月程度で発芽する
形態的生理的休眠	・形態的に未発達の胚を持ち，発芽のためには胚が成長する必要がある ・発芽のためには低温または高温処理，あるいはそれらを組み合わせた温度処理を必要とし，発芽までに数カ月以上を要する
物理的休眠	・種皮が不透水性であるために発芽しない
複合休眠	・生理的休眠と物理的休眠をともに持つ

6　種子休眠の種類と休眠打破

休眠の原因が種子自体にある自発休眠は，以下のように分類されている（表 2‐Ⅰ‐4）。

1 生理的休眠（physiological dormancy）

❶生理的休眠の仕組み

完全に発達した胚を持ち，発芽前に胚が成長する必要はないが，発芽には冬季のような冷湿処理（低温湿層処理，cold stratification）や夏季のような温湿処理（warm stratification）を必要とする種子を，生理的休眠という。

種子が発芽できないのは，胚の成長力が弱いため，胚を包む胚乳，種皮，果皮などの物理的な抵抗によって発芽が阻害されることによる。休眠が打破されると，胚の成長力が強くなり，胚を包む組織を押しやぶって幼根が出て，発芽するとされている。

図 2‐Ⅰ‐16 に示すように，すべての生育環境で生理的休眠種子の割合が多いが，とくに温帯から冷帯の植物に生理的休眠を持つ種子が多い。

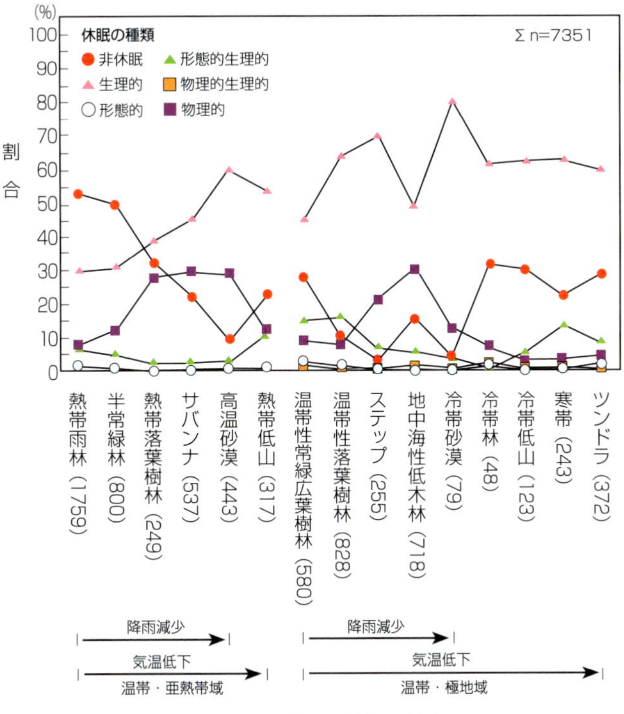

図 2‐Ⅰ‐16　生育環境ごとの休眠の種類と割合
7,351 種について生育環境ごとに休眠の種類を割合で示した
（　）内の数字は，その環境での調査種類数
（種生物学会編，吉岡俊人・清和研二責任編集『発芽生物学』文一総合出版，2009，p.20（原典　Seeds, 1998 Baskin and Baskin）より引用）

❷生理的休眠の打破

生理的休眠は，適切な温度と期間で冷湿処理または温湿処理することで打破できる。

植物によって温度や期間は異なるが，冷湿処理時の温度は 5℃前後の植物が多く，

〈注 4〉
たとえば，ノイバラは5℃で50日，ハナミズキは5℃で60～90日の冷湿処理を必要とされている。

〈注 5〉
以前はアブシジン酸と表記されていた。

必要な期間は数週間から数カ月である（注4）。

冷湿処理中に，発芽を抑制するアブシシン酸（ABA）（注5）の含量が減少し，発芽を促進するジベレリンやサイトカイニンが増加する。また，ジベレリン処理が冷湿処理の代替えとなって，発芽を促進することも多い。

2 形態的休眠（morphological dormancy）

親植物体から離脱または散布された直後では，幼根と子葉が十分に発達していない小さな胚や，幼根も子葉も未分化で単に細胞の塊である胚を持つ種子がある。これらの種子のうち，比較的短期間で胚が成長して発芽する種子を形態的休眠という。たとえば，形態的休眠を持つクロミノウグイスカグラ（ハスカップ）では30日以内に発芽する。

形態的休眠を持つ種子は，他の休眠を持つ種子に比べて少ない。

3 形態的生理的休眠（morphophysiological dormancy）

❶形態的生理的休眠の仕組み

親植物体から離脱または散布された直後には，形態的休眠と同様に胚が未発達であるが，胚が成長して発芽（幼根とシュートの出現の完了）するには，形態的休眠とともに生理的休眠の打破が必要な場合を，形態的生理的休眠という。胚の成長と発芽のためには，一定期間の低温や高温，あるいは高温→低温，低温→高温→低温などの複雑な温度推移が必要である。

形態的生理的休眠を持つ種子は，野外で種子が散布されてから発芽までに1年から2年前後かかるものもあり，温帯性落葉広葉樹林に生育する植物に多い。

形態的生理的休眠は，胚成長のための温度条件，胚成長後の発芽のための温度条件，そしてジベレリン（GA_3）への反応によってさらに多くのレベルに分類されている。

❷上胚軸休眠

ユリ科やガマズミ属，ボタン属などにも形態的生理的休眠を持つ種子がみられる。これらの種子のなかには，幼根が出現した後に下胚軸（子葉より下部の茎）がつくられるが，上胚軸（子葉より上部の茎）は休眠して，低温を経た後に地上に出現するものがある。これを上胚軸休眠（epicotyl dormancy）という。

❸形態的生理的休眠の人為的打破

形態的生理的休眠を人為的に打破するには，植物種類ごとに，種子に適切な温度と処理期間を与える必要である。植物によっては，野外で種子が離脱・散布されてから発芽するまでの季節に対応した，すべての温度推移が必要なこともある。

4 物理的休眠（physical dormancy）

❶物理的休眠の仕組み

種皮または果皮が不透水性のため，種子が吸水できず発芽しない場合を物理的休眠といい，こうした種子を硬実種子（hard seeds）という。

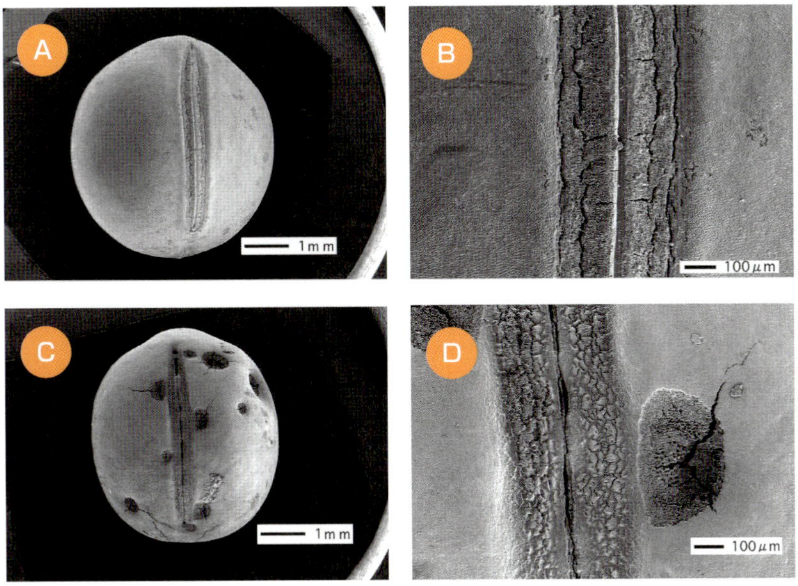

図2-Ⅰ-17　濃硫酸処理がハマエンドウ種子の種皮におよぼす影響
A：無処理種子　B：無処理種子の拡大
C：濃硫酸に40分間浸漬した種子　D：濃硫酸に40分間浸漬した種子の拡大
（近藤・山口，ランドスケープ研究 62（5），1999，pp. 507-510）

この休眠は，へそや種阜（種瘤）（図2-Ⅰ-7参照）に亀裂が生じたり，開くことで吸水が可能になって解除される。吸水する入り口はウオーターギャップ（water gap）とよばれ，気温の日較差、野火や山火事での高温，冬の低温などで開くとの研究もある。その他，土壌微生物，土壌粒子との摩擦，鳥類やほ乳類などの採食による消化器官の通過などによって，種皮が腐敗したり傷つけられたりすることでも休眠が打破されると推測されているが，明確な証拠は示されていない。

物理的休眠は，生理的休眠に次いで多くの植物の種子に認められ，とくにマメ科，ウルシ科、ヒルガオ科に多く，花卉ではスイートピー，アカシア，アルストロメリアなどの種子にある。

❷物理的休眠の意味

野外では，種皮の物理的な傷つけや腐敗の程度，ウオーターギャップの状態に応じて，休眠が破れた種子から徐々に長期間にわたって発芽する。このような現象は，植物を栽培して利用する人間にとって不都合である。しかし植物にとっては，一斉に発芽すると，その後の急激な気候の変動に遭遇した場合，実生が全滅する危険性があるので，それを軽減するための手段ともいえる。

❸物理的休眠の人為的打破

物理的休眠は，種皮に傷をつけて透水化すると打破できる。針による刺傷や紙ヤスリで傷をつけることでも吸水して発芽するが，大量の種子の種皮を透水化するには濃硫酸への浸漬処理が効率的である。植物の種類ごとに，適切な時間濃硫酸に浸漬すると，種皮に穴や亀裂が生じて吸水が可能になる（図2-Ⅰ-17）。また，温湯処理で休眠を打破できる場合もある。

5 物理的生理的休眠（physical + physiological dormancy）

生理的休眠と物理的休眠の両方が存在する休眠もある。この休眠には，物理的休眠が破れた後に生理的休眠が破れるものと，生理的休眠が破れた後に物理的休眠が破れるものがある。この休眠を持つ植物は少ない。

7 種子の貯蔵

種子の寿命は，種子の含水率と貯蔵温度によって大きく左右される。

耐乾性が高く，乾燥条件で生命力がよく保たれるオーソドックス型種子（orthodox seeds，ordinary seeds）と，耐乾性がなく，湿潤条件で生命力がよく保たれるリカルシトラント型種子（recalcitrant seeds）とに大別される（表2-Ⅰ-5）。

表2-Ⅰ-5　貯蔵性からみた種子の分類

Ⅰ **オーソドックス型**（orthodox seeds，ordinary seeds）
・耐乾性が高く，乾燥下で生命力がよく保たれる種子 ・貯蔵温度は低いほどよい ・大多数の種子
Ⅱ **リカルシトラント型**（recalcitrant seeds）
・耐乾性がなく，湿潤下で生命力がよく保たれる種子 ⓐ 低温湿潤下で生命力が失われる種子 マンゴー，アブラヤシ，コーヒー，ラワン，サトイモなど熱帯植物の種子が多い ⓑ 低温湿潤下で生命力が保たれる種子 ブナ，クリ，クルミ，クスノキ，ココヤシ，ワサビ，ヒシ，サジオモダカなど大粒の林木の種子や水生植物の種子が多い

Ⅱ 植物の体制と茎葉の成長

1 植物の成長

植物は，種子から発芽し茎葉を成長させた後，開花・結実して種子をつくり，やがて死滅する。植物の一生で，花をつけず根や茎葉が成長する過程を栄養成長といい，花芽を分化し結実する過程を生殖成長とよぶ。

栄養生長を行なう，茎葉や根などを栄養器官という。植物は，栄養器官によって二酸化炭素、窒素化合物，その他の塩類などの栄養を吸収し，糖やアミノ酸などをつくりながら成長する。葉菜類や根菜類は，栄養成長によって成長した栄養器官を収穫して利用する。果樹や果菜類，花卉類の開花・結実に必要な栄養は，栄養器官の働きによってつくられる。 このように，栄養器官は植物の成長を支える重要な働きをしている。 ここでは，栄養成長にかかわる器官や組織についてみていく。

〈注 1〉
これ以外に植物を構成する器官には，葉針（ハリエンジュ，サボテンなど）や葉性巻きひげ（エンドウ）など，特殊な形に変形したものがある。

2 植物の体制と組織の分化

1 植物の体制

植物の体は，茎（枝）あるいは根のような軸状の体制と，葉，花，果実などの付属器官で構成されている（注 1）（図 2- Ⅱ -1）。軸状の体制は，頂端分裂組織（茎頂では茎頂分裂組織，根端では根端分裂組織）での細胞分裂と，そこから少し離れた位置にある細胞の伸長成長によってつくられる。

動物と異なり，植物には細胞壁がある。細胞壁は隣接する細胞と共有しているので，細胞分裂によって生じた細胞の位置関係がそのまま維持されて，組織や器官がつくられる。そのため，植物の基本的な体制は，分裂組織を構成する個々の細胞の分裂方向と伸長方向によって決定される（図 2 - Ⅱ - 2）。

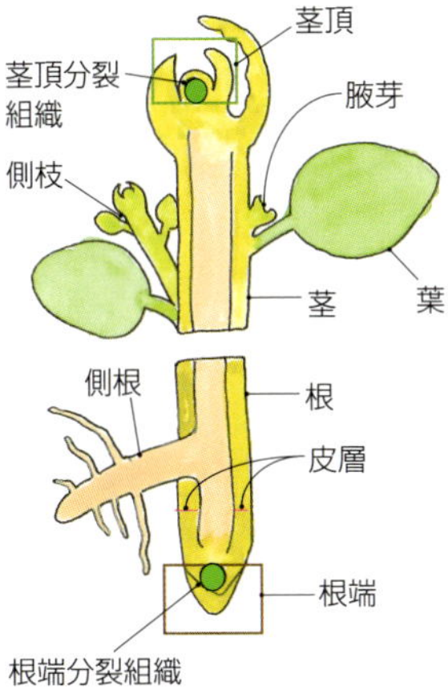

図 2 - Ⅱ - 1
植物の体制と頂端分裂組織

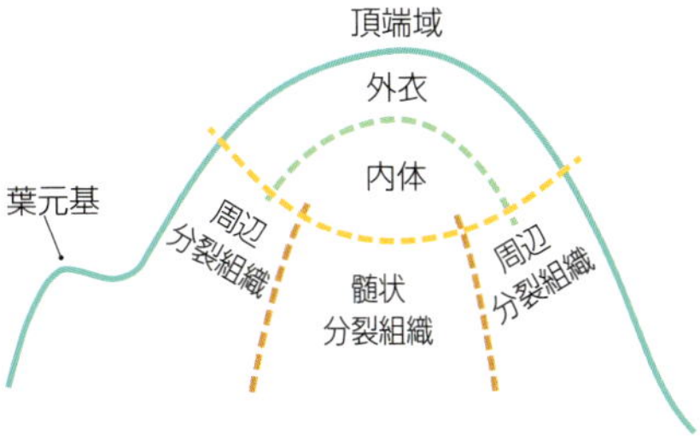

図 2 - Ⅱ - 2
被子植物の茎頂の組織構造の模式図
中央体に外衣と内体があり，内体の下側は髄状分裂組織に，それをとりまく部分が周辺分裂組織となる（Gifford, E.M. and Corson, G.E., 1971 の Rudall, P., 1992 を改変）

茎頂分裂組織の構造

茎頂分裂組織は，外側の数層の細胞層とその内部の分裂組織により構成されている。外側の層では垂層分裂（anticlinal division）が起こり，内部では垂層分裂や並層分裂，その中間的な分裂が起こる（図 2- Ⅱ -3）。このような茎頂分裂組織の階層構造は，原則として側芽の形成を通して茎頂分裂組織に伝達される。

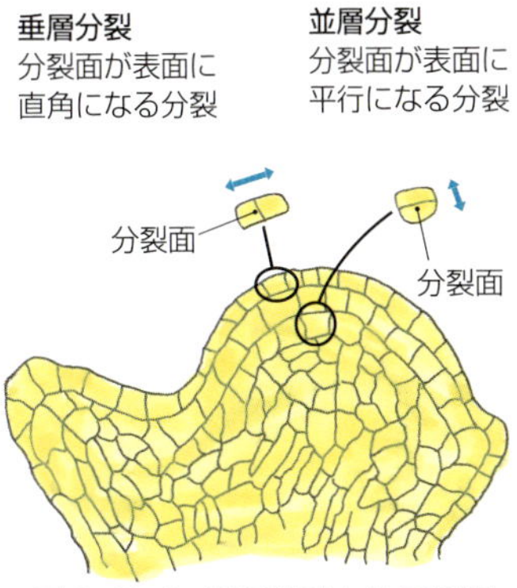

図 2 - Ⅱ - 3　垂層分裂と並層分裂

〈注 2〉
関連性のある組織の集まりを組織系といい，維管束植物の最も大きな組織系を表皮系，維管束系，基本組織系に分けることが多い（図 2 - Ⅱ - 5 ）。
表皮系：表皮からなり，植物体の最も外側の組織系であり，体の保護と物質の出入りの場となっている。
維管束系：維管束からなり，水や養分の通道や，植物体の機械的な支持に働いている。
基本組織系：表皮系の内側にある，維管束系以外の組織系である。同化，貯蔵，分泌などの機能を持つ組織が含まれる。

2 発生と器官の分化

植物の発生は，接合子（受精卵）の分裂に始まる。接合子は，胎座と胚（embryo proper）の分化を経て，双子葉植物では球状胚から心臓形胚，さらに魚雷形胚へと成長する。その段階で，茎頂分裂組織と根端分裂組織が分化する（図 2 - Ⅱ - 4）。これらの分裂組織からやがて表皮系，維管束系，基本組織系（注 2）が分化する。

3 茎と根の分化

❶胚から茎，根へ

胚が成長して，種子から幼根あるいは幼芽が出現する過程が発芽である。発芽後，幼芽が成長して茎（主茎）になるが，芽の先端部分は頂芽（terminal bud）とよばれ，内側に茎頂分裂組織がある。成長した茎は，側面に新しい芽（側芽，lateral bud）をつくる。

側芽は，葉の付け根の向軸側（葉の茎のほうを向いている面＝葉表面）につくられる分裂組織が起原である。その分裂組織が先端へと移行し，頂端分裂組織となって側芽がつくられ，成長して側枝（側軸）になる。側芽は，葉の付け根にできることが多いので，腋芽（axillary bud）ともよばれている。

一方，幼根が成長して根（主根）になるが，根の先端部分は根端とよばれ，そこに根端分裂組織がある。根は成長して側根や根系をつくる。

植物の茎と根は，縦軸方向に伸長するとともに肥大成長を行なう。

❷外生分枝と内生分枝－茎の分枝と根の分枝

側芽は，表皮近くに新たに生じた分裂組織から発生し，外生分枝（exogenous branching）とよばれる。一方，根の分枝の分裂組織は，表皮付近ではなく中心柱の最外層（内鞘部分）に生じるので，内生分枝（endogenous branching）とよばれる。根の分裂組織は皮層を貫通して伸長し，側根となる。このように，根と茎葉は異なる組織部位から発生する（図 2 - Ⅱ - 6）。

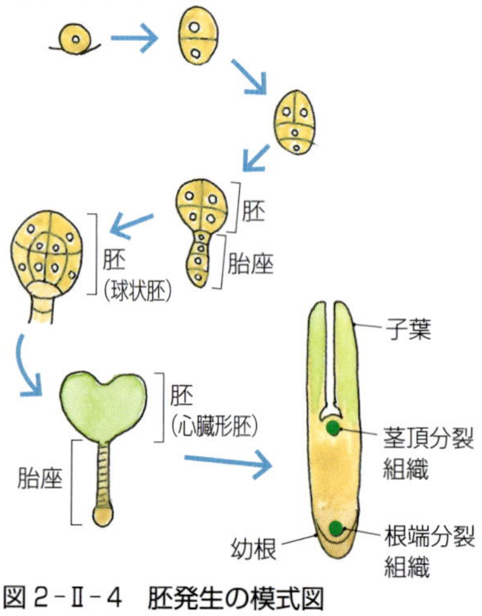

図 2 - Ⅱ - 4　**胚発生の模式図**
（双子葉植物）

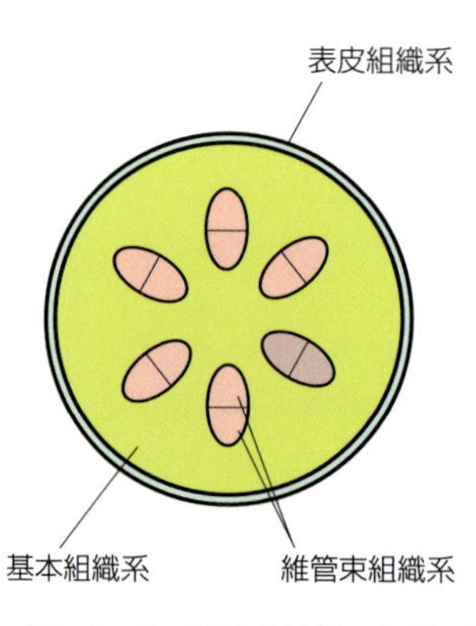

図 2 - Ⅱ - 5　**維管束植物の組織系**

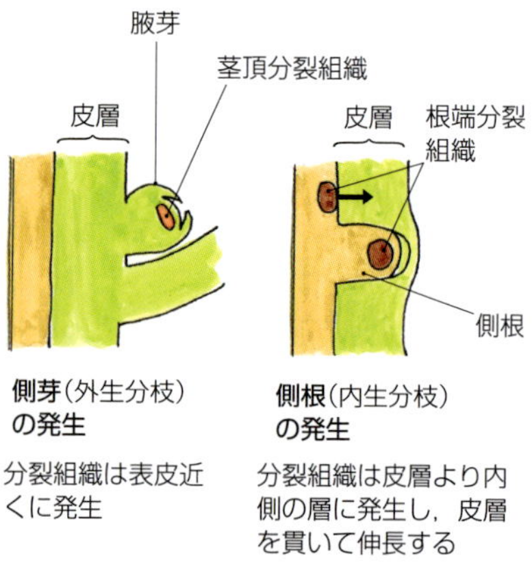

図 2 - Ⅱ - 6　**外生分枝（側芽，腋芽）と内生分枝（側根）の違い**

3 茎の成長

1 茎の伸長

❶茎の縦軸，横軸方向への成長

縦軸方向への成長は茎頂と根端の分裂組織によって行なわれ，また主茎と主根の横軸方向に側枝や葉，側根がつくられる。縦軸方向，横軸方向とも伸長成長であり，それによって植物の体制がつくられる。

この成長過程では光，温度，水分など，さまざまな環境要因が影響するので，旺盛な成長をさせ収穫量を高めるには，各作物に適した環境管理を行なうことが重要である。環境要因は，一次代謝や，植物ホルモンの濃度や作用に影響を与え，成長を左右する。

❷ナス科植物の仮軸分枝

多くの植物は主茎がそのまま伸長していくが，ナス科では主茎に花芽ができると成長を停止し，かわって腋芽が主茎のように成長を始める。そのようにして，花芽がつくたびに，それまでの腋芽にかわって新しい腋芽が成長する。このような分枝を仮軸分枝とよぶ（図2-Ⅱ-7）。

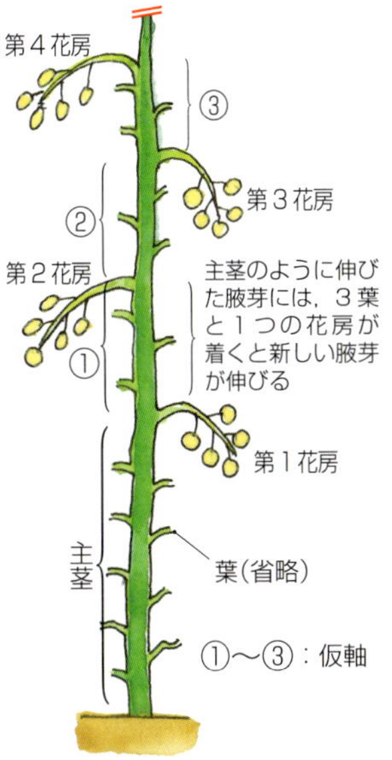

図2-Ⅱ-7　トマトの仮軸分枝

❸植物の伸長と細胞の伸長

植物が成長するためは，細胞数を増やすだけでなく，細胞を伸長させなければならない。それには，細胞を囲んでいる細胞壁の伸長が必要である。

細胞壁の主成分はセルロースであるが，セルロースの繊維は伸縮しづらいので，細胞壁は繊維の方向には容易に伸びることはできない。セルロースの繊維は，細胞が伸長する方向に対してほぼ直角方向に並んでいて，膨圧によって細胞容積を拡大しようとする力によって，セルロースの繊維と繊維の間隔が広がり細胞壁が伸展する（図2-Ⅱ-8）。

したがって，細胞がどの方向に伸長するかは，セルロース繊維の方向によって影響される。植物はこの性質を利用して伸長成長する。

セルロースの繊維の方向の決定には，セルロース（細胞壁）に近い細胞膜直下にあって，繊維状に広がっている表層微小管（cortical microtubles）とよばれる細胞骨格が関係していると推測されている。

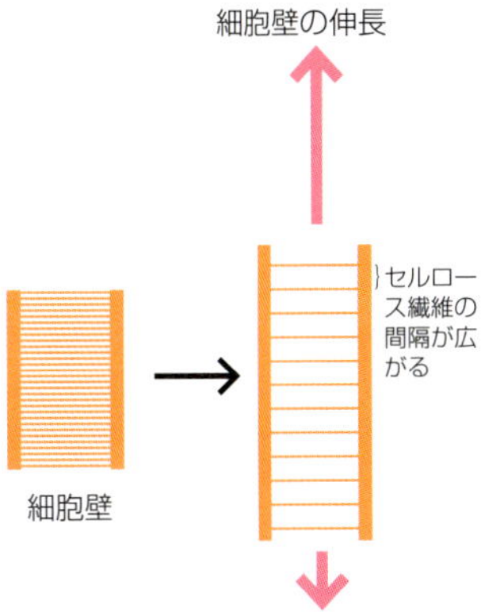

図2-Ⅱ-8　セルロースと細胞壁の伸長

2 茎の肥大成長

茎の肥大成長をになっているのが，維管束形成層（形成層）（vascular cambium）である。維管束形成層は，一次分裂組織（注3）によってつくられる二次分裂組織である。維管束形成層の細胞分裂によって二次木部（secondary xylem）と二次師部（secondary phloem）からなる維管束がつくられ，これによって茎が肥大する。このようにしてできた維管束を二次維管束（secondary vascular tissue）とよぶ。

維管束形成層は，木部と師部の間にある維管束内形成層（intravasicular cambium）と，維管束内形成層の間にある維管束間形成層（intervasicular cambium）とからなる。多くの裸子植物や双子葉植物では，維管束間形成層が発達して維管束内形成層とつながる結果，維管束形成層は全体で環状になる（図2-Ⅱ-9）。

〈注3〉
一次分裂組織：茎や根の頂端分裂組織など，発生時点から分裂能力を持ち続けている組織を一次分裂組織とよび，それによってつくられた組織を一次組織とよぶ。
二次分裂組織：一度つくられた組織が，分裂能力を失った後，再び分裂能力を獲得した組織を二次分裂組織とよび，二次分裂組織からできた組織を二次組織とよぶ。

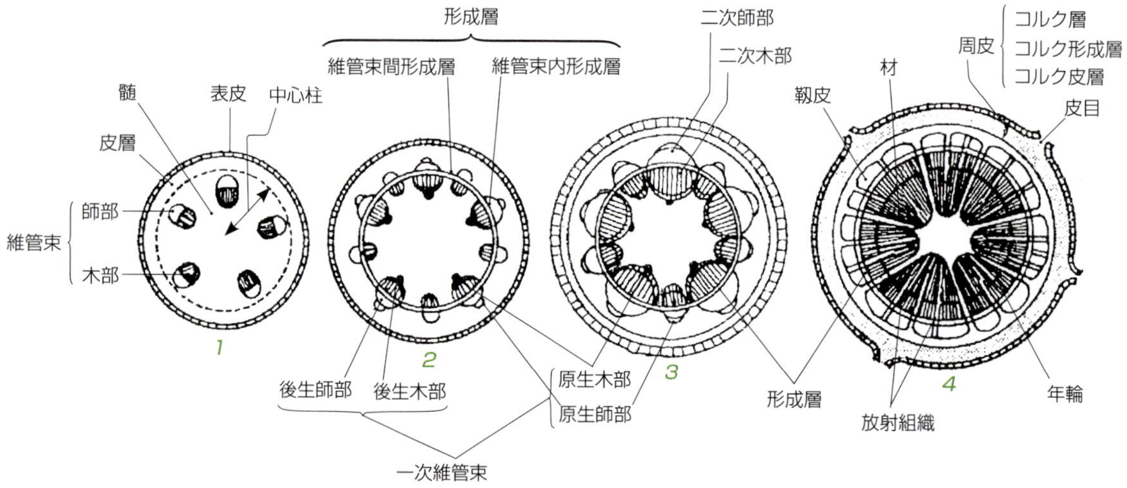

図 2-Ⅱ-9　茎の肥大生長過程の模式図（双子葉植物および裸子植物）
（大阪府立大学農学部園芸学教室『園芸学実験・実習』養賢堂，1981，福住より引用）

3 木本植物の肥大成長

❶茎の肥大成長と木部，表皮

木本植物は，肥厚した木部を持ち，この木部のほとんどは，形成層によって二次的につくられたものである。木部は，木本植物が堅固な構造になるための，機械的支持組織として重要な働きをしている。

木本植物は高さ数十メートルに達することができるが，その容積のほとんどをしめるのは原形質（protoplasm）を失った木部の死細胞であり，生きた細胞は頂端分裂組織や形成層などごくわずかにすぎない。

茎（幹）の肥大成長によって表皮は破壊されるが，周皮（periderm）によって体表は保護される。周皮は，表皮の内側のコルク形成層（phellogen, cork cambium，二次分裂組織）によってつくられる。

❷木化と管状要素形成

維管束の木部（xylem）は複合組織であり，管状要素，木部繊維，木部柔細胞からなり，これらを木部要素（xylem element）という。

管状要素には，二次細胞壁が肥厚した環状，らせん状，網状などの特徴的な模様が観察される。この模様は，細胞壁に沈着したリグニンである。細胞壁へのリグニンの沈着は，木部分化（xylem differentiation）とともに進み，これを木化（lignification）という。管状要素がつくられる過程で細胞死（注 4）が起こり，細胞の内容物が消失する。

❸木本と草本の違い

草本植物（herbaceous plant）と木本植物（woody plant）の最も顕著な違いは，二次成長が持続する期間の違いである。すなわち，草本植物の茎はある程度で肥大成長しなくなるが，木本植物では茎や根が肥大し続け，容積のほとんどを木部がしめるようになる。

木本は一般に大形であり，多年にわたってくり返し開花・結実するとともに，茎を肥大成長させる。一方，草本は一般に小形であり，開花・結実した後，地上部が枯死するものが多い。しかし，木本と草本の境界は明確

図2-Ⅱ-9の注記

二次木部：形成層の並層分裂により，その内側につくられる木部。

二次師部：形成層の細胞分裂により，その外側につくられる師部。

原生木部：茎頂または根端の一次分裂組織の中に分化した，前形成層から最初に分化した木部。

後生木部：原生木部に続いてつくられる木部．原生木部と後生木部をあわせて一次木部という。

初生師部：一次師部ともいう。茎頂または根端の一次分裂組織の中に分化した前形成層から最初に原生師部が分化し，続いて後生師部が分化する。これら原生師部と後生師部とをあわせて初生師部という。

〈注 4〉
この細胞死は、プログラム細胞死（PCD, programed cell death）であると考えられている。PCD は，細胞内の遺伝的プログラムにしたがって自発的に細胞が死ぬ現象であり，ネクロシス（壊死）と異なり，死ぬ過程で組織が褐変しないなどの特徴がある。

果樹と野菜

果樹（fruit tree）は，木本植物（樹木）に結実する果実を利用する植物の総称である。しかし，園芸学で果樹に分類されるバナナやパパイヤは多年生草本であり，パイナップルも草本植物である。野菜は食用の草本植物であるが，山菜の仲間にはタラノキのように木本植物であるが便宜上野菜に分類されるものがある。

園芸学での果樹と野菜は，植物学的な区分を基本として分類するが，栽培や分布，果実の利用部位などを考慮した人為分類である。

ではない。タケのように茎が木質化するものや，環境によって常緑性を示す多年生草本も少なくない。トマトやマーガレットなどは茎が木質化し，灌木のようになる。

4 茎の構造

1 茎の外部形態

茎は，葉や花をつけて地上部の体制をつくり，地上部を支えるとともに，養分や水分の通路の役割をしている。茎は，主に地上部に伸びているが，根のように地下をはう地下茎や，つる状のものもある。ブドウやキュウリのように巻きひげを持つものもある。巻きひげは，茎や葉が変形したものである。

茎には節と節間があり，節から葉や側枝が伸びる。節間の伸長成長は，生育環境や養分の過不足などに影響される。キャベツやダイコン，サトイモなどのように，節間がほとんど伸びないものもある。

2 茎の内部構造

茎の内部構造は，双子葉植物と単子葉植物で異なる。

双子葉植物では，外側から表皮，皮層，内皮とその内側にある中心柱からなっている。中心柱は内皮より内側の部分をさし，内鞘，維管束，髄からなる。中心柱には，維管束の構造や配列によっていくつかのタイプがあり，双子葉植物では並立維管束（注5）が環状に並んでいる真正中心柱，単子葉植物では並立維管束が不規則に散在している不整中心柱が多い（図2-Ⅱ-10）。

〈注5〉
維管束の木部と師部の配列様式は植物によって異なり，いくつかのタイプがある（図2-Ⅱ-11）。
並立維管束：木部と師部が対になっている。多くの種子植物の茎や葉でみられる。木部と師部に形成層がはさまれているのを開放維管束といい，茎が太く成長するのはこのタイプである。
複並立維管束（両立維管束）：木部と形成層が師部にはさまれている維管束である。ウリ科，ナス科などにみられる。

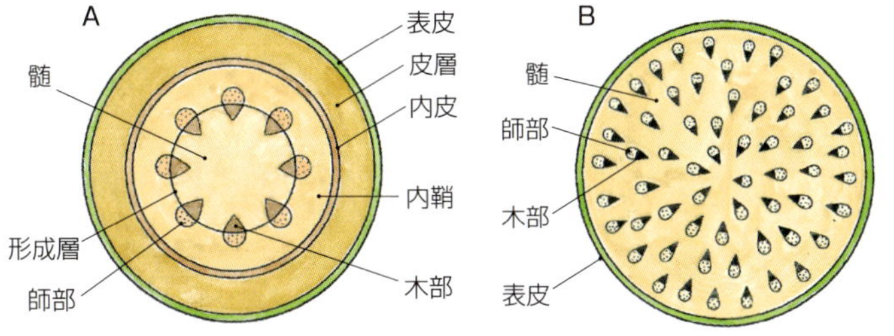

A：双子葉植物，真正中心柱（並立維管束）　B：単子葉植物，不整中心柱（並立維管束）

図2-Ⅱ-10　茎の横断面と中心柱の構造

（増田芳雄『植物生理学』培風館，1977より引用）

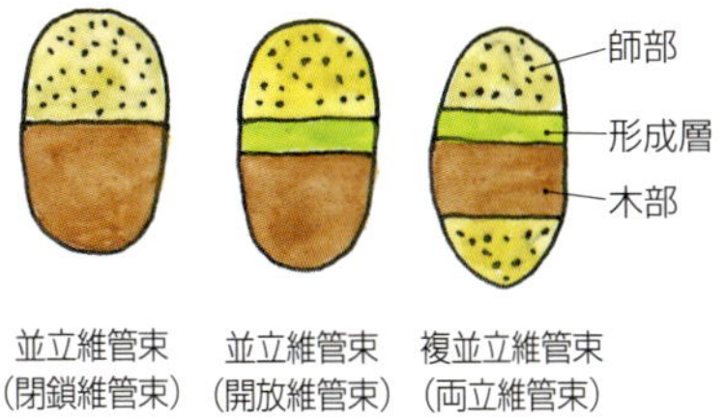

図2-Ⅱ-11　維管束の主なタイプ

3 茎による養分の貯蔵

茎が肥大し，養分の貯蔵器官になっている植物もあり，その性質を改良して利用している園芸作物も少なくない。地下茎が貯蔵器官になっていることが多く，塊茎，球茎，根茎などがそれにあたる（第２章Ⅲ-３参照）。

5 葉の分化と成長

1 葉の形成と形態

茎頂部が発達するにつれて葉原基ができ，葉がつくられる。葉の成長は細胞数の増加と細胞の肥大による。

葉は，二酸化炭素の吸収，光合成や水分の蒸散を行なう重要な器官である。葉は葉柄によって茎とつながっており，維管束が葉身全体に広がっている。葉の維管束は葉脈とよばれる。双子葉植物は網目状に広がる網状脈，単子葉植物は並行に並んでいる平行脈のものが多い（図２-Ⅱ-12）。

葉身の形だけでなく，何枚かの小葉が組み合わさって１枚の葉のようになるなど，葉の成り立ちは植物によってさまざまである。また，大きさや形は環境によって変化するものが多いが，同じ個体でも着生する葉の位置によって形の異なる種類もある。

2 葉の内部構造

葉の断面（図２-Ⅱ-13）をみると，表皮，葉肉組織，維管束がある。表皮は，葉の表側と裏側にあり，表面がクチクラ層に覆われていて，蒸散や病原菌の侵入を防いでいる。蒸散やガス交換を行なう気孔は，主に葉の裏にある。

葉肉組織には，柵状組織と海綿状組織があり，葉緑体を含んでいて，光合成を行なっている。通道組織である維管束（葉脈）は，水分や養分の通路である。木部は葉の表側，師部は裏側に配置されている。

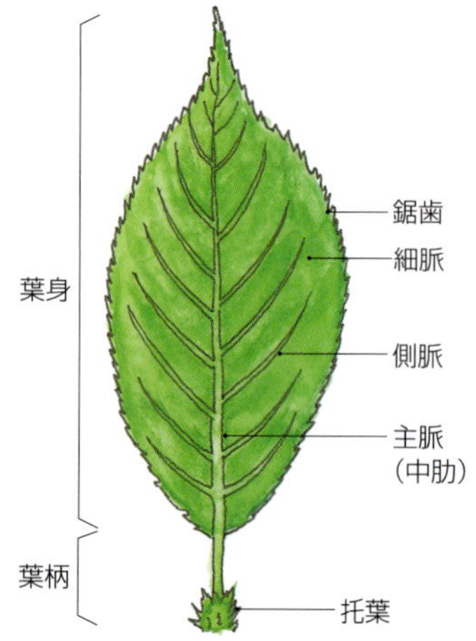

図２-Ⅱ-12　葉の形態

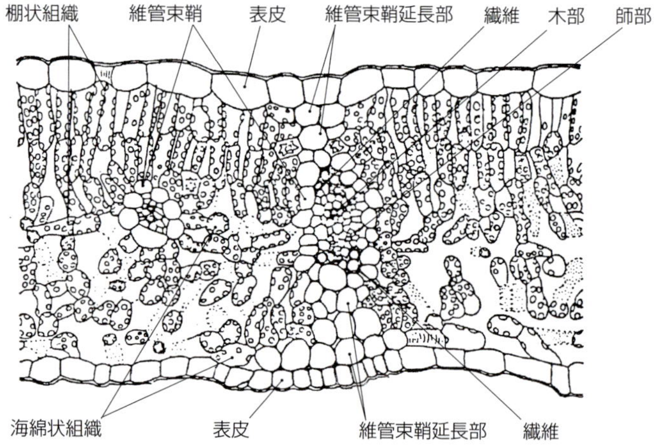

図２-Ⅱ-13　葉の内部構造（ナシの葉の断面図）
(Esau, K.：Plant Anatomy (2nd ed.), J. Wiley & Sons, Inc., 1965 より引用)

3 葉のつき方と葉序

葉は主茎や側枝の節につくが，その配列のしかたを葉序という。1節に1枚の葉がつく互生，2枚の葉がつく対生，3枚以上の葉がつく輪生に分けられているが，多くみられるのは，互生である。

ある節についている葉と，その隣の節についている葉との角度を開度といい，その角度を360°で割った値を葉序として示している。たとえば，180°では1／2葉序，120°では1／3葉序，というように表わす。葉序は植物の種類によって決まっていて，144°の2／5葉序のものが多い。2／5葉序とは，ある節の葉から順にたどると茎を2周して葉が5枚ついていて，6枚目が最初の葉の真上にくることを表わしている（図2-Ⅱ-14)。

4 球形成（結球）

葉が何枚も重なり合って球状になることを球形成（結球）といい，葉球と鱗葉球（鱗茎ともいう）とがある。

葉球は，成長とともに増えた葉が重なり合って結球したもので，ハクサイ，キャベツなどがある。茎はほとんど伸びないロゼット型で，内側の葉と外側の葉の形状が異なっている。

結球形成は，光の刺激により葉の向軸（内側）と背軸（外側）の伸長差が起こることがきっかけで起こり，結球が始まり内部に光が届かなくなると，内部の葉が立ち上がり葉先も内側に巻き込むようになる。これにはオーキシンやジベレリンが関与していると考えられている（注6）。

鱗葉球（鱗茎）は葉身の伸長が抑制され，地下部の葉鞘の基部が栄養分

〈注6〉
オーキシンの横方向の移動と生長相関によって葉の表裏に成長差が生じ，結球すると考えられている（図2-Ⅱ-15))。
葉の枚数が多くなって重量が増える葉数型品種と，葉の枚数は変わらず1枚当たりの重量増加によって重くなる葉重型品種がある（図2-Ⅱ-16)。

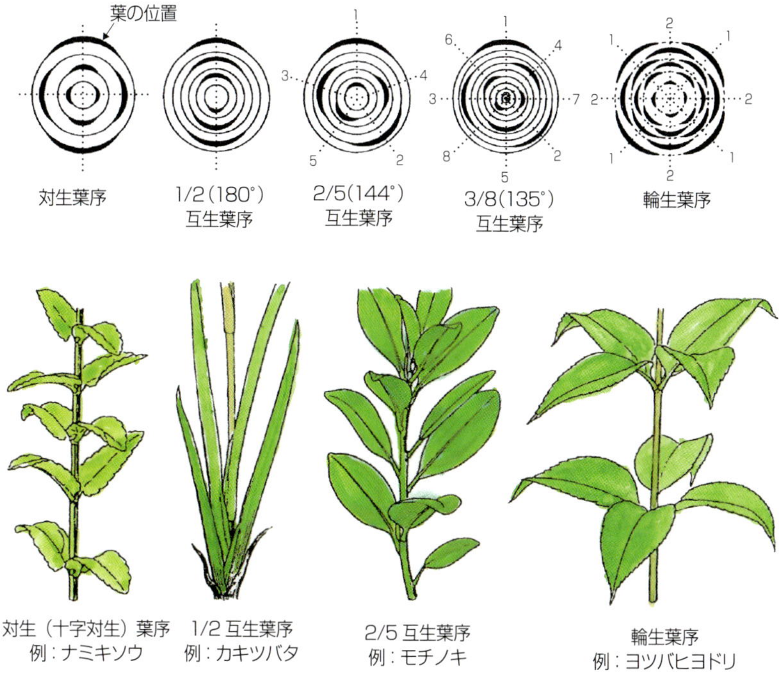

図2-Ⅱ-14 葉序の種類と形態
（上：位田晴久，1989に一部追加；下：『園芸植物大事典6』1990より引用）

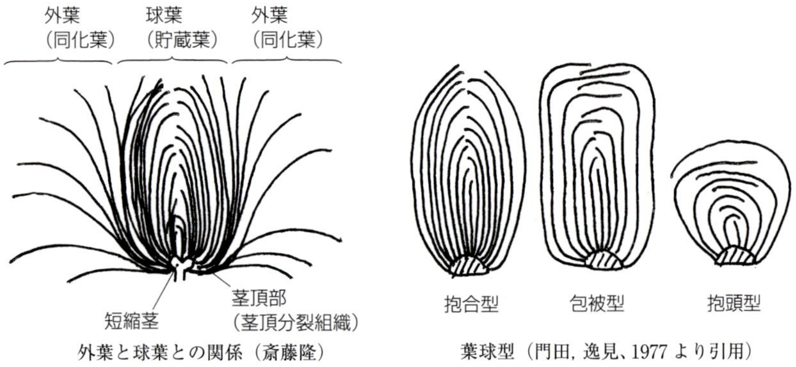

図2-Ⅱ-15 ハクサイの葉球の形態(左)と形成様式(右)
(斎藤隆『野菜の生理・生態』農文協, 2008, pp.51-52より引用)

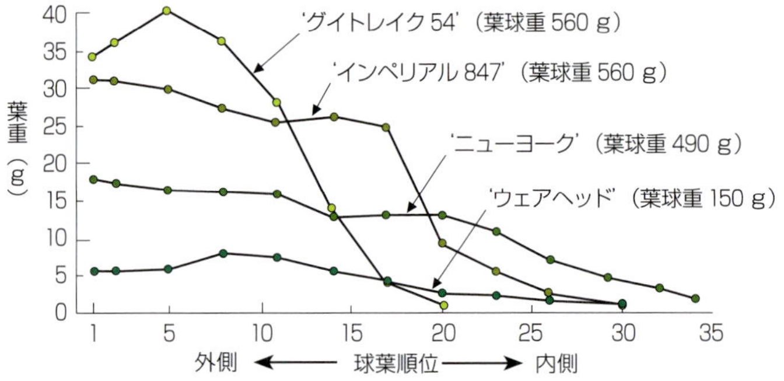

図2-Ⅱ-16 レタスの葉球構成の品種間差異
(加藤徹, 農及園, 38:pp.1854-1858, 1963より引用)

を蓄えて肥厚したもので,タマネギやニンニク,ユリなどがある(第2章Ⅲ-3参照)。

6 茎(枝)の生理

1 越冬と低温順化

❶低温順化と脱順化

温帯や亜寒帯に生育する樹木の地上部は,過酷な低温環境に耐える仕組みを備えている。低温に耐える仕組みは,秋の気温低下や日長の短縮に応じて強くなり,やがて春の気温上昇や日長が長くなるとともに弱くなる。この過程は,それぞれ低温順化および低温脱順化とよばれている。

低温に強い樹が,厳冬期に-40℃以下の凍結温度にも耐えることもめずらしくないが,発芽期には氷点下の低温にほとんど耐性を示さなくなる(図2-Ⅱ-17)。

❷低温順化の仕組み

低温順化の過程では,細胞膜リン脂質の脂肪酸が不飽和化することや,細胞内にショ糖やラフィノースの蓄積が起こる。また,冬芽(越冬芽)にはLEA(late embryogenesis abundant)タンパク質,デハイドリンタンパク質,AFP(anti-freezing protein)など不凍活性にかかわるタンパク

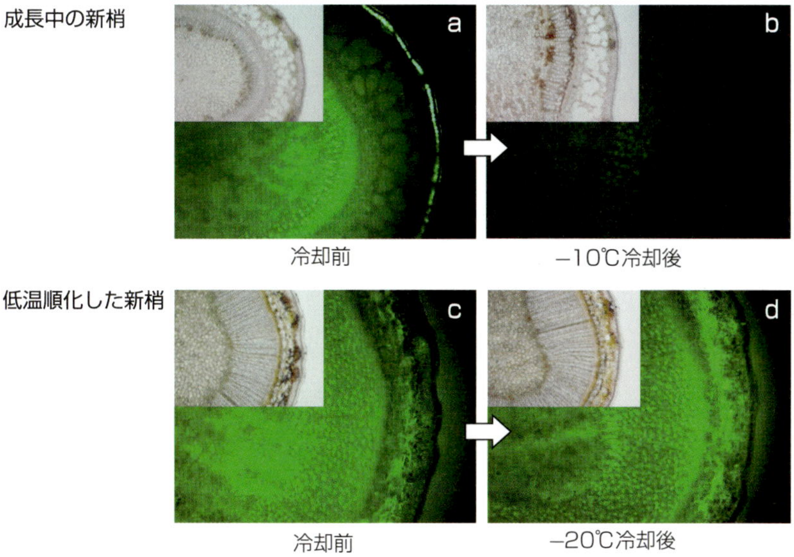

図2-Ⅱ-17　低温順化による凍結傷害の回避
（ブルーベリーの新梢，フルオレセインジアセテート染色法による観察）

低温順化していない茎の組織は－10℃の冷却によって死滅した（b）が，低温順化した茎組織は－20℃による冷却後も障害を受けずに生存した（d）。生存細胞はエステラーゼの作用で黄緑色の蛍光色素，フルオレセインを生成する。挿入明視野像は蛍光画像と同じ視野のもの。

質が蓄積する。AFP は氷の結晶と結合することによって，氷点付近での細胞の生存率向上に働く。

また，細胞は脱水によって低温耐性を高めるが，細胞外凍結（細胞は凍結せず細胞外の体液のみが凍結）によって引き起こされる脱水も同様の効果を示す。

2 冬芽の休眠

❶休眠と休眠打破

休眠は植物の成長が停止することで，樹木の芽は冬の低温を生きぬくため，休眠して越冬する。冬の環境に適応して休眠した芽を冬芽とよぶ。休眠には，内的な要因による自発休眠と，自発休眠が破れても発芽に適した環境条件にないために行なう他発休眠（強制休眠）がある。

落葉樹の冬芽は，自発休眠が打破されなければ，生育可能な環境になっても萌芽しない。冬芽の自発休眠は，必要な低温量（低温要求量）が満たされることによって打破される。低温は休眠打破にとって必須である。

❷休眠打破に必要な低温条件

多くの植物種では，7℃付近が最も休眠打破に効果的であるとされている。しかし，休眠打破に必要な温度と時間は，樹種（品種）によって異なり，より高温や低温では効果が低いことがわかっている。ここでいう最も効果的な温度というのは，最も短時間の処理で休眠が打破される温度のことで，休眠打破への相対的効果は処理時間の逆数として表わすことができる。

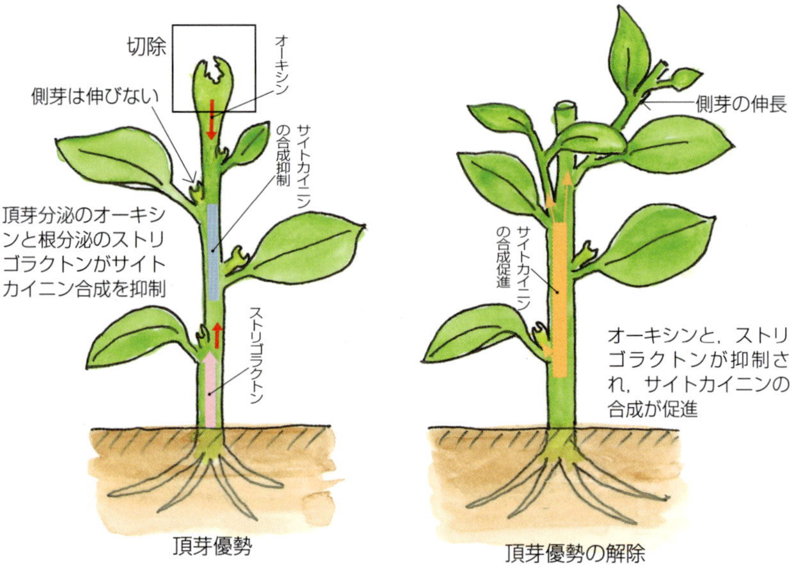

図 2-Ⅱ-18　頂芽優勢とその解除

〈注7〉
シアナミド剤，エチレンクロルヒドリン，マシンオイル（機械油）などが利用されている。

低温遭遇が不十分で，低温要求量が満たされない場合，冬芽の萌芽が不ぞろいになり，極端な場合には発芽しなくなる。低温が十分でない場合や，施設栽培で早期に発芽させたいときは，休眠解除に効果のある薬剤（注7）の使用が行なわれている。

3 頂芽優勢

❶頂芽優勢とは

整枝や摘心などで頂芽を取り除くと，側枝の成長が促進される（図 2-Ⅱ-18）。その原因は，頂芽によって抑制されていた側芽の成長が，頂芽の除去によって解除されたためである。このように，頂芽の成長が側芽の成長より優先される現象を，頂芽優勢（apical dominance）あるいは側芽抑制とよぶ。

❷頂芽優勢の仕組み

頂芽優勢は，茎頂部でつくられ基部に移動するオーキシンによる，側芽の成長に必要なサイトカイニンの合成抑制と，ストリゴラクトン（注8）の合成促進によって起こると考えられている。

茎頂部を切除すると，基部に移行するオーキシン量が低下するので，サイトカイニンの合成が促進されるとともに，ストリゴラクトンの合成が抑制される。その結果，側芽が成長する（図 2-Ⅱ-18）。

〈注8〉
最近，根で分泌され茎に移動するストリゴラクトン（ラクトン構造を持つカロテノイド誘導体の総称）が，双子葉植物の側芽の伸長抑制と，単子葉植物の分げつ抑制に働くことがわかってきた。なお，分枝と分げつは生理的に同じ現象と考えられている。

4 果樹の花芽形成と栄養

経済栽培では，連年安定した収穫を得ることは重要であるが，果樹では，収穫が豊富な年とほとんどない年が1年おきにくり返されることがある。この現象は隔年結果（alternate bearing）として知られており，収穫がある年は「成り年，表年」（on-year），ない年は「不成り年、裏年」（off-year）

とよばれている。多くの果樹にある現象だが，とくにリンゴ，温州ミカン，カキ，クリなどでは強く現われる。その要因は，花芽が形成される時期の栄養不足である。

多くの果樹は７～８月に花芽分化するが，この時期は，果実の発育・肥大成長が最も旺盛になる時期でもある。光合成産物が果実に多く配分されるので，樹の栄養が枯渇し，花芽の形成が抑制される。しかし，翌年は果実が少ないので，花芽形成に必用な光合成産物が豊富に供給される。その結果，多くの花芽が形成され，翌年は成り年となる。

連年安定した収量を得るためには，「成り年」には，冬のせん定や，春の蕾の除去（摘蕾），未熟果実の除去（摘果）など，果実数を抑制するための管理が必用である。

5 キメラの発生と利用

❶キメラとは

突然変異によって，個体の中に異なるゲノム組成を持つ細胞が生じることがある。とくに，分裂組織に生じた突然変異は，細胞分裂によって組織全体に広がるため性質として現われやすい。このようにして生じた変異は芽条変異とよばれ，有用な芽条変異は栄養繁殖によって維持される。

突然変異は分裂組織の中の１つの細胞に起きるので，変異した器官は，突然変異を生じた細胞とそうでない細胞を持つことになる。このように，異なるゲノムを持つ細胞が１つの個体をつくっている状態の植物をキメラ植物とよぶ。

❷キメラの維持と栄養繁殖

茎頂分裂組織に生じたキメラは，その階層構造とともに側芽の分裂組織を経て側枝に伝えられる。そのため，キメラが生じた枝を接ぎ木や挿し木をして側枝を発生させ，その側枝を利用して栄養繁殖することによって，同じ変異を持つキメラ植物を大量につくることができる。有用形質を発現した枝を接ぎ木や挿し木などによって繁殖するのは，キメラ性を維持するためでもある。

接合子（受精卵）から成長した芽，葉，花，果実などのすべての組織は，基本的に同じゲノムを持っているので種子繁殖ではキメラは維持できない。キメラは細胞間，組織間で起きる現象であり，茎頂分裂組織を利用した栄養繁殖でしか維持できないのである。

❸根に発生した芽（ひこばえ）とキメラ

前述したように，側芽は外生分枝によって発生するが，根は内生分枝によって発生する。そのため，皮層の外側と内側の細胞層にキメラが生じている場合は，根から発生した芽（ひこばえ）に親のキメラは伝わらない。その結果，そのひこばえから栄養繁殖した植物には異なる形質が表現される。したがって，根から発生したひこばえなどに親の形質が伝わるかどうか，あらかじめ知っておくことが必要である。

Ⅲ 地下器官の成長と発達

1 根の成長と根圏形成

1 根系と根の成長

❶根の働き

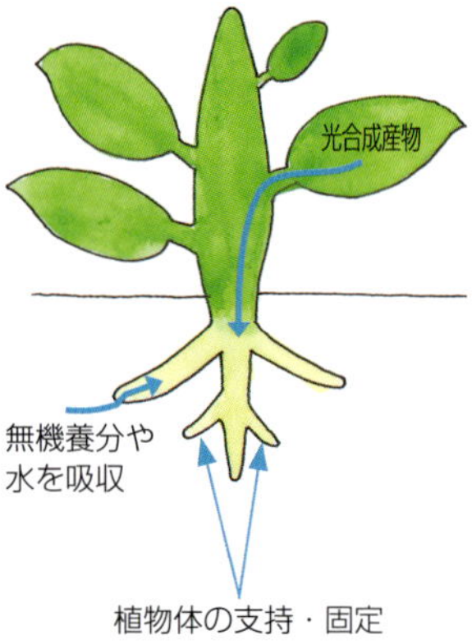

図2-Ⅲ-1 根の働き

「移動することができない」という植物の特性を考えると，根の役割は非常に大きい。根の主な働きは，地中で植物体を支持･固定するとともに，土壌中から無機養分（mineral nutrient）や水を吸収して地上部へ送ることである（図2-Ⅲ-1）。根の働きに必要なエネルギー源は，地上部から送られてくる光合成産物（photosynthate）である。したがって，根と地上部とは生理的に非常に密接な関係がある。

❷根系とそのタイプ

胚につくられた幼根（radicle）が発達して初生根（primary root）になる。初生根が発達すると主根（taproot, main root）になり，そこから側根（lateral root）を発生する。このように幼根に由来する根を定根という。一方，茎や葉柄など幼根以外から発生する根もあり，これらの根を不定根（adventitious root）という。

定根と不定根とをあわせた根の成長のしかた，つまり地中での根の分布状態を根系（root system）という。根系分布は作物の種類や品種によって異なり，土性や土質，耕耘や整地の方法，肥料や有機質の施用状態，直播か移植かによっても大きく影響を受ける。

一般に双子葉植物では幼根が地中深く伸長して主根（直根）になり，主根から水平方向に順次側根が分岐し，さらに細根や繊維根を分岐する。このような根系のタイプを主根型（main root type）という（図2-Ⅲ-2①）。

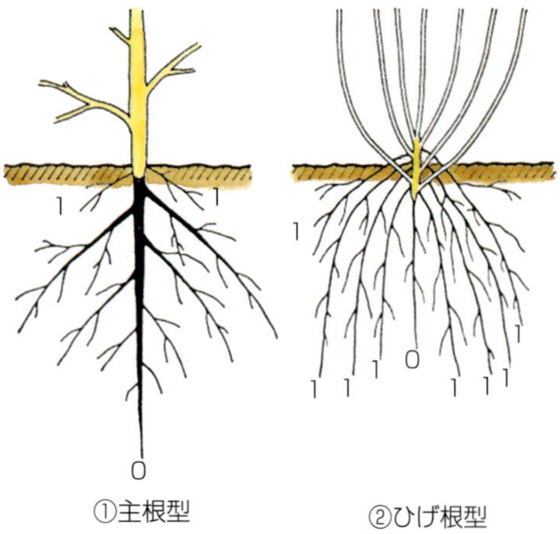

図2-Ⅲ-2 根系のタイプ （山崎，1984）
0は主根，1は不定根を示す。その他はすべて側根。黄色の部分は茎を示す。

単子葉植物では，幼根の伸長が生育の早い段階で停止してその機能が衰え枯死する。そのかわり，茎の基部節から多数の不定根が発生して細根や繊維根を形成し，ひげ根型（fibrous root type）とよばれるタイプの根系をつくる（図2-Ⅲ-2②）。

❸根の成長の仕組み

根の先端部分は根端（root tip）とよばれ，その最先端が根冠（root cap）である。

頂端分裂組織（apical meristem）は根冠に覆われて保護され，さかんに細胞分裂が起こっているが，地上部の葉や腋芽に相当するような側生器官はつくらない（図2-Ⅲ-3）。根端分裂組織からは原表皮，原皮層，原中心柱，根冠形成層の4種類の組織が分化し，これらの組織からそれぞれ表皮，皮層，中心柱，根冠がつくられる。

細胞分裂帯の基部に細胞伸長帯があり，分裂した細胞が長軸方向（上下方向）に伸びる。さらにその基部には吸収帯（根毛帯）があり，ほぼ伸長の終わった表皮細胞から根毛（root hair）が発生する。根毛の主な役割は土壌からの養水分の吸収であるが，その寿命は非常に短く，野菜では２〜３日といわれている。

吸収帯では細胞群から明らかな組織系，つまり表皮，皮層，内皮，内鞘，師部，木部などが分化する（内鞘，師部，木部の部分をあわせて中心柱という）。

2 根の重力屈性と水分屈性

❶「根の先は脳のように働く」

普通植物の茎（地上部）は上に向かって伸びていくのに対し，根（地下部）は下に向かって伸びていく。それでは根はどのようにして下方向を感知しているのだろうか。

植物の体制づくりに重力がかかわっていることを提唱したのはドダート(Dodart)である(1704年)。これは，ニュートンが重力の概念を提唱した『自然哲学の数学的緒原理』の刊行(1687年)のわずか17年後である。その後，イギリスのトーマス・ナイトにより，植物の体制づくりに重力が関与していることが実験的に証明された。

「進化論」で有名なチャールズ・ダーウィンや昆虫記で知られるアンリ・ファーブルも植物の運動について大変興味を持っていた。ダーウィンは『植物の運動力（The Power of Movement in Plants）』（1880年）と題する著書も記しており，そのなかで300種を超える植物のさまざまな運動に

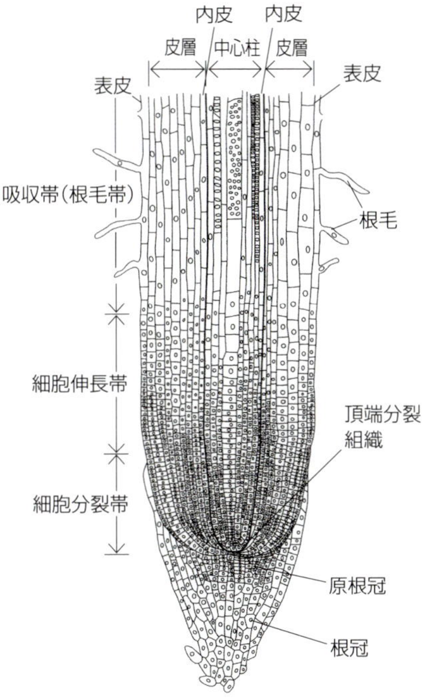

図２-Ⅲ-３　根の縦断図
（ヴェルナー・ラウ『植物形態の事典』より一部改変）

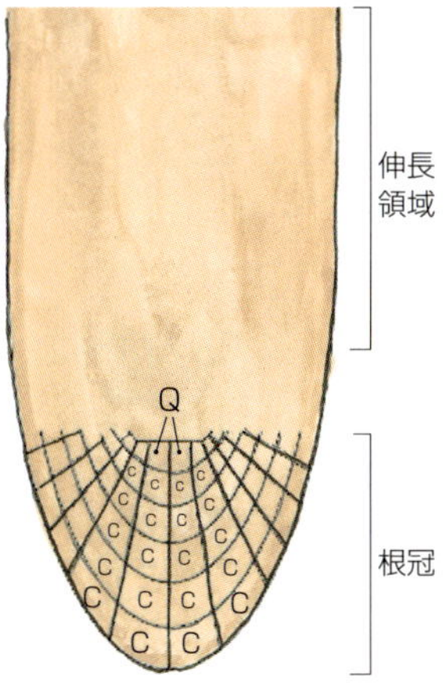

a. 根冠の模式図
Qは静止中心，Cはコルメラ細胞を示す。最も上層の４つのコルメラ細胞はコルメラ始原細胞である。根冠の上部の細胞群は省略。

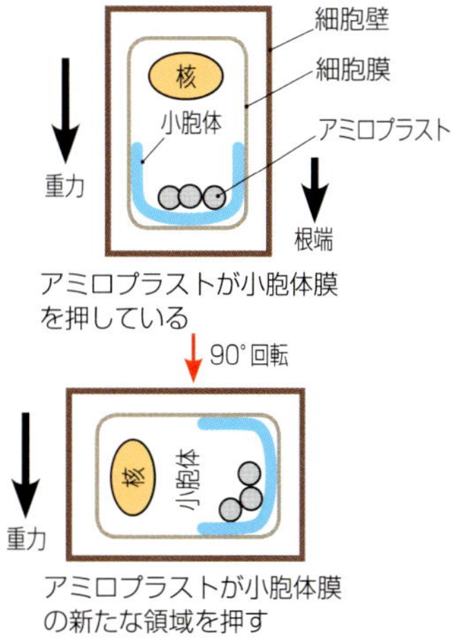

b. 根端のコルメラ細胞における重力感受モデル（アミロプラスト-平衡石モデル）
アミロプラストが重力方向に沈降することによって，小胞体膜や細胞膜への接触刺激が加えられ（あるいは接触刺激部位が変わり），重力への応答が起こる。

図２-Ⅲ-４　根端における重力感受モデル
（岡穆宏・岡田清孝・篠崎一雄編『植物の環境応答と形態形成のクロストーク』シュプリンガー・フェアラーク東京，2004より引用）

図2-Ⅲ-5
水分屈性を調べる実験方法
図に示すように水分を含んだ寒天のそばに乾燥剤を置くと，湿度の勾配が生じる（寒天に近いほうが湿度が高い）。寒天の側面にシロイヌナズナ（重力屈性を示さない突然変異系統）の芽生えを置くと，寒天に沿うように（湿度が高いほうに）根が曲がる。

ついて詳細に述べている。植物の根が重力や水分のある方向に伸びていくことも観察しており，根の先端部の伸び方を制御する仕組みを，下等動物の脳のメカニズムになぞらえ，「根の先は脳のように働く（The tip of the radicle acts like a brain.）」と記している。

❷重力屈性のメカニズム

重力を感じて根が下方向に伸びる特性を重力屈性（gravitropism）という。先に述べた根冠には，コルメラ（columella）細胞とよばれる特殊な細胞があり，その細胞内にはアミロプラスト（amyloplast）という細胞小器官がある。アミロプラストには複数のデンプン粒が含まれ，重力にしたがって細胞の中を移動して，重力の方向（上下方向）を感知していると考えられている（図2-Ⅲ-4）。

コルメラ細胞が感じた重力刺激がどのようにして伝達されるのか，その詳細についてはまだわかっていないが，コルメラ細胞をレーザーで壊すと根が重力屈性を示さなくなるので，重力感知に重要な役割をになっていることは間違いない。

根の重力屈性には，植物ホルモン（plant hormone）のオーキシン（auxin）も関与している。たとえば，根を水平に置くと上側と下側とでオーキシンの濃度に差ができ，下側ではオーキシン濃度が過剰になる（最適濃度を超える）ため伸長が抑制され，結果として根が下（重力）方向に伸びることが明らかにされている。

❸水分屈性のメカニズム

根には，重力方向を感知して伸びるだけでなく，水分のある方向へ向かう特性もある。これを水分屈性（hydrotropism）という。この現象もダーウィンの時代から知られていたが，実験系を確立することがむずかしかったため，詳細については長いあいだ，謎のままであった。

最近になり，研究者たちの工夫によって，水分屈性の実験が行なわれるようになってきた。たとえば，寒天と乾燥剤で空気中の湿度勾配をつくって根の伸長を観察したり（図2-Ⅲ-5），重力屈性を示さない突然変異体を使って，重力屈性の影響を排除した状態で水分屈性の特性を調査している。

興味深いことに，オーキシンの作用を阻害する薬剤を処理すると，水分屈性も抑制されることが明らかにされている。このことは，重力屈性だけでなく，水分屈性にもオーキシンが関与していることを示している。

3 育苗の目的と根の成長

❶育苗の目的

園芸作物を育てる場合には，育苗（raising seedling）が行なわれることがある。育苗は作物の苗を一定期間本圃とは別の場所で育てることであり，育苗後は本圃に移植する。

育苗の利点は，限られた場所で集約的に管理するので，低温，高温，乾燥，降雨，強風，病害虫などから幼植物を守ることができる，本圃を占有する期間が短縮されるので作付けが有利になる，不良苗の淘汰ができる，生育時期を前進化できる，などがあげられる。

❷移植と根の成長

多くの園芸作物で育苗が行なわれているが，定植前に苗をずらして株間を広げる作業が行なわれている。第一の目的は，採光性をよくして徒長を抑制することであるが，それだけではなく，育苗の途中で一度根を切ることにより，広く伸びている根が定植のときに大きく切り取られることによる植え傷みを抑制し，細根の発生を促進することも目的である。セル成型トレイを使った育苗では，株間を広げることができないため，ポット育苗の場合よりも早めに定植する必要がある。

一方，育苗を行なわず，直まき栽培が一般的な園芸作物もある。ダイコン，ニンジンなど直根性の野菜は，一度根が切断されてしまうと直根の再生がむずかしい。そのため，このような作物では育苗や移植を行なわず本圃に直まきする。

マメ類も植え替えで苗が傷みやすいため，移植を避けたほうがよいといわれているが，エダマメやインゲンなどでは，播種後や初期生育での鳥害防止や早期栽培を目的として，ポット育苗やセル育苗が行なわれることも多い。

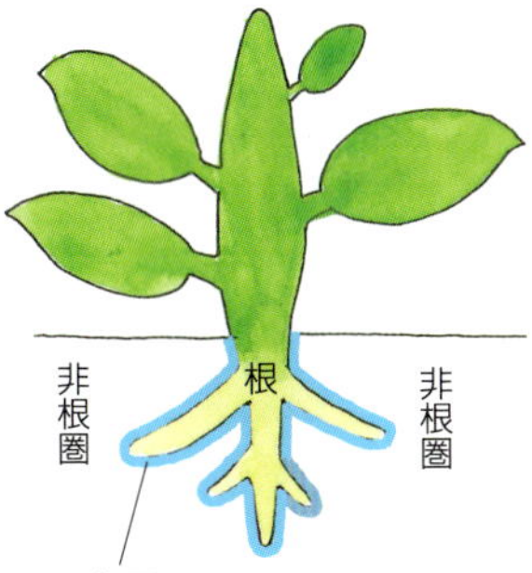

図2-Ⅲ-6　根圏のイメージ
根の周辺部の数ミリから1cm程度の範囲。

4 根圏と根圏効果

根は，土壌中の養分や水分を吸収する働きをするが，それだけでなく呼吸や有機物の分泌などで土壌に影響を与えている。その結果，根の近くの土壌と根から離れた土壌とでは，養水分量，pH，空気組成，微生物活性などが異なっている。このような，根の影響がおよぶ独特の環境を根圏（rhizosphere）という（図2-Ⅲ-6）。根圏の範囲は，根の周辺部の数ミリから1cm程度と考えられていて，根圏内の土壌を根圏土壌，それ以外を非根圏土壌と区別している。

根圏土壌では，根圏環境に適応した微生物（根圏微生物）やセンチュウなどが集まってきて増殖する（表2-Ⅲ-1）。これは，根が分泌する有機物を栄養源としている微生物が繁殖するためで，この現象を根圏効果という。

根圏微生物のなかには作物に害を与える種類もおり，連作障害の一因になっているが，根圏微生物の構成が多様であれば，土壌病原菌や有害なセンチュウ類の増殖が抑制される。根圏微生物の多様性を保つためには，土壌の団粒構造を発達させたり，有機物を施用することが有効である。

表2-Ⅲ-1　根圏と非根圏の土壌微生物相

部位	糸状菌（$\times 10^4$）	細菌（$\times 10^7$）	放線菌（$\times 10^7$）
根圏	82	187	59
非根圏	5.1	21.7	9.8

表中の数字は土壌1g当たりの生菌数。春トマト定植1～2カ月後に調査。
（石上清・堀兼明・堀田柏・河森武，園芸作物培地の生産力と土壌微生物に関する研究（第1報）トマト連作圃場における微生物フロラと理化学性の実態，静岡県農業試験場研究報告，21: 36-43，1976より抜粋）

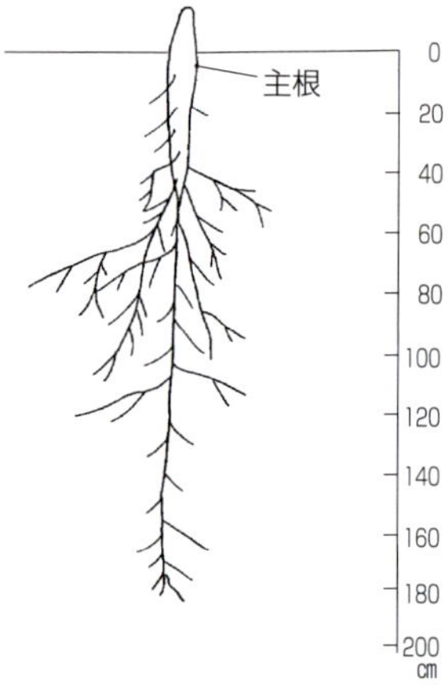

図2-Ⅲ-7　ダイコン'みの早生'の根系の形成

播種90日後。主根から2次根，3次根が伸びるが肥大しない。

（松本正雄『農業技術大系野菜編 第9巻　ダイコン』農文協，1975，p. 基24より一部改変）

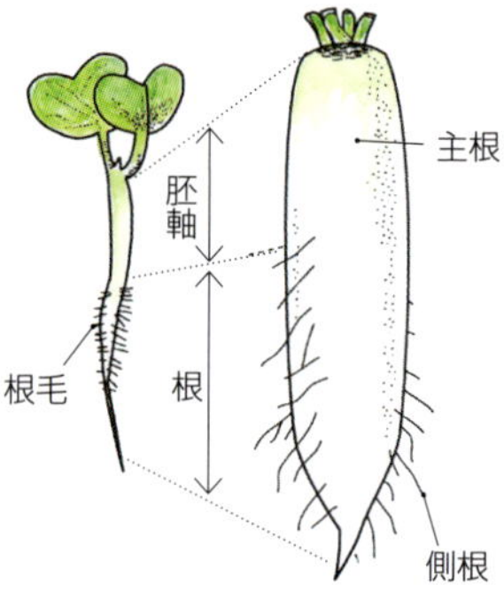

図2-Ⅲ-8
ダイコンの根部の成長と名称

（生井兵治他編著『新版 農業の基礎』農文協，2003，p.133より引用）

2 地下器官の発達

植物の器官のうち，地下にある部分を地下器官（subterranean organ）という。園芸作物のなかには直根類，イモ類，鱗茎類など，地下器官を特別に発達させたものがある。

1 発達肥大した地下器官の分類

❶直根類

直根類として代表的な園芸作物は，ダイコン，ニンジン，カブ，ゴボウなどで，いずれも種子繁殖性の草本性双子葉植物である。

直根類の地下器官は，主に種子から発生した，胚軸（hypocotyl）と主根（直根（taproot））が発育・肥大したものである。直根類というが，肥大部分（食用部分）は根だけではなく胚軸をも含む。なお主根からは2次根（secondary root），3次根（tertiary root）も発生するが，これらは肥大しない（図2-Ⅲ-7）。肥大部の胚軸と主根の比率は，作物の種類や品種で大きく異なる。ダイコン，ニンジン，ゴボウでは主根の比率が大きい（胚軸の割合が小さい）のに対し，カブでは小さい（胚軸の割合が大きい）。

ダイコンでは，肥大根の上部，主として胚軸部分が地上部に抽出する品種があり，この特性を抽根性という。抽根性の程度には品種による大きな違いがみられ，肥大部の胚軸部分の割合が大きい品種ほど抽根性も大きい傾向にある。一方，ニンジンやゴボウでは根の収縮による下方向への牽引作用があり，浅植えにしておいても主根が地中に引き込まれる。

直根類では，胚軸部からは2次根が出ず表面がなめらかであるが，主根部からは2次根が発生する。収穫物をみても列状に並んだ2次根発生の痕跡がわかる。2次根の発生のしかたは野菜の種類によって異なり，たとえばダイコンでは上部からみると左右方向に一直線状に発生し（図2-Ⅲ-8），ニンジンでは上下左右の十字状に発生する。

❷イモ類

イモ類は，塊根（tuberous root），塊茎（tuber），球茎（corm），根茎（rhizome），担根体（rhizophore）に分類できる（図2-Ⅲ-9）。

塊根は，サツマイモのように根が肥大して多くの貯蔵養分を含むもので，ダリアやラナンキュラスなども含まれる。

塊茎は，地下茎の先端または一部が球状，または塊状に肥大したもので，ジャガイモなどの野菜やアネモネ，カラジウムなどの花卉類が含まれる。

球茎には，サトイモ，グラジオラス，フリージアなどがあり，いずれも地下茎が短縮して球状に肥大し，表面は薄い鱗皮に覆われている。

根茎は，水平方向に伸びた地下茎が肥大したもので，レンコン（ハス），ショウガ，カンナなどがある。

ナガイモやジネンジョ（ヤマノイモ）など，ヤマイモ類の食用部分は根のようにみえるが，正確には根と茎の両方の構造と性質を持っており，これを担根体という。

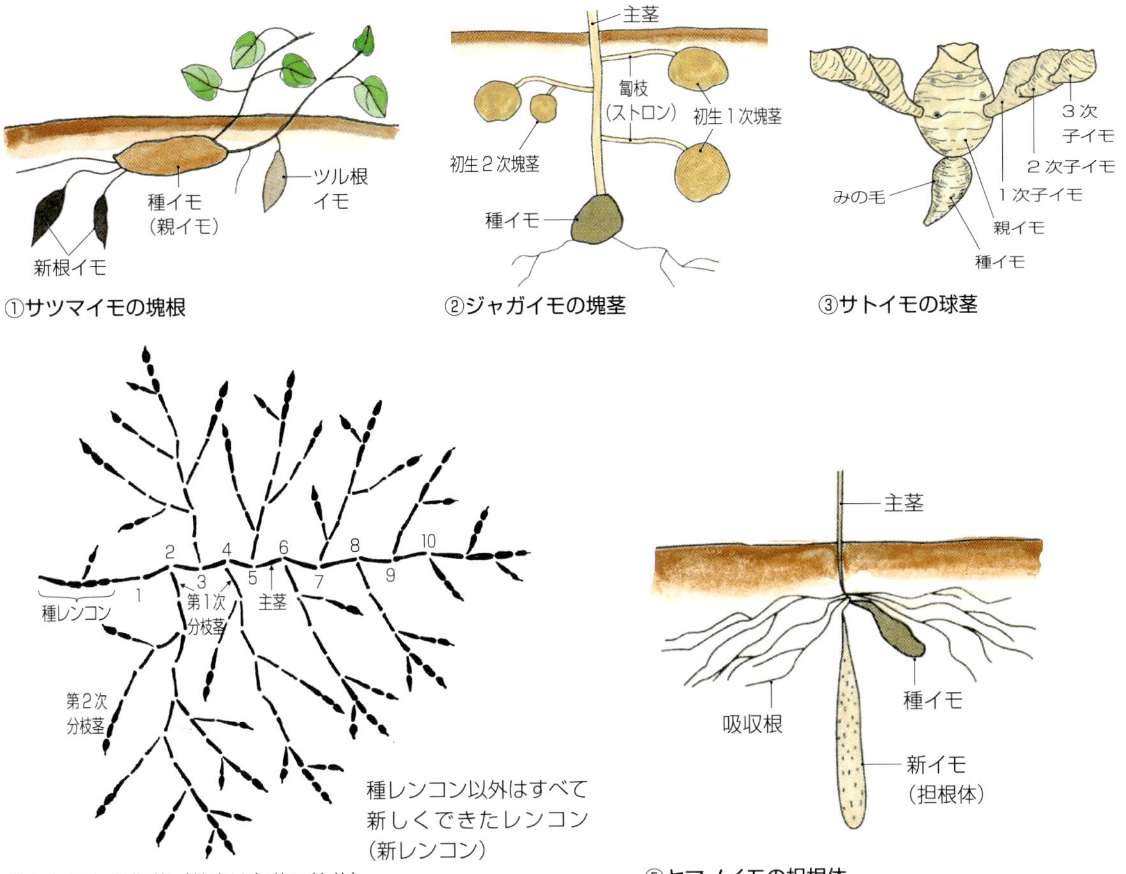

図２-Ⅲ-９
イモ類の肥大器官

（①②③⑤：藤目幸擴・西尾敏彦・奥田延幸著『野菜の発育と栽培』農文協，2006，pp.89-90 より引用
④：南川勝次著『農業技術大系野菜編 10　レンコン』農文協，1974，p.15 より引用）

❸鱗茎類

鱗茎類に分類される園芸作物には，タマネギ，ニンニク，ラッキョウ，オニユリ，ヤマユリなどがある。このうちオニユリやヤマユリは観賞用だけでなく食用としても利用され，食用部は「ゆり根」とよばれる。しかし，この食用部分はユリの根ではなく，短縮茎に肥大した葉が集まって着生している鱗茎（狭義の bulb）である。

多くのユリの根は，球根の盤の下から出る下根と，発芽した茎（抽出茎）の地下部に出る上根とがある。下根の数は少ないが太く丈夫であり，球根が地面に出ないように下方向に引っ張る牽引根（contractile root）として，地中に深く張っている。水分や肥料の吸収より，地上部の安定化が下根の大きな役割であると考えられている。一方，上根は浅く横に広がっており，水分や肥料を吸収するのが主な役割と考えられている（図２-Ⅲ-10）。

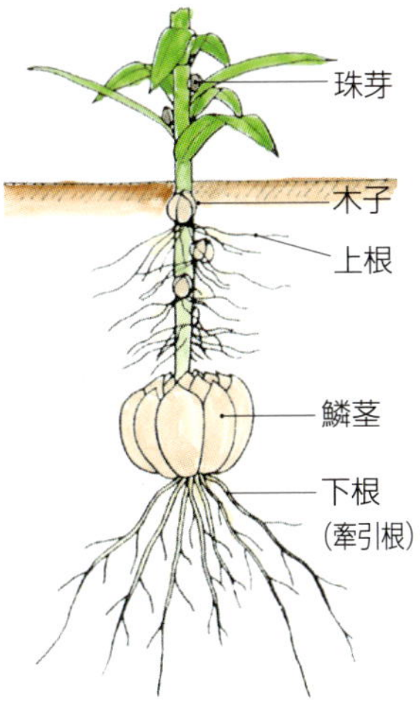

図２-Ⅲ-10　ユリの球根と根
（清水基夫編著『日本のユリ』誠文堂新光社，1987 より引用）

2 根菜類の食用部分

肥大した地下器官を食用とする野菜を根菜類（root vegetables）というが，この名前は植物学的な特性に基づく分類ではない。

食用部位がどの器官であるのかという，植物学的観点から根菜類を分類すると，直根類，塊根は根（根と胚軸）を食用にするグループ，塊茎，球茎，根茎は茎を食用にするグループである。根菜類には，根を食用にする野菜だけではなく，茎を変形させた地下部の器官を食用とする野菜も含まれている。根菜類は，「地下部を食べる」という実用的な農業上の特性・利用法によって分類されており，植物学的な特性と一致するわけではないことに注意してほしい。

なお，タマネギ，ニンニク，ラッキョウ等のネギ類では，鱗茎が地際にできるため，根菜類に分類されたこともあるが，今では葉菜類（leaf vegetables）として扱われることが多い。

3 球根とは

❶球根とその役割

塊根，塊茎，球茎，根茎，担根体，鱗茎を総称して球根（広義の bulb（注1），geophyte ともいわれる）という（前述のイモ類と鱗茎類の総称）。球根類として共通する特徴は，地下や地際部にある植物体の一部の器官（根，茎，葉）が肥大して貯蔵器官（storage organ）になったものである。

球根類は貯蔵器官に貯蔵養分を蓄積し，地上部の生育にとって不適な時期には，地上部を枯死させて球根として生き残り，生育に好適な環境になったときには，再び地上部を生育させ植物体を成長させる。球根とは，生活環の中で不良環境に耐えるための特殊な器官であるといえる。

このほか球根は繁殖にも大変重要な役割をはたしており，球根を分割することなどにより容易に栄養繁殖（vegetative propagation）ができる。

〈注1〉
ドイツ語の「Knolle」は「球根」と訳されるが，これにはダイコンやニンジンなどの直根類も含まれるため，日本語や英語でいう球根（bulb）とは厳密には意味が異なる。

❷直根類との違い

直根類は「越年生の貯蔵器官」という意味では球根類と共通しているが，肥大部が直根（直根＋胚軸）である，栄養繁殖には利用されない，などの点で球根類とは異なっている。また，球根類の貯蔵器官（根菜類の食用部分）に含まれる糖はデンプンなどの多糖類が多いが，直根類の貯蔵器官では還元糖や非還元糖の割合が多いのが一般的である。

3 直根類と塊茎・塊根類の成長と肥大

1 直根類の成長と肥大

❶木部肥大型と師部肥大型

直根類の肥大組織は二次木部と二次師部である。ダイコン，カブ，ゴボウなどでは肥大根の大部分を二次木部が占め，二次師部の割合は少ない。このようなタイプを木部肥大型という（図2-Ⅲ-11 a）。一方，ニンジンなどの肥大根は，木部が肥大した中心部と師部が肥大した肉部とからなり，とくに師部柔組織の発達が顕著でその割合が高い。このようなタイプを師部肥大型という（図2-Ⅲ-11 b）。

木部肥大型，師部肥大型とも，根の肥大開始期に原生木部から後生木部が発達し，初生師部との間に形成層（cambium）ができ始め，その後形成層の内側と外側にそれぞれ二次木部と二次師部（第2章Ⅱ，図2-Ⅱ-9

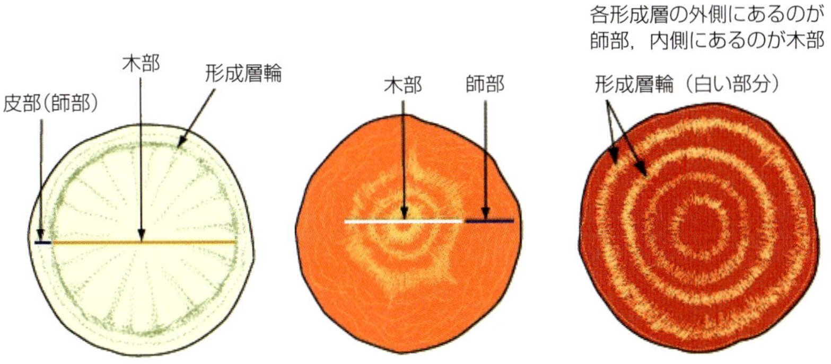

a. 木部肥大型（ダイコン）　b. 師部肥大型（ニンジン）　c. 環状肥大型（ビート）

図 2-Ⅲ-11　肥大根の内部形態
（池田英男・川城英夫編著『新版 野菜栽培の基礎』農文協，2005，p.20 より引用）

参照）ができて肥大成長を開始する。二次木部の発達にともない，放射木部が配列するようになって形成層が同心円状に並んでみえるようになる。この後，木部肥大型の直根では，中心部導管付近の木部柔組織が分裂して柔組織ができ，肥大するのに対し，師部肥大型の直根では，二次師部の形成が顕著で細胞容積も増加する。

これらのほかに，ビートなどにみられる「環状肥大型」とよばれるタイプもあり，維管束が同心円状に配列して包囲環状維管束群を形成している（図 2-Ⅲ-11 c）。

❷生理障害

・岐根，曲根，列根

直根類の肥大根ではしばしば生理障害が発生する。外観的な生理障害としては，岐根（branched root），曲根（bent root），裂根（root cracking）などがある。

岐根：直根の先端部が損傷して伸長を停止した後に側根が肥大したものである。土壌中の礫（小石）や土塊，未熟な有機質資材，害虫などによって引き起こされる。

曲根：土中の障害物等によって根部の伸長が不均衡になって生じる。

裂根：肥大根の表層部分の発達が内部の木部の肥大にともなわず，内部の肥大圧に耐えきれずに裂ける現象である。土壌中の水分条件が関係しており，とくに生育前期に土壌が乾燥し，その後水分過剰になると発生しやすい。品種によっても発生程度が異なる。

・す入り，空洞症など

内部障害としては，す入り（pithiness）があげられる。す入りは，直根の肥大部分が内容物のないスポンジ状になる現象である。直根の肥大が進むとき，根への同化産物（光合成産物）の供給が追いつかない場合や，通道組織の機能不全により，肥大部に一種の飢餓状態が生じた場合にみられる。対策は，地上部と地下部との生育のバランスをとることが重要である。

このほか，肥大根の内部組織が崩壊し空間ができる空洞症（cavitation），内部変色などの内部障害も栽培上の大きな問題になっている。

2 塊茎・塊根類の成長と肥大

塊茎・塊根（ここでは2 - 1項で述べたイモ類を塊茎・塊根類に分類する）は，植物にとって不適な環境を耐えるための特殊な器官であるが，その生育と肥大の様相はさまざまである。

❶塊根

サツマイモなどの塊根は，肥大部が根であることは直根類と同じであるが，肥大するのが不定根の一部であることが直根類と異なる。サツマイモの肥大様式は木部肥大型であり，塊根形成には環境要因が大きく影響する。サツマイモは高温によって塊根形成が始まり，高温・長日によって肥大が促進される。しかし，土壌中のカリウムに対して窒素の含量比が高いと茎葉が繁茂する，いわゆるつるぼけ（excessive vine growth）(注2)となり，塊根形成が遅れる。

〈注2〉
土壌の窒素量が多いと，栄養成長器官の発育が旺盛になって地上部が過繁茂になり，花芽形成が遅れたり，塊根や塊茎の形成が抑制される現象。

サツマイモの苗を水耕栽培すると塊根形成が抑制されるが，節根（nodal root；茎の節から生じた不定根）の基部側を空気中に保持して，先端部を培養液に浸して栽培すると，空気中に保持した部分が局所的に肥大する。サツマイモの塊根形成には十分な酸素供給が必要であり，培養液中では酸素供給が不十分であるため塊根形成ができないと考えられている。

❷塊茎

塊茎をつくるジャガイモでは，地下部の主茎の節から側枝（地下茎）である匐枝（ふくし）（ストロン，stolon）(注3)が発生・伸長する。匐枝は短日によって伸長を停止し，先端部が肥大して塊茎をつくる。塊茎の肥大が進むにつれて地上部の生育が緩慢になり，枯死する。長日だと塊茎形成がさまたげられる。

〈注3〉
匍匐枝（ほふくし）ともいう。イチゴやシバなどでは，茎の地際部から水平方向に枝（地上茎）を伸ばし，その先端や節から根を出して地面に着生し，地上部を生育させる。このような枝を匐枝という。ジャガイモは地下部の主茎から匐枝（地下茎）を発生させる。

ジャガイモの塊茎形成には，日長以外の環境要因も関係しており，土壌中に20％以上の酸素を含む空気がある暗黒条件でないと，塊茎肥大が不良になる。またサツマイモと同様に，土壌の窒素量が多くなると地上部の生育が旺盛になるが，塊茎形成が遅れ肥大も不良になる。

ジャガイモの塊茎形成には植物ホルモンが関与していることも知られており，ジベレリンは抑制的に，ジャスモン酸化合物は促進的に働く。近年，フロリゲンの実体としてFTタンパク質が注目されている（第2章Ⅳ - 3）が，このFTタンパク質はジャガイモの塊茎形成にも関与していることが明らかになりつつある。

❸球茎

球茎に分類されるサトイモは，ジャガイモと同様に地中の茎が肥大する。しかし，葉柄直下の主茎（地下茎）が肥大して親イモになる，表面が薄い鱗皮で覆われている，などの点で塊茎とは異なる。

サトイモでは種イモの頂芽から短縮茎が生じ，その基部が球状もしくは偏球状に肥大して親イモ（球茎）ができる。この球茎には20～30の節が圧縮されており，そこから伸長した腋芽が肥大することによって子イモができる。親イモや子イモの表面にある，いわゆる「みの毛」は葉柄の痕跡であり，その多少は品種によって異なる。

❹根茎

根茎に分類されるレンコン，ショウガの肥大には，いずれも日長が大きな影響をおよぼし，短日で促進され，長日で抑制される。

レンコンでは，短日処理を行なうと根茎が肥大するが，短日処理の暗期に短時間の白色光照射を行なうと，根茎の肥大が抑制されることが明らかになっている。また，光の質によって反応性が異なるなど，フィトクロム（第２章Ⅳ，図２-Ⅳ-６参照）が関与していると考えられている。

レンコンの根茎肥大も植物ホルモンによって制御でき，アブシシン酸（ABA）は肥大に促進的に，ジベレリンは抑制的に働く。

❺担根体

ヤマイモ（ヤマノイモ）がつくる担根体は塊茎に似ているが，茎と根の中間的な性質で，茎の節に相当する部分がない。定芽は頂部に１個あるが，イモを切って植えると，どの断片からも不定芽（注４）が発生する。

他のイモ類と同様，地下部の肥大が進むにつれて地上部の生育は緩慢になる。ヤマイモの多くの品種では，地上の葉腋に直径１～２cm程度のむかご（aerial tuber）をつける。短日によってむかごの形成や地下部のイモの肥大が促進される。

❻鱗茎

鱗茎に分類されるタマネギは，一番外側に，葉身，葉鞘とも乾燥して褐色の薄い膜状になっている「保護葉」がある。その内側に，葉鞘基部が肥厚した「肥厚葉」と肥厚した葉鞘だけからなる「貯蔵葉」があり，これらが球の大部分をしめている。タマネギの鱗茎形成は気温上昇と長日によって開始し，肥厚葉と貯蔵葉がつくられ，内部分球を起こしながら鱗茎が肥大する。萌芽葉は葉身と葉鞘を持っているが，葉鞘基部は肥厚しておらず，球根の休眠覚醒後に萌芽する（図２-Ⅲ-12）。

鱗茎植物のなかには，ユリのように保護葉や肥厚葉を持たない植物もある。

〈注４〉
定芽・不定芽：植物では芽が出る位置は，茎の先端や節などのように決まっており，そこから出る芽を定芽という。これ以外の位置，たとえば茎の節間や根，葉などから出る芽を不定芽という。

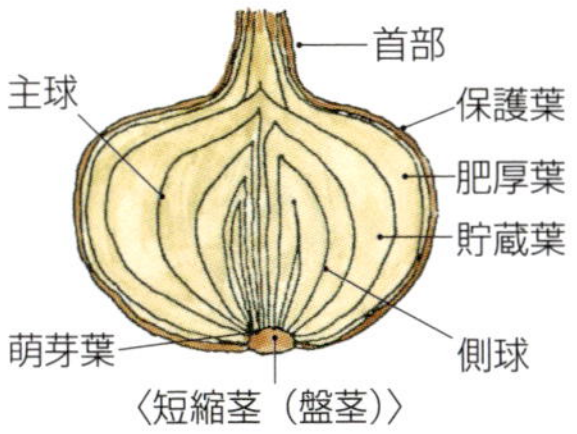

図２-Ⅲ-12　タマネギの鱗球
（斎藤隆『野菜の生理・生態』農文協，2008，p.79より引用）

4 窒素同化と根粒菌

1 植物と根粒菌の共生

根圏には多数の有益な微生物が生息しているが，マメ類の根に根粒（root nodule）をつくって共生している根粒菌（リゾビウム属菌；rhizobium）もその１つである（図２-Ⅲ-13）。

根粒菌は自身が産生するニトロゲナーゼ（注５）によって，大気中の窒素をアンモニア態窒素に還元して植物に供給し，根粒菌は植物から酸素やエネルギー源（光合成産物）を受け取る。こうした双方向の協力関係を共生（symbiosis）といい，マメ科植物が出現した約6500万年前から行なわれていると考えられている。このような植物と微生物の共生関係は，特定の組み合わせに限られていることが多く，それ以外の組み合わせでは起こらない。

根の表面の根毛が根粒菌の存在を検知すると，菌を取り囲むように丸

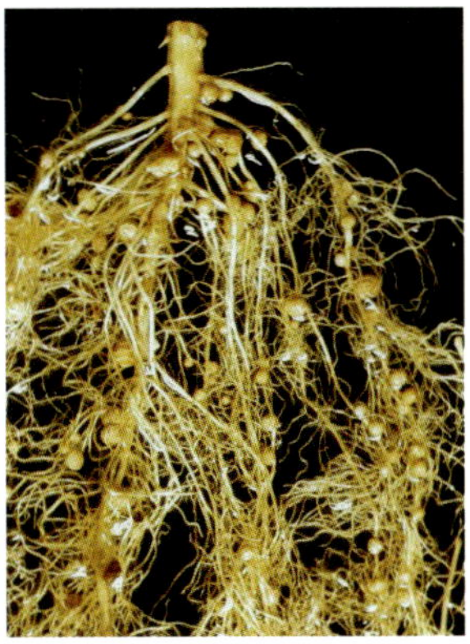
図２-Ⅲ-13　ダイズの根粒
（写真提供：望月俊宏氏）

〈注５〉
窒素固定を行なう細菌が，大気中の窒素分子を還元してアンモニアに変換する反応を触媒する酵素。ニトロゲナーゼは，空気中の酸素に触れるとすぐに活性をなくすので，この酵素を持つ生物は，空気中の酸素からニトロゲナーゼを隔離する機構を持つ。

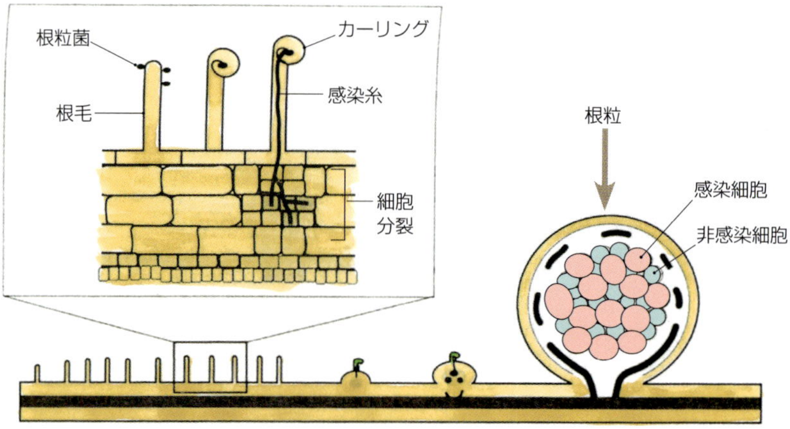

図 2-Ⅲ-14　マメ科植物の根粒形成
根の表面の根毛が根粒菌の存在を検知すると，菌を取り込むように丸まり，菌を閉じ込める。根粒菌は感染糸を通って根の内部に侵入し，細胞分裂によって根粒ができる。根粒組織は感染細胞と非感染細胞からなる。
（「植物の軸と情報」特定領域研究班編『植物の生存戦略「じっとしているという知恵」に学ぶ』朝日新聞社，2007，川口正代司より引用）

まり（カーリングという），菌を閉じ込める（図 2-Ⅲ-14）。根粒菌は，そこから感染糸を通って根の細胞内に入り込み，根の細胞分裂を誘導して根粒をつくる。根粒組織は感染細胞と非感染細胞からなる。

2 共生関係の制御と情報伝達

伝達共生関係の開始には，双方が互いに何らかの情報伝達を行なっていると考えられている。マメ科植物の根から土の中に化学物質が分泌され，それを感知した根粒菌が，根に根粒をつくらせるための信号（別の化学物質）を送り，その作用によって根粒ができることがわかってきた。

根粒が多すぎると，植物が根粒菌に多くのエネルギーを与えなければならなくなり（注 6），必ずしも植物の生育にプラスにならない。また，土壌の窒素量が多いと着生する根粒菌が減少するなど，根粒菌の数についても何らかの情報伝達による制御が働いていると考えられている。

〈注 6〉
光合成産物がスクロース（ショ糖）の形で根粒菌内に運び込まれ，有機酸に変換された後，根粒菌によって利用されるが，この変換に多くのエネルギーを必要とする。

5 菌根菌との共生

1 菌根菌とは

陸上植物のほとんどは，糸状菌（真菌類，いわゆるカビの仲間）と共生している。そのなかで，根の表面や内部に侵入すると菌根（mycorrhiza）を形成するのが菌根菌である。植物から菌へ炭素同化物を，菌から植物へリンなどの無機塩類や水分を与えることで両者の共生関係が成立している。

貧栄養な土壌では，菌根の形成によって植物の生育を改善できる。しかし，農耕地のような富栄養な土壌では，菌根菌の生育もわるくなり，菌根も形成されないことが知られている。

2 菌根の種類

菌根は，菌根が根の外部組織に形成される外生菌根（または外菌根，ectomycorrhiza）と，皮層組織に形成される内生菌根（endomycorrhiza）に分けられる。内生菌根は宿主植物によって5種類に分けられる（表2-Ⅲ-2）。

❶外生菌根

外生菌根は，主にマツ科やブナ科など樹木の根にみられる。実生の未発達な根系に外生菌根が形成されることで，植物は広い範囲の土壌から無機栄養を得ることができる。マツタケはその例であるが，外生菌根菌の多くは人工培養が困難であり，マツタケも人工的な大量増殖はむずかしいとされている。

❷内生菌根

内生菌根で最も有名なのが，アーバスキュラー菌根である。この菌根は，植物が陸地に進出したころの原始植物の化石でも観察されており，陸上植物の進化に大きく貢献したとされている。宿主は広く，陸上植物の9割がアーバスキュラー菌根を形成する。土壌中のリン酸を植物に供給することで有名だが，耐病性の付与や，水分吸収を促進する働きもある。

❸ラン菌根

ラン菌根が形成されるラン科植物は，数ミリ以下と非常に小さい胚と種皮のみの種子をつくり，発芽に必要な養分を貯えていない。そのため自力では発芽できず，菌根菌が感染して初めて発芽することができる（図2-Ⅲ-15）。

発芽後は菌由来の養分に依存して土の中で過ごし，その後，独立栄養を開始する。ランが光合成産物を菌根菌に供給するかどうかは明らかでなく，一方的に菌に寄生しているとも考えられている（注7）。

ラン菌根は，ランの皮層組織内にコイル状の菌糸塊（ペロトン）をつくるが，ランに分解・吸収される。このように植物に分解される菌根は，他には報告されていない。

表2-Ⅲ-2　菌根の種類と主な菌根菌，宿主植物

菌根型	菌根菌	宿主植物
外生菌根	担子菌，子嚢菌	マツ科，ブナ科，カバノキ科
内外性菌根*	子嚢菌	マツ属
内生菌根		
アーバスキュラー菌根	グロムス菌	コケ～被子植物
ラン菌根	担子菌	ラン科
エリコイド菌根	子嚢菌	ツツジ科
アルブトイド菌根	担子菌	イチヤクソウ亜科
モノトロポイド菌根	担子菌	シャジクソウ亜科

注）*：根の外部組織，皮層組織のどちらにも菌根をつくる

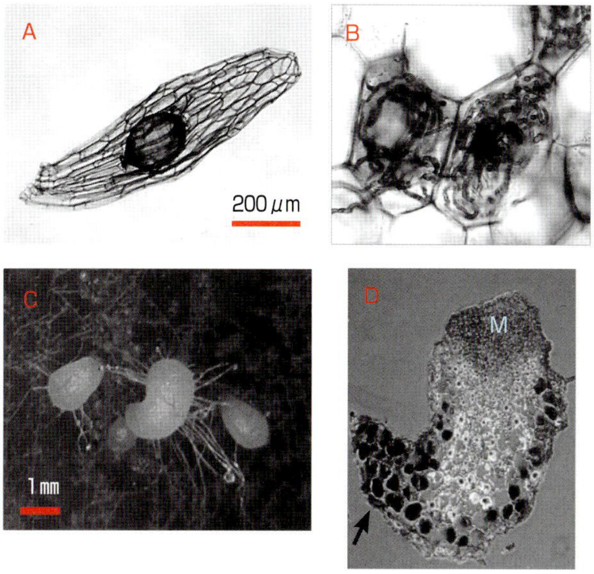

図2-Ⅲ-15　ランの種子と発芽

A　ランの完熟種子：網目状の種皮の中に胚がみられる。
B　ランの細胞に形成された菌糸の塊（ペロトン）。
C　プロトコーム：ランの種子が発芽すると，球形のプロトコームとよばれる未発達の幼植物体ができる。表面には，多くの表皮毛が伸びている。
D　プロトコームの縦断：片側にペロトン（黒い塊状のもの，矢印）が多くみられる。反対側の細かい細胞が集まっているのが分裂組織（M）で，ペロトンの形成はない。

〈注7〉
光合成能を持たないランに菌根を形成する菌は，他の木本植物の外生菌根菌でもあると報告されている。ランは菌根菌を経由して木本植物由来の光合成産物に依存していることになるが，その生存戦略は非常に興味深い。

Ⅳ 花芽の分化と開花

1 生殖と花芽形成

生物が自分と同じ種類の新しい個体をつくることを生殖（reproduction）という。生殖と繁殖（propagation）はほとんど同義であるが，自己と同じ種類の個体をつくる仕組みや，その過程での遺伝的な多様性の獲得の意義に注目するような場合は生理学的な視点から生殖を使い，個体数の増加を重視する場合は生態学的な視点から繁殖を使うことが多い。

花芽の分化から結実までの生殖に関する生理学的な知見は，育種，生産調整として園芸学的に重要な課題である。たとえば，葉菜類では花芽形成や抽だいは著しく品質を落とすことになり，逆に，果菜類や花菜類，花卉類，果樹では花芽形成は必須である。花芽形成には光や温度などの環境要因が大きく影響し，その調節技術も開発されている。花芽形成の時期を産地ごとに調節し，周年栽培している作物もある。

1 生殖

❶有性生殖と無性生殖

植物の生殖は有性生殖（sexual reproduction）と無性生殖（asexual reproduction）に大別できる。雌雄が分化し，それぞれの性の個体が生殖にかかわる特別の細胞である配偶子（gamete）をつくり，配偶子同士が合体して新しい個体をつくるのが有性生殖である。これに対して，配偶子の関与なしに新しい個体をつくることを無性生殖または栄養生殖という。

種子植物は有性生殖が普通であるが，塊茎，鱗茎，塊根，匍匐枝（走出枝，ストロン，ランナーともいう），珠芽（またはむかご）など，無性生殖も行なうものもある。挿し木，取り木，接ぎ木で人為的に個体を増やすことも無性生殖であり，この場合は栄養繁殖ということが多い。栄養繁殖については第５章Ⅰを参照されたい。

❷生殖の仕組み

種子植物の有性生殖では，花粉管中の精細胞が雄性の配偶子，卵細胞が雌性の配偶子にあたる（図２-Ⅳ-１）。精細胞と卵細胞の合体が受精（fertilization）で，受精で生じた受精卵が接合子（zygote）である。配偶子と配偶体は１組の染色体を持ち，一倍体（monoploid）または半数体（haploid）といい，その核相は単相（haploid phase）で，nで表わす。受精の結果として，受精卵と胞子体は２組の染色体を持つ。これを二倍体（diploid）といい，核相は複相（diploid phase）であり，$2n$で表わす。

無性生殖では親の体の一部が独立して，新しい個体となるので，生じた個体の遺伝子は親と同じである。このことは有用な遺伝的特性を維持するには都合がよい。果樹の新品種は接ぎ木などの栄養繁殖で増やされ，イチゴの品種は固定されていないので，無性生殖で品種特性が維持されている。

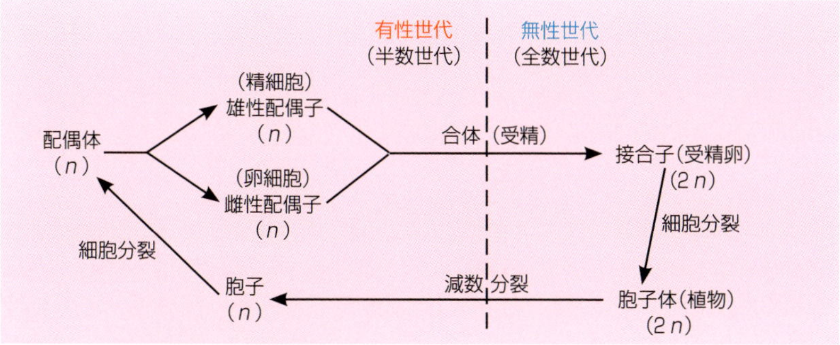

図 2-Ⅳ-1　有性生殖の過程の模式図
（塩井・井上・近藤『ベーシックマスター植物生理学』オーム社から引用）

一方，有性生殖では遺伝的な多様性がもたらされるので，交雑育種には欠かせない。

2 花成

❶花成とは

種子植物は茎を伸ばし，葉をつくって大きくなってゆく栄養成長の後に花芽を分化し，花を咲かせる。この生殖のための成長を生殖成長という。栄養成長期にはなかった新しい器官がつくられる花芽形成（flower-bud formation）は，成長の重要な転換点である。この栄養成長から生殖成長への成長の転換点を花成（flowering）とよぶ。

チューリップのように茎の先端に花がつくられる場合は，茎頂分裂組織が茎と葉をつくることをやめて花に変化する。これに対して，アサガオ，トマトなどでは，葉腋に花をつくりながら，茎頂は茎と葉をつくり続けるので，栄養成長と生殖成長が同時に進行する。イチゴなどの永年作物や果樹では，毎年，栄養成長と生殖成長がくり返される。

❷幼若期と成熟期

種子から発芽後の一定期間は，花成のための条件が整ったとしても栄養成長が続く。このような時期を幼若期(juvenile period)という(図2-Ⅳ-2)。草本植物では数週間から数カ月，木本植物では数年から数十年におよぶものもある（表2-Ⅳ-1）。幼若期が終わると成熟期になる。この時期に，条件が整えば花成が起こる。

表 2-Ⅳ-1　木本植物の幼若期の長さ

植物名	幼若期の長さ（年）
ブドウ	1
リンゴ	4〜8
カンキツ類	5〜8
セイヨウキヅタ	5〜10
セコイア	5〜15
セイヨウカジカエデ	15〜20
ヨーロッパナラ	25〜30
ヨーロッパブナ	30〜40

（西谷・島崎監訳『テイツ・ザイガー植物生理学』第3版，培風館から一部改変して引用）

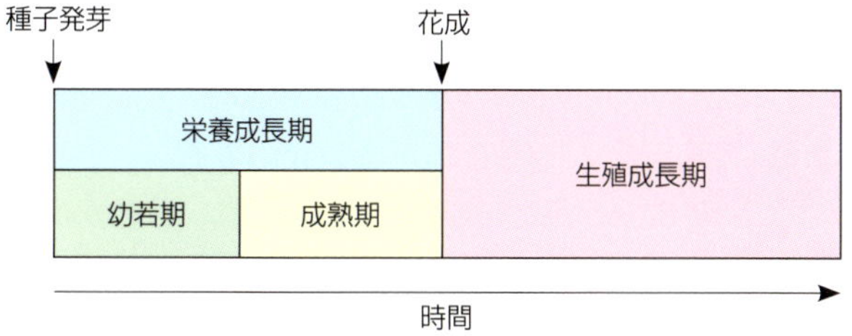

図 2-Ⅳ-2　植物の成長様式の時間経過
種子発芽後，栄養成長のみの期間があり，やがて生殖成長を行なう。栄養成長期から生殖成長期への転換点が花成である。栄養成長期は，条件がそろっても生殖成長に入れない幼若期と，条件がそろえば生殖成長への移行が可能な成熟期に分けられる。

幼若期にかかわる遺伝子

シロイヌナズナ（植物研究のモデル生物）は，子葉と数枚の本葉を展開してから生殖成長に移行するが，子葉を展開した後すぐに花を咲かせる変異体がある。この変異は幼若期を維持する *EMF* 遺伝子によって起こる。野生型（標準的な形質のことで，正常型ともいう）では，発芽からの成長初期は，*EMF* 遺伝子が強く発現して生殖成長への移行を抑制し，成長が進むにしたがって，その発現が弱まって花成が可能になる。

lfy 変異体は花成が起こらないか，異常な形態の花をつける変異体で，この原因遺伝子である *LFY* 遺伝子を強制発現させると早期に花成が起こる。この遺伝子の塩基配列をもとにして相同遺伝子（homolog）を探すと，*LFY* 遺伝子は多くの植物に保存されていることがわかってきた。

ポプラの仲間のアスペンは幼若期が８～20年ほどであるが，アスペンの葉由来のカルスに *LFY* 遺伝子を導入して形質転換すると，再生後５カ月ほどで花をつけた。*LFY* 遺伝子による形質転換で開花期を早めることは，リンゴなどでも報告されており，幼若期が長いため交雑育種に長い年月を要する，木本植物の育種効率を高めることに応用できる。

3 花成誘導と花芽の形成

❶花成誘導の要因

古くは，植物体内の炭水化物の濃度と窒素の濃度の比（C/N 比）が大きくなると花成が起こるという考えがあった。栄養成長期にはこの比が小さく，生殖成長時には大きい傾向はあるが，C/N 比の上昇が花成の引き金になるわけではない。

花成は自律的に，または環境要因が引き金となって起こる。環境要因には日長，低温，ストレスがあり，これらの要因による花成を，それぞれ光周的花成（photoperiodic flowering），バーナリゼーション（または春化，vernalization または vernalisation），ストレス応答花成（stress-induced flowering）とよぶ。多くの植物の花成は日長によって調節されている。

❷花成誘導から開花

光周的花成では，葉で光信号を受け，生物時計が時間経過を測定して花成刺激（flowering stimulus）がつくられ，葉から輸送された花成刺激が茎頂分裂組織を花芽に分化させる（図２-Ⅳ-３）。

花成刺激が生成される過程を花成誘導（flower induction），茎頂分裂組織が花成刺激に応答する過程を花成誘起（flower evocation）とよぶ。花芽分化への方向づけがすんだ後，花原基がつくられる過程が花形態形成（flower morphogenesis）である。

完成した花芽は蕾へと成長し，種類によっては休眠期間を経た後に，花弁が展開して受粉，受精が行なわれる。花弁が展開する過程が開花（anthesis）である。

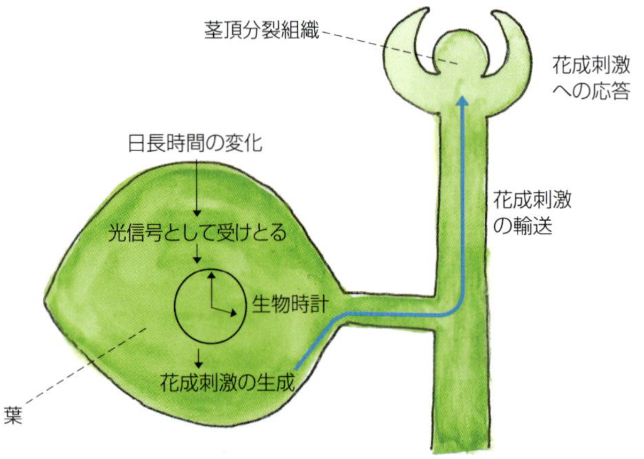

図２-Ⅳ-３　光周的花成反応の模式図
日長時間の変化が光信号として葉で受けとられ，生物時計が時間経過を測定し，花成刺激が生成される。花成刺激は葉から茎を通って茎頂へ輸送され，茎頂分裂組織を花芽に分化させる。

表2-Ⅳ-2　さまざまな光周反応性

絶対的短日植物	アオウキクサ，アカザ，アサガオ，イネ，オナモミ，キク，キバナコスモス，ゴガツササゲ，コーヒーノキ，シソ，セイロンベンケイ，ダイズ（ビロキシ），ヒモゲイトウ，ブタクサ，ホウセンカ
条件的短日植物	アサ，イネ，キク，キクイモ，コスモス，サルビア，シネラリア，ジニア，シマトウガラシ，ジャガイモ，ハマススキ，ヒマワリ，ヨウシュチョウセンアサガオ，メリケンカルカヤ
絶対的長日植物	アラゲハンゴンソウ，イヌムラサキ*，オオスズメノテッポウ，オオベンケイソウ，オオムギ*，イボウキクサ，オオアワガエリ，カラシ，クサキョウチクトウ，コウマゴヤシ*，コヌカグサ，コムギ*，サトウダイコン*，ダイコン，チグサ，ドクムギ*，ナデシコ，ハイハマボッス，ヒヨス*，フクシア，ホウレンソウ*，マカラスムギ*，マツヨイグサ*，ムクゲ，ムラサキベンケイソウ，ムラサキツメクサ，メマツヨイグサ*，ルリハコベ
条件的長日植物	アメリカナデシコ*，アブラナ，エンドウ*，オオムギ，カブ，カーネーション*，キンギョソウ，クロタネソウ，コムギ*，ジキタリス*，ジャガイモ，シロイヌナズナ*，スイセンノウ*，タバコ，チコリ*，ツバキ，ドクムギ，ノゲシ，ノミノツヅリ*，ニオイアラセイトウ*，ムギセンノウ*，ムラサキツメクサ，レタス*，ライムギ*
中性植物	イネ，インゲンマメ，エゾヘビイチゴ，エンドウ，カラフトダイコンソウ*，キクイモ，キュウリ，キンセンカ，クチナシ，シマトウガラシ，ジャガイモ，スズメノカタビラ，セイヨウヒイラギ，セロリ*，ソラマメ*，ソバ，タマネギ*，タバコ，トウモロコシ，トマト，ニンジン*，ノボロギク*，ヒマワリ，ホウセンカ，ホトケノザ，ホルトソウ*
短長日植物	カモガヤ，シロツメクサ，ナガハグサ，フウリンソウ，マツムシソウの仲間
長短日植物	アロエの仲間，セイロンベンケイソウ
中間植物	アカザ，インゲンマメの仲間，オカヒジキ，ニシキジソの仲間，ヒヨドリバナの仲間，ヤマハッカの仲間
両日性植物	アカザの仲間，ザラツキエノコログサ

注）重複しているものは品種によって反応が異なるものなど。「○○の仲間」とあるのは日本に自生しないか，栽培されないもので，適当な和名がないもの。 *は低温要求性のものを示す

2 光周性

1 花成と光周性

光周的花成にはいくつかのタイプがある。日長が一定時間より短いときに花成が起こる短日植物（short-day plant），長いときに起こる長日植物（long-day plant），日長に影響されない中性植物（day-neutral plant）がある（表2-Ⅳ-2）。

中性植物は播種後，一定期間後に花を咲かせる。栽培植物には中性植物が多い。これは，温度管理などの比較的容易な工夫をすることで年間を通じて栽培できる植物が選抜されてきた歴史を反映している。

2 さまざまな光周反応性

❶短日植物と長日植物

短日植物には，日長が短い条件下でなければ決して花をつけない絶対的（obligatoly）短日植物（質的（qualitative）短日植物ともいう）と，不適当な日長条件下でもやがては花をつける条件的（facultative）短日植物（量的（quantitative）短日植物ともいう）がある。

同様に，長日植物にも絶対的長日植物（質的長日植物）と条件的長日植物（量的長日植物）がある。

また，短日条件におかれた後に長日条件におかれる必要がある短長日植物，逆に長日条件に続く短日条件が必要な長短日植物がある。

❷中間植物と両日性植物

さらに，12時間前後の日長時間のときに花成が起こり，日長時間がこれより長くても短くても花成が遅れる中間植物，12時間前後の日長時間のときには花成が遅れ，日長時間がこれより長いか短いとき花成が起こる

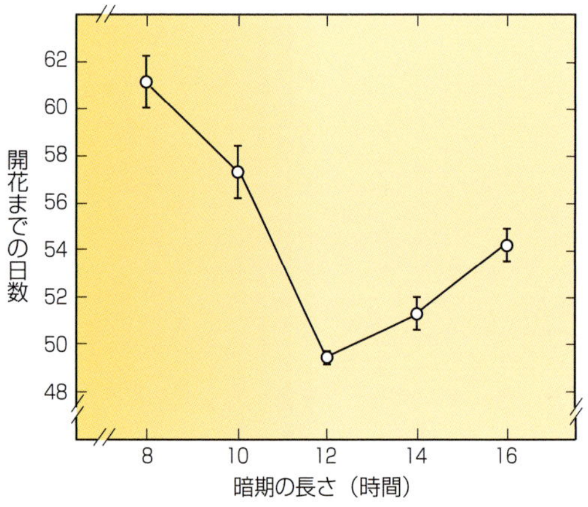

図 2-Ⅳ-4　オカヒジキの花成反応
1 日の暗期の長さを横軸に示す時間に設定した条件下で育て，開花までの日数を調べた。
（Takeno et al.（1995）から改変して引用）

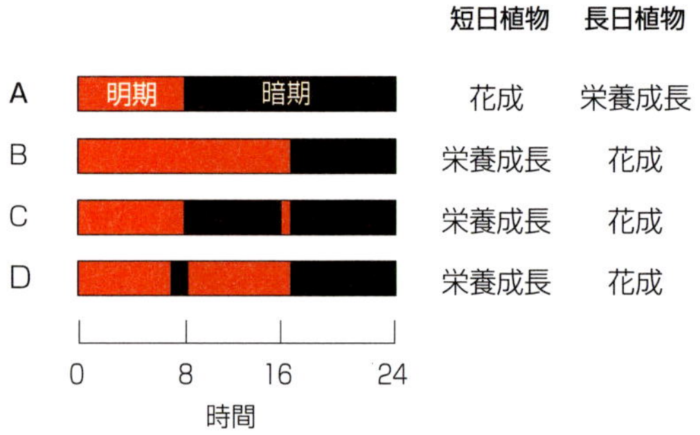

A：8 時間明期 /16 時間暗期
B：16 時間明期 /8 時間暗期
C：長い暗期の中央で短時間光照射
D：長い明期の中央で短時間暗期を挿入

図 2-Ⅳ-5　さまざまな光周条件での短日植物と長日植物の花成反応

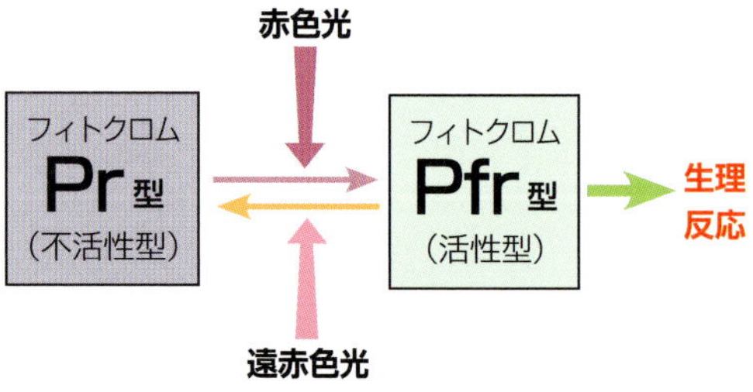

図 2-Ⅳ-6　フィトクロムの働き
フィトクロムは植物の光応答に関与する色素で，不活性な Pr 型と活性のある Pfr 型の２つの型がある。赤色光を受けると Pr 型は Pfr 型に変換し，さまざまな生理反応を引き起こす。Pfr 型が遠赤色光を受けると Pr 型にもどり，活性は失われて，生理反応は起こらなくなる。Pr 型と Pfr 型のあいだの可逆的な相互変換は何度もくり返すことができる。

両日性植物というタイプもある。

オカヒジキは短日植物とされていたが，日長時間に対する反応を詳細に調べると，12 時間のときに最も早く花が咲き（図 2-Ⅳ-4），中間植物の定義に当てはまる。このように，短日植物と思われていたもののなかには中間植物もある。なお，後述するように，オカヒジキに光中断処理を行なうと花成が遅れるので，中間植物は短日植物の一形態であることがわかる。

3 暗期と光中断

❶花成には暗期が影響

光周的花成で重要なのは日長ではなく，夜の長さである。1 日のうちの 8 時間を昼，16 時間を夜に設定した条件（8 時間明期 /16 時間暗期）と 16 時間を昼，8 時間を夜に設定した条件（16 時間明期 / 8 時間暗期）で短日植物を育てると，前者の条件下でのみ花成が起こる（図 2-Ⅳ-5）。

16 時間暗期の中央で短時間の光を当てて，夜の時間を 8 時間ずつに分割すると，短日植物の花成は起こらず，長日植物の花成が起こる。しかし，16 時間明期の中央で短時間光を遮って，昼の時間を分割しても影響はない。

このように，短日植物の花成は連続した夜の時間が長いときに，長日植物の花成は連続した夜の時間が短いときに起こる。長い暗期の中央での短時間の光照射は暗期の効果を打ち消す。この光処理を光中断（night break）という。

❷光中断による花成の制御

花成が光周期で制御されている野菜や花卉の栽培では，遮光設備や照明を備えたハウスを使って，日長時間を人工的に調節し，花成の時期を早めたり遅らせたりしている。

愛知県知多半島の電照ギクが有名である。短日植物のキクでは，秋から冬の季節に花成を抑制したいときは光中断をすればよいと思えるが，光中断の効果が弱いなどの理由で終夜照明が行なわれている。前述のオカヒジキは，花がつく時期には硬くなって商品価値を失うので，花成を抑制する実用技術として光中断が用いられている。

光中断に最も効果的な光は赤色光で，赤色光の効果は遠赤色光で可逆的に打ち消される。このことは，花成制御にはフィトクロム（phytochrome）（図 2-Ⅳ-6）

が関与していることを示す。光中断への感受性は暗期の中央で最も高く，その前後では小さい。これは暗期の長さの計測に概日リズム（circadian rhythm）(注1) が関与することを示し，暗期の長さの測定は生物時計によって行なわれていることを意味する。

〈注1〉
おおよそ24時間周期でくり返される生理現象のことで，細胞代謝のリズムによって起こるが，光など外からの刺激によっても左右される。

4 限界暗期

1日の半分の12時間より昼が長ければ長日条件，夜が長ければ短日条件，昼が長いとき花の咲くのが長日植物，夜が長いとき花の咲くのが短日植物と考えやすいが、これは誤りである。花成が起こるか起こらないかは，夜の時間が植物ごとに決まった一定の長さより長いか短いかで決まる。この一定の長さを限界暗期（critical night length）といい，その長さは種類によってさまざまである（表2-Ⅳ-3）。

夜の時間が限界暗期を越えるとき花成が起こるのが短日植物で，夜の時間が限界暗期を越えないとき花成が起こるのが長日植物である（図2-Ⅳ-7)。アサガオは夜が9時間より長いときに花成が起こるので短日植物であり，その限界暗期は9時間である。このときの昼の長さは15時間で，昼のほうが長いが，アサガオは長日植物であるとはいわない。カラシは，限界暗期の12時間より夜が短いときに花成が起こるので，長日植物である。

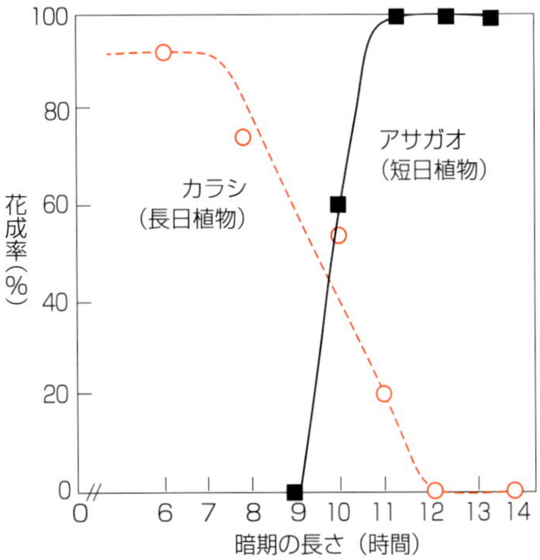

図2-Ⅳ-7　アサガオとカラシの光周反応性
1日の暗期の長さを横軸に示す時間に設定した条件で一定期間育てて花成率を調べた。
（塩井・井上・近藤『ベーシックマスター植物生理学』オーム社から引用）

調べられている短日植物の限界暗期はどれも13時間以下なので，これより十分長い16時間を暗期とした，8時間明期/16時間暗期の条件が一般的な実験での短日条件として使われる。同じように，16時間明期/8時間暗期の条件が長日条件とされるのが普通である。

5 生育地の緯度と日長反応性

アサガオは夏に咲くので長日植物と思われがちだが，日本の夏の夜は9時間以上になり，短日植物であるアサガオの花成を誘導するには十分な長

表2-Ⅳ-3　さまざまな短日植物と長日植物の限界暗期の長さ

短日植物	限界暗期（時間）	長日植物	限界暗期（時間）
アオウキクサ6746系統	9	イボウキクサ	9
アオウキクサ441系統	9	カラシナ（シロガラシ）	15
アカザ	10	ドクムギ	10
アサガオ	9	ヒヨス	10
イネ	12	ホウレンソウ	12.5
オナモミ	8.5	ムシトリナデシコ	12
カランコエ	12	ムラサキツメクサ	12
キク	13		
シソ（アカジソ）	10		
シソ（アオジソ）	8		
ダイズ	10.5		
タバコ	10		
ポインセチア	11.5		

（田中修『つぼみたちの生涯』中央公論社から改変して引用）

表2-Ⅳ-4　世界各地で採集されたアサガオの限界暗期の長さと，これらを京都で育てたときの開花期

アサガオの名称（系統名）	採集地	緯度（°N）	限界暗期（時間）	京都での開花期
テンダン	北京	40	9	7月
ムラサキ	日本	35	9～9.5	8月
ネパール	ネパール	27	10～11	9月
アフリカ	ギニア	10	11	10月

（増田・菊山編『植物生理学』放送大学教育振興会から改変して引用）

さがある。しかし，日長時間は緯度によって異なるので，アサガオを高緯度地方で育てれば，夏の夜が短いために花は咲かず，低緯度地方では夏の夜が長いために発芽後すぐに花が咲く。

一般に，緯度が高くなるほどその地域に生育する植物の限界暗期は短くなる。世界各地から採集されたアサガオの限界暗期は，採集地の緯度が高いほど短い（表2-Ⅳ-4）。

夏の日長時間が長く，気温が低い高緯度地方では，生育に不適な秋の到来の前に，早めに花を咲かせて次世代を残したほうが種の生存に有利である。このためには，限界暗期は短いほうが都合がよい。逆に，夏の日長時間が短く，気温が高い低緯度地方では，花を咲かせる時期を遅くして，栄養成長の時期を延ばしたほうが有利である。このためには，限界暗期は長いほうが都合がよい。

同様な理由から，高緯度地方に分布する植物には長日植物が多い。

3 フロリゲン

1 フロリゲンの発見

チャイラヒャン（M. Kh. Chailakhyan）は，短日植物であるキクの茎頂部と葉を別々に光を通さない袋で覆い，長日条件で育てた（図2-Ⅳ-8）。こうして袋の内部だけを短日条件にすると，葉を短日処理したときだけ花成が起こる。このことは，光周条件を感知するのは葉であることを示している。花芽がつくられる場は茎頂であるから，花成を誘導する信号が葉から茎頂に伝達されるはずである。

そこで，チャイラヒャンは，葉で花成ホルモン（flowering hormone）がつくられ，これが茎頂に輸送されて花成が始まるとの仮説を提唱し，この物質をフロリゲン（florigen）と名付けた。

2 フロリゲンの検証

❶フロリゲン説を支持する実験

短日処理で花成が誘導されたアカジソから葉を1枚切り取って，これを長日条件下で育てたアカジソに接ぎ木すると，接ぎ木された個体は長日条件で花成が誘導された（図2-Ⅳ-9）。この短日処理葉を切り離して，別のアカジソに再び接ぎ木すると，この個体も長日条件で花成が誘導された。これをくり返して，1枚の短日処理葉で7個体の花成を誘導することができた。短日処理されたアカジソの葉で生成されたフロリゲンが接ぎ木によ

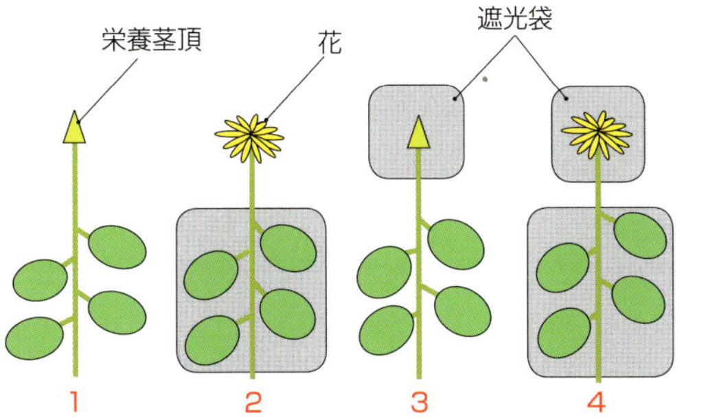

図 2-Ⅳ-8　短日植物キクの茎頂と葉を別々に短日処理したときの花成反応

一部を光を通さない袋（遮光袋）で覆い，全体は長日条件に置いた。葉を遮光したときだけ花成が起こり（2，4），茎頂部だけを遮光しても花成は起こらない（3）。

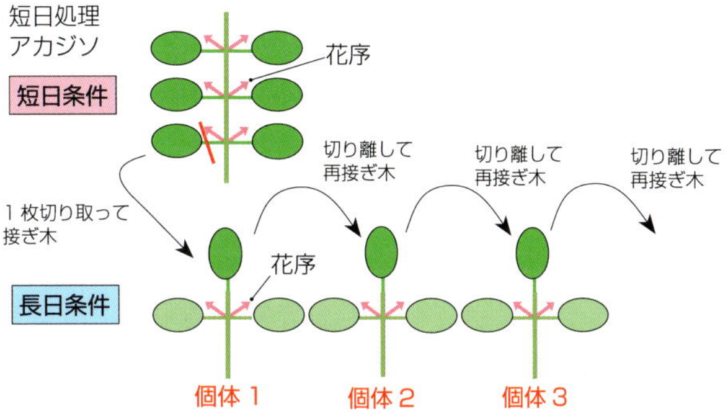

図 2-Ⅳ-9　短日植物アカジソの短日処理葉の接ぎ木による花成誘導

短日処理アカジソから切り取った 1 枚の葉を別のアカジソに接ぎ木すると，長日条件下で花序形成が誘導される。アカジソ 1 に接ぎ木した短日処理葉を切り離して，さらにアカジソ 2 に接ぎ木すると，アカジソ 2 も花序形成を誘導される。1 枚の短日処理葉をくり返し接ぎ木することで，次々に花成を誘導できる。（塩井・井上・近藤『ベーシックマスター植物生理学』オーム社から引用）

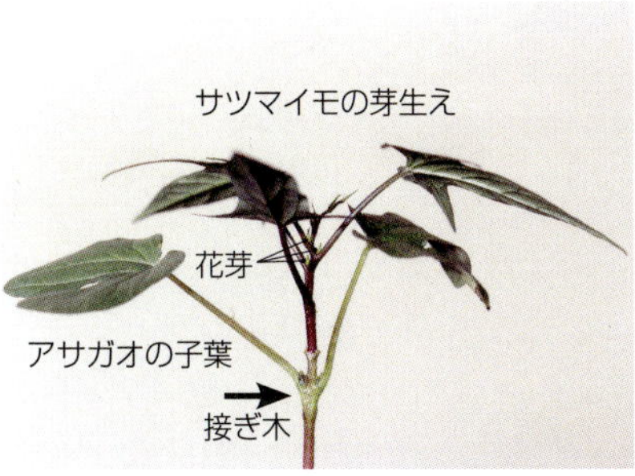

接ぎ木サツマイモの芽生えと花芽

開花

図 2-Ⅳ-10　アサガオ芽生えに接ぎ木（割り接ぎ）し短日処理したサツマイモの花成

って別のアカジソに移動して花成を誘導したと解釈でき，フロリゲン説を支持する証拠とされている。

サツマイモは花を咲かせにくい植物であるが，近縁種であるアサガオに接ぎ木して短日処理をすれば容易に花成を誘導できる（図 2-Ⅳ-10）。こうして開花させることで，花を咲かせにくい植物でも交雑育種ができる。

異なる種の間での接ぎ木でも花成を誘導できるので，フロリゲンはすべての植物に共通であるとされている。しかし，接ぎ木親和性のない種の間でフロリゲンが共通かどうかは検証できない。

❷フロリゲン説は光周的花成制御の仮説

フロリゲン説は，花成を引き起こす物質があるというだけの仮説ではなく，花成を誘導する日長条件下での葉で生成され，そこから茎頂に輸送されて，茎頂分裂組織を花芽に分化させる物質があるという，光周的花成制御の仕組みを説明しようとする仮説である（図 2-Ⅳ-11）。

したがって，植物に与えたときに花成を誘導する物質はいくつか見つけられているが，多くの場合，光周的花成制御の仕組みとしての要件を満たさないために，フロリゲンとは認められていない。

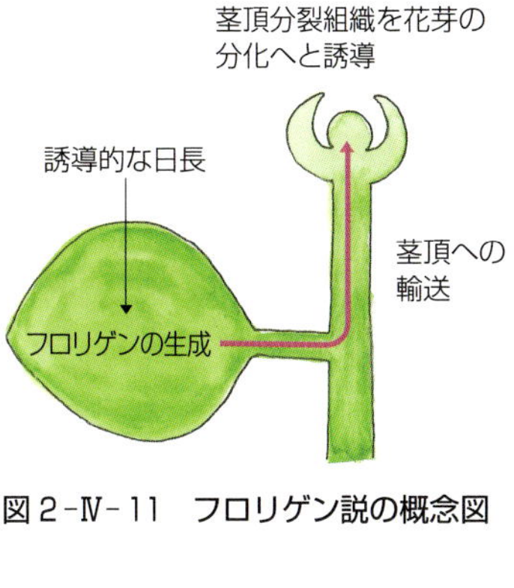

図 2-Ⅳ-11　フロリゲン説の概念図

3 フロリゲンの探索

❶花成誘導植物からの抽出物

花成を誘導した植物から抽出を行ない，抽出物のフロリゲン活性を生物検定で検出しようという試みが活発に行なわれてきた。しかし，この方法によるフロリゲン探索は十分な成果をあげていない。

たとえば，オナモミの葉の抽出物中にウキクサ類の花成を誘導する物質が見つけられ，サリチル酸（salicylic acid）と同定された。しかし，植物によるサリチル酸の生成量が日長条件によって変動するとのデータは得られておらず，フロリゲンとはみなされていない。

❷ジベレリン

多くの長日植物は外から与えたジベレリン（gibberellin）で花成を誘導される（第2章Ⅵ-3参照）。ドクムギ（イネ科雑草で，ムギに似ている）が長日処理で花成が誘導されるとき，葉のジベレリン生合成遺伝子の発現が高まり，ジベレリン含量が増加して，数時間後には茎頂でジベレリンA_5（GA_5）とジベレリンA_6（GA_6）が検出される。また，葉に投与したGA_5は茎頂で検出される。このようなGA_5の働きは，フロリゲンに期待されるものと一致する。

❸ FT タンパク質

シロイヌナズナが長日条件によって花成を誘導されるときには，多くの遺伝子が働く。これらの遺伝子の中でとくに重要な役割をはたすのが*FT*，*FD*と名づけられた遺伝子である。長日条件におかれたシロイヌナズナの葉では，*FT*遺伝子が働いてFTタンパク質がつくられる。FTタンパク質は師管の中に入って，茎頂へ運ばれる。茎頂では*FD*遺伝子によってFDタンパク質がつくられ，運ばれてきたFTタンパク質と一緒に働いて、茎頂分裂組織を花芽に分化させる。

この一連の過程は，図2-Ⅳ-11に示したフロリゲン説の概念図と一致する。FTタンパク質の働きはフロリゲンに期待されるものと一致するので，FTタンパク質がフロリゲンであるとされた。

*FT*遺伝子と相同性のある遺伝子がイネ科，ウリ科などいくつかの植物で単離されており，これらの遺伝子がつくるタンパク質もフロリゲンとして機能すると報告されている。フロリゲンはこれまで花成ホルモンともよばれてきたが，FTタンパク質は植物ホルモンではないので，ホルモンとよぶのは適切ではない。またFTタンパク質で花成制御のすべてを説明できるわけではないので，フロリゲンの問題がすべて解決したわけではない。

4 花成と植物ホルモン

花成は日長などの環境要因で誘導されるのが普通であるが，実験的な植物ホルモン処理でも花成が誘導されることが多い（植物ホルモンについては第2章Ⅵ参照）。長日植物にはジベレリンで花成を誘導されるものが多い。パイナップルやマンゴーの花成はエチレンで促進される。パイナップルでは，エチレン発生剤であるエテホンの散布で花成を促進することが実用的に行なわれている。

チューリップ，フリージア，スイセンなどでは，球根をエチレン処理すると開花が早まるが，これは球根の中ですでにつくられている花芽の休眠の解除が促進されるためで，花成が促進されたわけではない。

アブシシン酸はアサガオの花成に対して二面的な作用を示す。短日処理の前か早い時期に処理したときは花成を阻害し，短日処理の終わり近くか後に処理したときは花成を促進する。

アサガオやシロイヌナズナのストレス応答花成にはサリチル酸が関与している。

4 バーナリゼーション

1 バーナリゼーションとは

ニンジン，キャベツなどの秋まき野菜は二年生植物（biennial plant）または越年性植物（winter annual plant）である。ヒヨスやムギ類には一年生の品種と二年生の品種があり，一年生の品種は春に播種して年内に開花するが，二年生の品種は秋に播種して冬を越し，翌春開花する。二年生の植物は冬の低温を経験しないと花芽をつくらない（図2-Ⅳ-2）。

低温による花成の誘導をバーナリゼーションまたは春化という。バーナリゼーションを行なうのは長日植物が多い（表2-Ⅳ-2）。

0～10℃，多くの場合5℃前後の低温に数日間から数週間おかれた後，常温にもどされたときに花芽をつくる。低温は花成を直接引き起こすのではなく，花成が可能になる状態を誘導する。花を咲かせるために人為的に行なう低温処理もバーナリゼーションあるいは春化処理という。なお，低温に感応するのは茎頂分裂組織である。

低温にさらされる期間が短いと低温の効果はキャンセルされる。これをデバーナリゼーション（devernalization）または脱春化という。

秋まき性の穀類やシロイヌナズナでは，吸水させた種子のときに低温に感応し，ヒヨスなどは若い植物体が感応する。種子で感応する植物は，吸水種子を低温処理してから播種すれば，常温で育てても花成が起こる。こうした処理をすれば，二年生の品種でも年内に開花させ，収穫することができる。

2 バーナリゼーションとジベレリン

ニンジン，ヒヨスなどでは，ジベレリンを与えると低温を受けなくても花をつける（図2-Ⅳ-13）。バーナリゼーションによる花成の誘導では，低温によってジベレリン生合成が誘導され，そのジベレリンが花成を引き起こすものと思われる。シロ

図2-Ⅳ-12
長日植物ヒヨス（二年生品種）の花成反応
（低温処理後の長日条件で開花する）
二年生品種（秋まき性品種）を低温処理して（上）または低温処理せずに（下），長日条件（左）または短日条件（右）で育てた。
（網野・駒嶺監訳『植物生理学』シュプリンガー・フェアラーク東京から引用）

図2-Ⅳ-13　**ニンジンの花成反応**
長日条件で育てた。
（網野・駒嶺監訳『植物生理学』シュプリンガー・フェアラーク東京から引用）

ロゼット葉をつけていた茎が伸長
ロゼットの上に新たな花茎が伸長

図 2-Ⅳ-14
キャベツ（上）とシロイヌナズナ（下）の抽だい
（小柴・神谷・勝見編『植物ホルモンの分子細胞生物学』講談社サイエンティフィクから改変して引用）

イヌナズナもジベレリンで花成が早まる。

花成を引き起こすにはジベレリン A_4（GA_4）が最も有効で，栄養成長を活性化するジベレリンであるジベレリン A_1（GA_1）の効果は小さい。

3 抽だいと花成

二年生の草本は栄養成長の間は節間が伸びず，地面に張りつくようなロゼット型になることが多い。ロゼット型植物の多くは春になると急激に茎を伸ばす。この急激な茎伸長を抽だい（またはとうだち, bolting）という。抽だいは花成と同時期に起こるので，両者は同一の現象のように思いがちだが，別の現象である。

キャベツでは，短縮された茎が伸長するので，ロゼットが解消され，葉の位置が上昇する（図 2-Ⅳ-14）。この抽だいは栄養茎の伸長であるから栄養成長である。それに対して，シロイヌナズナでは，ロゼットはそのままで，その上に新しい茎が伸長する。この抽だいは花茎の形成であり，生殖成長である。このため，シロイヌナズナではロゼット葉の数が花成時期の早晩の指標となる。

ホウレンソウは長日処理によって抽だいと花成が起こる。このとき，ジベレリン生合成阻害剤を処理すると，抽だいは阻害されるが，花成は阻害されない。ドクムギでは，ジベレリン処理で茎伸長と花成が起こるが，茎伸長を引き起こすジベレリンは GA_1 であり，花成を引き起こすのは GA_5 や GA_6 である。

4 バーナリゼーションの遺伝子制御

バーナリゼーションには *FLC* という遺伝子が関与している。*FLC* は花

エピジェネティクス

エピジェネティクスは遺伝子発現の調節機構の1つで，DNA のメチル化による遺伝子発現のオン・オフ調節が代表的である。多くの場合，プロモータ部分のシトシンのメチル化が関与する。シトシンがメチル化されると，メチル化シトシンを認識するタンパク質が結合して，転写因子の結合を阻害し，遺伝子発現が抑制される（図 2-Ⅳ-15）。メチル化された DNA が複製されるとき，メチル基転移酵素によって，元の DNA と同じメチル化パターンが新しい DNA に維持される。こうして，発現を抑制された状態が，DNA の複製・細胞分裂を通じて伝達される。

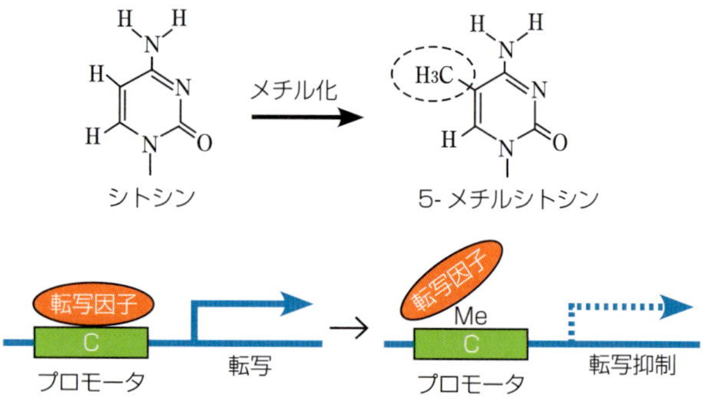

図 2-Ⅳ-15　DNA のメチル化による遺伝子発現調節
プロモータ領域のシトシン（C）にメチル基（$-CH_3$, Me）が導入されて 5- メチルシトシンになると（メチル化されると），転写因子が結合できず，遺伝子の転写が抑制される。

低温はメチル基転移酵素の活性を抑制するので，DNA が複製されるときメチル基は導入されなくなる。こうして脱メチル化されると，以後，同じメチル化パターンが維持され，発現可能な状態が伝達される。

花成に必要な遺伝子の発現は DNA のメチル化で抑制されているが，低温で DNA メチル基転移酵素の活性が低下して，メチル化の頻度が低下することによって発現が誘導されると考えられる。

成を抑制する遺伝子で，常温で常に働いていて，花成が起こらない状態を維持している。しかし，低温にさらされると *FLC* 遺伝子の働きが低下し，花成が起こる。

この遺伝子はシロイヌナズナで発見されたが，一年生のシロイヌナズナでは *FLC* 遺伝子が働いていないので，低温処理を受けなくても花成が起こる。

一度低温処理を受けて働きが低下した *FLC* 遺伝子は，常温にもどってもその状態が維持される。バーナリゼーションでは，種子または幼植物のときに受けた低温処理の効果が植物が成熟してから現われる。これは，種子または幼植物のときに *FLC* 遺伝子が働かなくなると，その状態が常温でも維持されるからである。この現象には遺伝子発現の調節機構の1つであるエピジェネティクスが関与している。

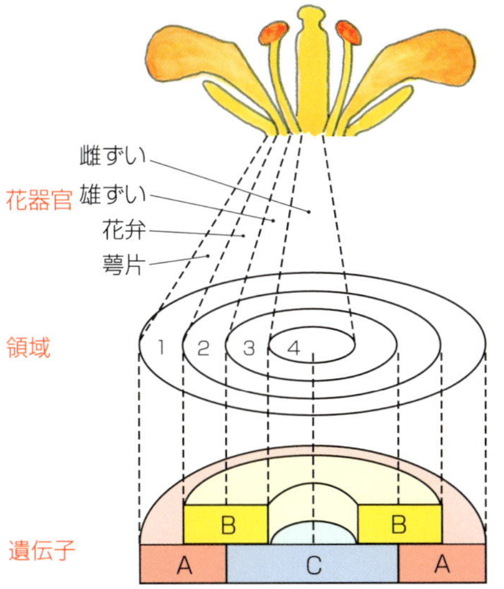

図2-Ⅳ-16　花の形態形成の遺伝子制御を説明するABCモデルの模式図

（塩井・井上・近藤『ベーシックマスター植物生理学』オーム社から改変して引用）

5 花の形態形成

1 花の形態とホメオティック変異

花は，基本的に，萼片（sepal），花弁（petal），雄ずい（または雄しべ，stamen），雌ずい（または雌しべ，pistil）の4種類の花器官（floral organ）から構成され，外側からこの順に同心円状に配置されている（図2-Ⅳ-16）。この配置は被子植物に共通である。

シロイヌナズナの花の形態には多数の突然変異体があるが，3つのタイプに分類できる（図2-Ⅳ-17）。いずれも，ある花器官が本来生じる場所

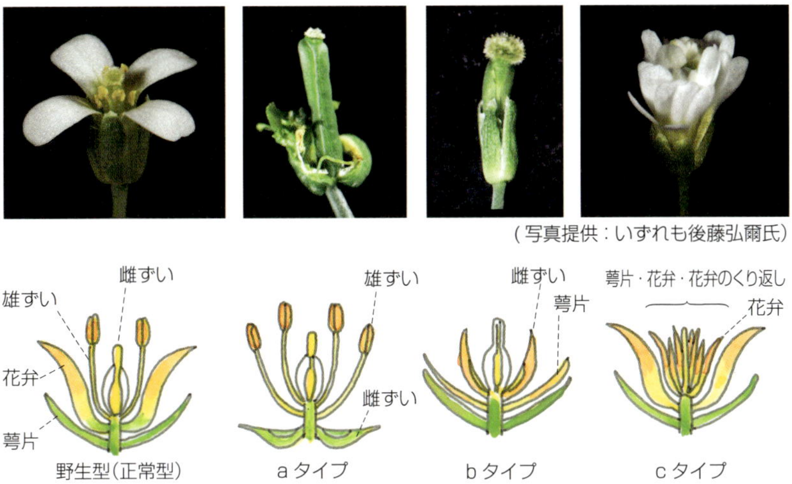

図2-Ⅳ-17　シロイヌナズナの花の形態変異

多数の変異は3つのタイプに分類できる。aタイプ：萼片が雌ずいに，花弁が雄ずいに変異。bタイプ：花弁が萼片に，雄ずいが雌ずいに変異。cタイプ：雄ずいが花弁に，雌ずいが萼片に変異し，さらに花弁，花弁，萼片，花弁，花弁，萼片，……とくり返される。

（細野・駒嶺監訳『植物生理学』シュプリンガー・フェアラーク東京と西谷・島崎監訳『テイツ・ザイガー植物生理学』第3版，培風館から改変して引用）

とは異なる場所に生じることで起こる。このような変異をホメオティック変異（homeotic mutation）またはホメオーシス（homeosis）といい，変異をもたらす遺伝子をホメオティック遺伝子という。

花のホメオティック変異は，２つの隣り合った種類の花器官が同時に変異するという特徴を持つ。

2 ABC モデル－花の形づくりの遺伝子制御機構

❶ ABC モデルとは

花の形態変異の解析から，花の形づくりの遺伝子制御機構を説明するモデルがつくられた（図 2-Ⅳ-16）。各花器官が形成される部位を同心円状の４つの領域（whorl）とみなし，外側から順に第１領域から第４領域とする。A，B，C ３種類の遺伝子を想定し，A 遺伝子は第１・第２領域で，B 遺伝子は第２・第３領域で，C 遺伝子は第３・第４領域で発現すると仮定する。

A 遺伝子は単独で萼片を，A 遺伝子と B 遺伝子は共同して花弁を，B 遺伝子と C 遺伝子は共同して雄ずいを，C 遺伝子は単独で雌ずいをつくると仮定する。また，A 遺伝子と C 遺伝子は互いに抑制しあっていると仮定する。

このように仮定すると，A 遺伝子が機能しなくなった変異体では，第１領域で C 遺伝子が働き，第２領域で B 遺伝子と C 遺伝子が働いて，それぞれ雌ずいと雄ずいがつくられ，第３・第４領域には変異はないことになる。同様に，C 遺伝子の変異体では，第３領域に花弁が，第４領域に萼片がつくられることになる。B 遺伝子の変異体では，第２領域に萼片が，第３領域に雌ずいがつくられることになる。

さらに，C 遺伝子は分裂組織での細胞分裂を終了させる機能をも持つと仮定する。野生型（正常型）では，第４領域で C 遺伝子が働いて雌ずいがつくられると，新しい構造を生み出す分裂組織の役割は終わるが，C 遺伝子の機能が失われると，分裂組織は分裂を続けて花の形成をさらにくり返す。

これらの仮定によって，野生型と３種類の突然変異体の花形態はすべて説明できる。これを ABC モデル（ABC model）とよぶ。ここで働くホメオティック遺伝子を ABC 機能遺伝子と総称する。

❷ ABC 機能遺伝子と変異体

これらの遺伝子は実際に存在し，クローニングされている。ABC 機能遺伝子は各花器官の原基がつくられた後，その属性（identity）を決定する役割を持つ。

ABC モデルから，A 遺伝子と B 遺伝子，B 遺伝子と C 遺伝子，C 遺伝子と A 遺伝子の欠損した，二重変異体の花の構成を予測できる。実際にこれらの二重変異体を作成したところ，予測されたとおりの花がつくられた。すべての遺伝子を欠損した三重変異体は，すべての花器官の場所に葉を生じた。花器官の属性が決定されなかったためである。これらのことから，ABC モデルの正しいことが証明された。また，三重変異体の花が葉

サツキ　ハナスベリヒユ　クチナシ
バラ　ベゴニア　アサガオ

図 2-Ⅳ-18　さまざまな八重咲きの花

を生じた事実は，葉と花は相同器官であるという，古くからの考えを証明するものである。

3 さまざまな花の形態

❶八重咲きの花

ABC モデルは被子植物に普遍的に当てはまる。

C 遺伝子機能の欠損した変異体では，花の中に花が形成され，その花の中にさらに花が形成されるというくり返しが行なわれるので，八重咲きの花となる。八重咲きは観賞価値が高いので，古くから，いろいろな花卉で発見され，維持されてきた（図 2-Ⅳ-18）。

アサガオ，ハナスベリヒユなどの八重咲きは，C 遺伝子機能の欠損によるが，それ以外の八重咲きもある。サツキ、ブッソウゲ，ベゴニアなどは雄ずいが花弁に変化した花，バラ，キョウチクトウ，クチナシなどは花弁数が増加した花である。

基本的な花の構成は ABC モデルのとおりに形成され，さらに別の遺伝子の働きでさまざまな形態の花ができる。

❷チューリップやドクダミの花

チューリップの花には萼片がなく，花弁が二重になっているように見える（図 2-Ⅳ-19）。このような場合は，萼片と花弁を花被と総称し，外側の花被を外花被，内側の花被を内花被という。外花被と内花被の両方で A 遺伝子と B 遺伝子が同時に発現している。外花被は萼片として発生したが，遺伝子的に花弁の属性を与えられたといえる。

ドクダミの小花を密生させた花序の下にある苞は白く，大きいため，よく花弁と間違えられる（図 2-Ⅳ-19）。しかし，この部分は A 遺伝子と B 遺伝子の発現によるので，遺伝子的には花弁とよんでよいことになる。

チューリップ：3 枚の外花被と 3 枚の内花被がある

ドクダミ：花序の下に花弁とみなせる 4 枚の苞片がある

図 2-Ⅳ-19　チューリップとドクダミの花

6 花の性表現

1 両性花と単性花

１つの花には，基本的に雄ずいと雌ずいの両方がある。このような両方の性の生殖器官を持つ花を両性花（hermaphrodite flower）という。

これに対して，雄ずいまたは雌ずいの一方だけを持つ花もあり，これを単性花（unisexual flower）という。単性花でも，花芽がつくられる時点では両方の原基がつくられ，発生の過程で，雌花では雄ずいの原基が，雄花では雌ずいの原基が発生を停止して，結果として単性花となる。

単性花をつけるものには，１つの個体に両方の性の単性花をつける雌雄同株と，一方の性の単性花だけをつける雌雄異株の場合がある。多くの植物が雌雄同株で，雌雄異株の植物にはアスパラガス，ホウレンソウなどがある。

2 性表現を左右するもの

花の性表現は栄養条件，日長，温度などの環境条件に左右される。たとえば，ウリ類では，短日，低温条件で雌花化が促進される。

また，花の性表現は植物ホルモンの調節を受けている。キュウリは，ジベレリンで雄花に，エチレンで雌花になる。オーキシン処理も雄花を雌花にするが，これは内生エチレンの生成が誘導される結果である。トウモロコシでは，ジベレリンが花を雌性化する。短日条件や低夜温によって雄花序が雌花序化するが，このとき，内生ジベレリンが増加している。ジベレリンを生合成できないトウモロコシの変異体では，雌花序が雄花序化する。

7 花芽の発達，休眠，開花

1 休眠と休眠解除

サクラやカキ，リンゴなどのバラ科果樹の多くは夏に花芽を形成し，秋に休眠に入る。 春になって気温が上昇すると，成長を再開して開花する。休眠が打破されるには冬の低温が必要である。低温で誘導される点でバーナリゼーションに似ているが，低温による休眠解除はバーナリゼーションとはよばない。

休眠解除後の蕾の成長は気温に影響されるので，暖かい春には開花は早い。ところが，暖冬の場合には，開花はむしろ遅れることがある。冬の低温が十分でなければ，休眠からさめるのが遅れるからである。

暖かい地方ほど蕾の成長は早いので，サクラの開花前線は日本列島を北上し，山では麓から頂上へと移動する。しかし，沖縄では，サクラは山の頂上から咲き始め，麓に向けて咲きおろす。温暖な沖縄では，気温の高い麓では休眠解除の低温要求が満たされるのに時間がかかり，休眠からさめるのが遅れるからである。

旧暦の桃の節句にはモモの花が飾られたが，新暦の３月にはモモはまだ咲かない。そこで，切り枝を人工的に低温処理して休眠を打破し，その後温室で加温して，3月に開花させることが行なわれている。

2 開花と花弁の老化

開花は花弁の急激な成長による。花弁の細胞では，液胞の中に蓄積されたデンプンが加水分解されて低分子化することで浸透圧が高まり，水を吸って細胞容積の増大が起こる。花弁の内側（表側）の表皮細胞の成長が外側（裏側）の表皮細胞の成長よりも大きくなる偏差成長によって，花弁は外側に反るようにして伸長し，全体として花は開く（図2-Ⅳ-20）。

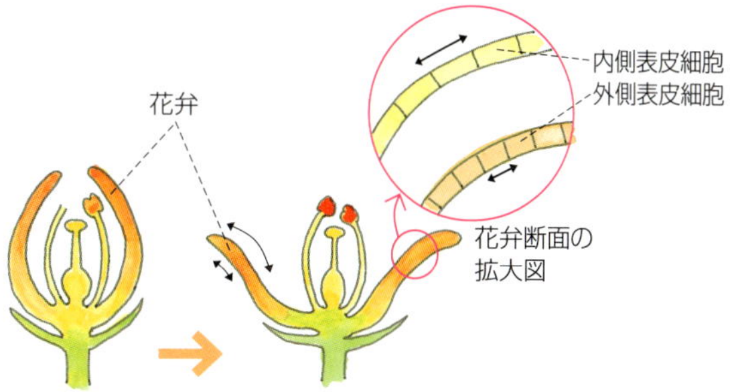

図2-Ⅳ-20　開花の仕組み
花弁には内側と外側に表皮があり，内側の表皮細胞の成長（⟷）が、外側の表皮細胞の成長（⟷）より大きいと，花弁の内側の伸長が外側より大きくなるので，花弁が外側に反り，花は開く。

花弁の老化で花はしぼむ。開花の後，植物ホルモンの一種であるエチレンの合成が促進され,花弁の離脱や萎凋が起こる。エチレン生合成阻害剤やエチレン作用の阻害剤で花持ちを長くすることができ，カーネーションなどでは出荷時にエチレン作用阻害剤が処理されている。

8 受粉と自家不和合性

1 配偶子の形成

花では配偶子形成の過程が進む（図2-Ⅳ-21）。

雄ずい先端の葯（anther）の中で花粉母細胞が減数分裂を経て小胞子を形成し，小胞子は不等分裂して栄養細胞と雄原細胞となる。不等分裂の結果，雄原細胞は栄養細胞の細胞質の中に取り込まれて入れ子状態になる。雄原細胞は分裂して2個の精細胞（sperm cell）となり，花粉（pollen）が完成する。

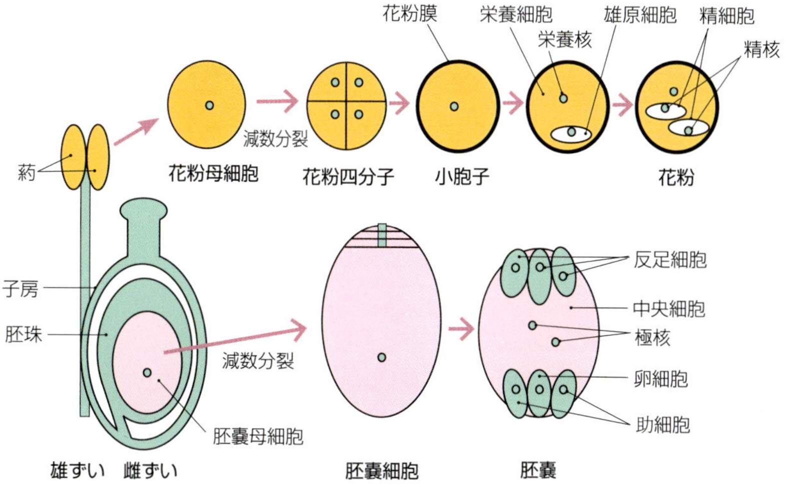

図2-Ⅳ-21　被子植物の生殖細胞（配偶子）の形成
（塩井・井上・近藤『ベーシックマスター植物生理学』オーム社から引用）

一方，雌ずいの基部の子房（ovary）では胚珠（ovule）がつくられ，胚珠は減数分裂によって胚嚢細胞（embryo-sac cell）をつくる。胚嚢細胞は分裂して，卵細胞，２つの助細胞，２個の極核（polar nucleus）を持つ中央細胞，３個の反足細胞からなる胚嚢（embryo sac）になる。

2 受粉

花粉は，裸子植物では胚珠先端の珠孔に，被子植物では雌ずい先端の柱頭に付着して，受粉（pollination）が行なわれる。花粉が同じ個体の花の雌ずいに付着する自家受粉（self-pollination）と，異なる花の間で花粉をやりとりする他家受粉（cross-pollination）がある。

他家受粉では，花粉の媒介は風や水または動物によって行なわれる。風による花粉の媒介を風媒（wind pollination），受粉を風に依存する花を風媒花という。被子植物の多くは送粉を昆虫に依存している。これを虫媒（insect pollination）といい，そのような花を虫媒花という。

ハウス栽培や果樹栽培では，ミツバチやマルハナバチ，マメコバチを導入して花粉媒介者（pollinater）として使うことが多い。

3 受精

❶受精の過程

花粉は雌ずいの柱頭で発芽して，花粉管（pollen tube）を伸ばし，花柱の細胞間隙や細胞壁を通って胚嚢に到達する。花粉管の中の精細胞の１個は卵細胞に送り込まれ，受精が起こる。受精卵から胚（embryo）が発生する。胚を内包する胚珠は種子に発達し，胚珠を包んでいる子房は果実となる。

裸子植物では，胚珠がむき出しになっており，子房がないので，果実はつくられない。イチョウの銀杏（ぎんなん）は果実のように見えるが，種子である。

❷被子植物の受精

被子植物では，２個の精核のうちの１個が卵細胞と融合して受精卵となり，もう１個は中央細胞の２個の極核と融合して三倍体（$3n$）の胚乳母細胞となる（第２章Ⅰ，図２-Ⅰ-１参照）。これを重複受精（double fertilization）という。受精卵と胚乳母細胞は分裂をくり返して，それぞれ胚と胚乳（albumen）になる。

胚乳母細胞の核は $3n$ でなければ正常に発達しない。胚乳には重複受精による内乳（endosperm）と，珠心組織などの胚嚢以外の組織が発達した外乳（または周乳）があるが，多くの場合胚乳は内乳であり，習慣的に endosperm に対して胚乳の訳語をあてることが多い。胚乳は胚に養分を供給し，その初期成長を支える。

❸裸子植物の受精

裸子植物では，２個の精核のうちの１個は消失し，残った１個の精核が卵細胞と受精して胚をつくり，重複受精は行なわれない。胚嚢細胞からつくられた胚乳細胞は，受精することなく分裂をくり返して，一倍体（n）の胚乳を形成する。なお，イチョウとソテツは，花粉管の中で精核が運動性を持つ精子になり，精子で受精する。

4 不稔性と近交弱勢

❶自家受精，不稔性，近交弱勢

自家受粉によって自家受精（self-fertilization），他家受粉によって他家受精（cross-fertilization）が行なわれる。受粉しても正常な種子がつくられないことがあるが，このような不稔性（sterility）は自家受精で多い。

自家受精では，有害な変異を生じた遺伝子がホモ接合となって有害な形質が発現する確率が高く，近交弱勢（inbreeding depression）の原因になる。近交弱勢とは，近親交配をくり返した結果，生活力が低下する現象をいう。他方，遺伝的背景の異なる個体間で行なわれる他家受精では，遺伝的な多様性がもたらされる確率が高く，近交弱勢も起きないので，有性生殖の意義が実現される。

❷自家受精の意義

しかし，自家受精が常に生存にとって不利なのではなく，自家受精を普通に行なう植物もある。アサガオは，通常，開花前の蕾の中で自家受粉を完了しており，自家受精が行なわれる。スミレ属は，普通に見かける花のほかに，開花しない閉鎖花（cleistogamous flower）をつけるが，閉鎖花では自家受精だけが行なわれる（図 2 - Ⅳ - 22）。このような植物では，送粉昆虫がいないときや，同一種の他個体が近くにないときも確実に子孫を残せる。

図 2 - Ⅳ - 22
タチツボスミレの開放花（上）と閉鎖花（中・下）
（写真提供：多田多恵子氏，イラスト：江口あけみ氏）

5 自家不和合性

❶自家不和合性とその意義

自家受粉では受精に至らないことがあり，この性質を自家不和合性（self-incompatibility）という。サツマイモ，アブラナ科，ナス科の野菜，バラ科果樹には自家不和合性を持つものが多い。これらの植物では，他個体の雌ずいの柱頭では正常に発芽し，受精可能な花粉であっても，自個体の雌ずいでは発芽しないか，発芽しても花粉管伸長が阻害され，受精できない。こうして自個体の花粉を排除すれば，他家受精できるのである。

❷自家不和合性を制御する遺伝子

自家不和合性は，S 対立遺伝子とよぶ多様な複対立遺伝子を持つ，1 つの遺伝子座で制御されている。花粉管でつくられる遺伝子と，柱頭または花柱でつくられる遺伝子が，同じ S 対立遺伝子由来であれば花粉管の伸長は阻害される。自家受粉では必ず同じ対立遺伝子由来になるが，他家受粉では S 対立遺伝子の種類がたくさんあるため，同じ型になることはまれである。

自家不和合性には，花粉管伸長が柱頭で阻害されるタイプと花柱で阻害されるタイプの 2 つがある。前者は，花粉をつくった親植物（胞子体）と雌ずいの S 対立遺伝子の表現型が一致するときに起こる。このような不和合性を胞子体型自家不和合性といい，アブラナ科がその代表である。後者は，花粉そのもの（配偶体）と雌ずいの S 対立遺伝子が一致するときに起こる。これを配偶体型自家不和合性といい，ナス科，バラ科がこのタイプである。

V 果実の発育と成熟

図 2-V-1
受精・着果し肥大が始まったリンゴ（右上の３果）
下側の２果は受精が不完全で果実肥大が始まらなかったもの。

1 果実生産と栽培

1 栄養成長と生殖成長のバランス

果実（fruit）は，開花後に花器の一部が成長してつくられる。果実を収穫する果樹や果菜類の栽培では，根と茎葉の成長，花芽分化，開花，受粉・受精，結実，果実の発育から成熟までの，成長のすべての過程が影響する。果実の安定生産には，茎や同化器官である葉を成長させる栄養成長と，果実を生産する生殖成長とのバランスを保つ栽培管理が最も大切である。

2 安定した結実の実現

結実は，果実生産ではたいへん重要であり，その成否は収穫量に直結する。安定した結実には，各作物の花の性表現と受粉・受精条件を理解して栽培しなければならない。

たとえば，雌雄異株（dioecious）の果樹（キウイフルーツなど）を栽培するには，雌株だけでは安定した結実が望めないため，必ず雄株を受粉樹（pollinizer）として一定の比率で混植する必要がある。雌雄同株異花の作物（カキ，クリ，ウリ科野菜など）には，雌花しかつけない品種があり，雄花をつける品種を混植する必要がある（カキなど）。また，ウリ科野菜には雌花の着生が少ない種類があり（スイカ，メロンなど），着果安定のために多雌花性品種の開発が行なわれている。

雌雄同株同花の作物でも，生殖器官の発育不全，あるいは遺伝的に交雑不親和（自家不和合性および他家不和合性）のものがあり，交雑和合性の品種同士を混植するか，人工受粉（artificial pollination）が必要である。人工受粉は，交雑和合性の花粉を用いて行なうが，訪花昆虫（ミツバチ，マメコバチ等）の利用も広く行なわれている。

受精に成功し着果（fruit set）すると，すぐに果実肥大が始まる（図2-V-1）が，受粉・受精が不十分な場合，幼果は早期に離脱・落下する。

果樹のように，開花期が限定される作物では，結実率が天候に左右されやすく，収穫量が不安定になりやすい。

2 果実の仕組み

1 真果と偽果

❶花と果実の対応関係

果実は花からつくられるので，果実の構造を理解するうえで花と果実の対応関係を知ることが重要である（表2-V-1）。図2-V-2に果実の構造を模式的に示した。子房の中に胚珠1つが描かれているが，このような果実はまれで，1つの子房に多数の胚珠が含まれている果実がはるかに多い。

表 2-V-1　花器と果実の対応関係

花　器		果　実
花梗 (Flower stalk)	──→	果梗 (Fruit stalk)
花托 (Receptacle)	──→	時に果肉組織を形成 (偽果)
萼 (Calyx)	──→	付着 (カキのへたなど) または離脱
花冠 (Corolla)	──→	離脱
雄しべ (Stamen)	──→	離脱
雌しべ (Pistil)		
柱頭 (Stigma)	──→	萎凋し，ときに残存
花柱 (Style)	──→	萎凋し，ときに残存
子房 (Ovary)		
胚珠 (Ovule)	──→	種子 (Seed)
珠柄 (Funiculus)	──→	種柄 (Seed stalk)
合点 (Chalaza)	──→	合点 (Chalaza)
珠縫 (Raphe)	──→	珠縫 (Raphe)
珠孔 (Micropyle)	──→	珠孔 (Micropyle)
珠心 (Nucellus)	──→	外胚乳 (Perisperm)
胚のう (Embryo sac)		
卵細胞 (Egg cell)	─(受精)→	胚 (Embryo)
助細胞 (Synergid)	→(消失)	
極核 (Pollar nucleus)	─(受精)→	内胚乳 (Endosperm)
反足細胞 (Antipodal)	→(消失)	
珠皮 (Integument)	──→	種皮 (Seed coat)
胎座 (Placenta)	──→	種々に変形
子房壁 (Ovary wall)	──→	果皮 (Pericarp)
		外果皮 (Exocarp)
		中果皮 (Mesocarp)
		内果皮 (Endocarp)

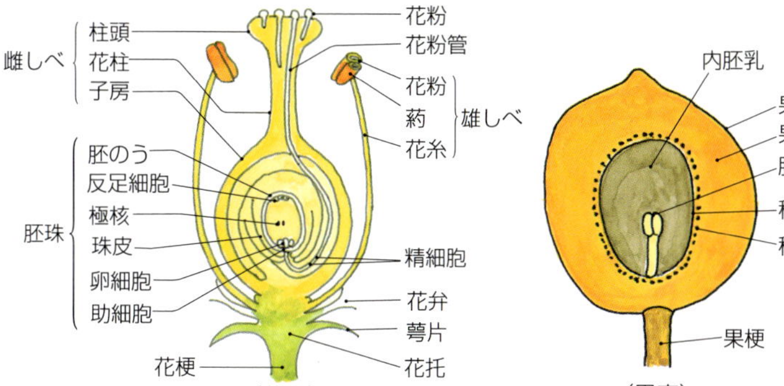

図 2-V-2　花器と果実の構造 (模式図)

❷真果、偽果と食用組織

図2-V-2のように，花の子房組織が肥大してできた果実を真果（true fruit）とよぶ。果托（花托が成長したもの）など子房以外の組織を含む果実は，偽果（false fruit）とよばれ区別される。図2-V-3でわかるように，真果であるミカンやトマトの食用部位は，子房壁の内果皮に由来するのに対し，偽果のリンゴでは食用部位の多くが果托である。

真果と偽果は，花の子房の位置から見分けることができる。子房上位（hypogyny）や子房中位（perigyny）は真果になり，子房下位（epigyny）では，子房が果托組織に覆われており偽果になる（図2-V-4）。また，果実に残る萼片の位置から見分けることも可能で，真果であるカキやトマト

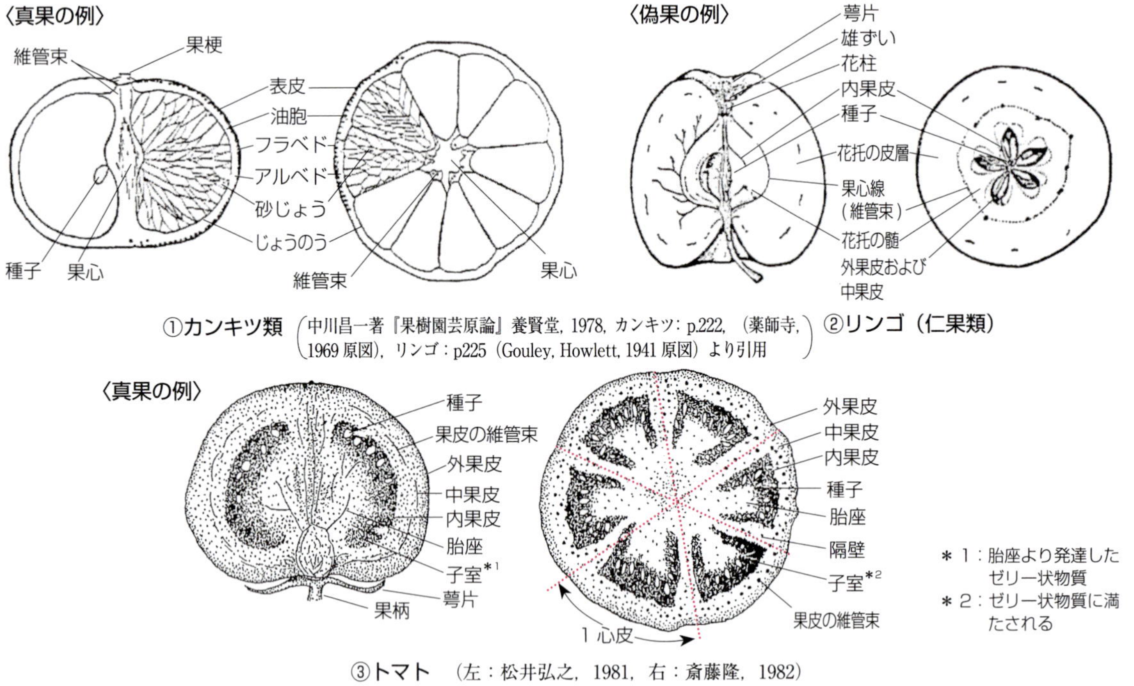

図 2-V-3　真果と偽果

〈真果の例〉

①カンキツ類 （中川昌一著『果樹園芸原論』養賢堂, 1978, カンキツ: p.222,（薬師寺, 1969 原図）, リンゴ: p225（Gouley, Howlett, 1941 原図）より引用） ②リンゴ（仁果類）

〈真果の例〉

*1：胎座より発達したゼリー状物質
*2：ゼリー状物質に満たされる

③トマト （左：松井弘之, 1981, 右：斎藤隆, 1982）

子房上位
カンキツ類（ミカン, オレンジ等）, ブドウ, カキ, ナス科果菜（ナス, トマト）

子房中位
核果類（モモ, オウトウ等）

子房下位
仁果類（リンゴ, ナシ等）, ウリ科果菜（スイカ, メロン等）, スグリ類, バナナ

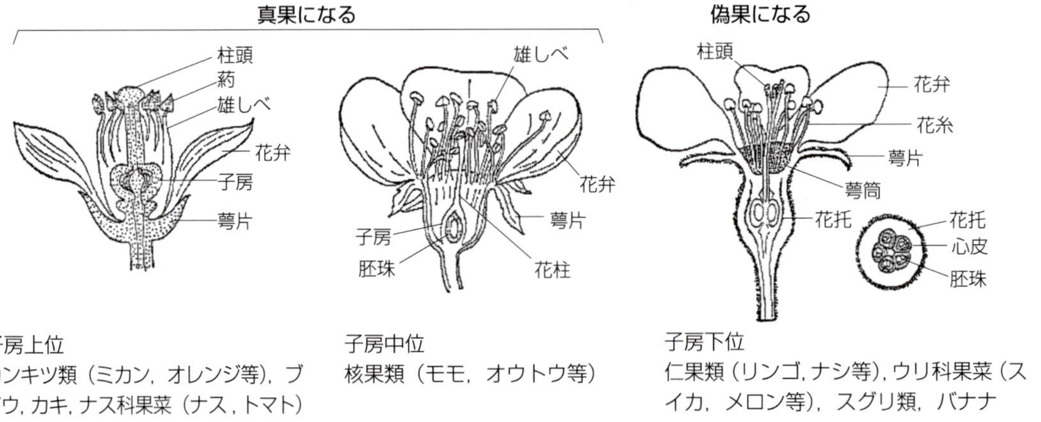

図 2-V-4　真果，偽果と花器の子房着生位置の差異　（中川昌一著『果樹園芸原論』養賢堂，1978，p.73 より引用）

では果梗部に残っているが，偽果であるリンゴやブルーベリーでは果頂部に痕跡が認められる（図 2-V-3）。

果実の食用とされる組織とその代表例を表 2-V-2 に示した。

2 果実の成り立ちと構造

❶単果，集果，複果

果実の多くは，1 個の花の 1 つの雌ずい（雌しべ）から発達したもので，これを単果（simple fruit）という。

一方，イチゴやキイチゴ類のように 1 個の花に多数の雌しべがあり，その子房が集まって 1 個の果実になったものを集果（aggregate fruit）という。同じ集果でも，キイチゴ類の果実は多数の子房が肥大したものである

表 2-V-2　果実の食用部位と作物の例

果実の食用部位（組織）	作物名
子房の	
内果皮由来の特殊細胞	カンキツ類
中果皮	核果類（オウトウ，モモ，ウメ），マンゴー，グミ
果皮および胎座	ブドウ，カキ，パパイア，トマト，ナス，スイカ，メロン
果托および子房	仁果類（リンゴ，ナシ），スグリ，ブルーベリー，イチゴ，キュウリ
種子	殻果類（クリ，クルミ），アーモンド，イチョウ，トウモロコシ，マメ類
外種皮	ザクロ
仮種皮	アケビ，マンゴスチン，ドリアン，イチイ，ライチ
花軸	パイナップル

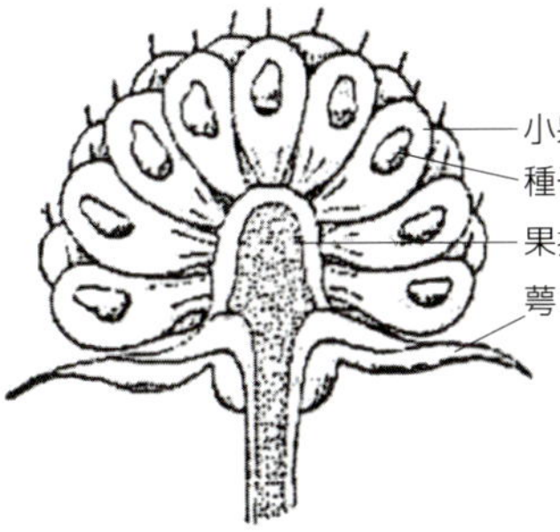

キイチゴ類
多数の子房が肥大

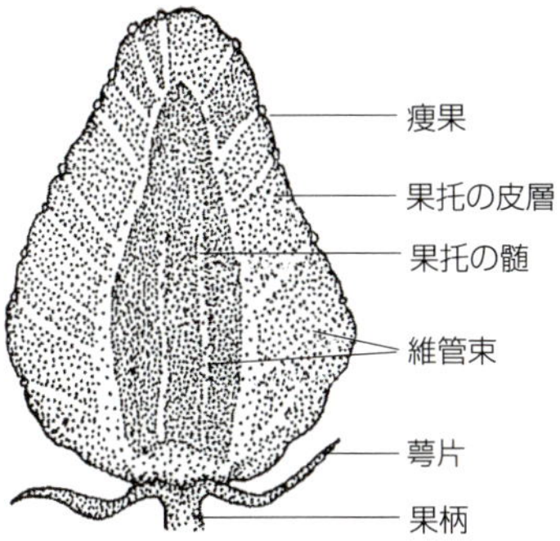

イチゴの縦断面
果托が肥大。果実表面の痩果が子房
（松井弘之，1981）

図 2-V-5　集果の例
（中川昌一著『果樹園芸原論』養賢堂，p.229 （Ulrich，1952 原図）より引用）

図 2-V-6　5 心皮からなる雌しべ 1 つを持つオクラ
心皮ごとに種子ができている。

が，イチゴの果実は肥大した果托で，果実表面にある粒状の多数の痩果が子房であるという違いがある（図 2-V-5）。

また，イチジクやパイナップルなどは，多数の花が集まって 1 個の果実になっており，複果（multiple fruit）とよばれている。

❷心皮数

単果の構造は，心皮（carpel）の数によっても特徴づけられる。心皮は，柱頭（stigma），花柱（style），子房（ovary）など，雌しべの構成要素で，雌しべは 1 個から数個の心皮が集まってつくられる。雌しべは，袋状の構造になっていて胚珠を包んでおり，心皮数と子室数は同じである。

果樹の心皮数は，核果類（ウメ，モモ等）1，ブドウ 2，バナナ 3，カキ 4，リンゴとナシ 5 である。カンキツ類（ミカン，オレンジ等）は，心皮数はじょうのう数と一致しており，多心皮であるがその数は果実ごとに異なる。野菜では，マメ類（インゲン，エンドウ等）1，オクラ 5（図 2-V-6）というように，心皮数がほぼ一定している種類もあるが，トマトやピーマンなどでは，品種や花芽形成期の生理状態などによって変化する。

図 2-V-3 のリンゴ果実の横断面には心皮が星形にならんでおり，5 心皮であることが観察できる。リンゴ花の柱頭が 5 本に分かれていることも，そのことを示している（図 2-V-7）。ネーブルオレンジの名前の由来ともなっている果実頂部の「へそ（navel）」は，心皮の 1 つが外に飛び出たものである。バナナは，果実を輪切りにして皮をむき，果肉を指先でほぐすと 3 つに分かれ，心皮数が 3 であることがわかる。

図 2-V-7　5 本に分かれているリンゴの柱頭
5 心皮からなる雌しべを 1 つ持っていることがわかる。
（写真提供：磯島正春氏）

3 単為結果と単為生殖

1 単為結果

❶単為結果のいろいろ

作物によっては未受精でも果実をつけるが，これを単為結果（parthenocarpy）という。単為結果は，自然に発生する自動的単為結果と，外的な刺激による他動的単為結果がある。自動的単為結果の例には，果樹では温州ミカン，バナナ，イチジク，セイヨウナシやブドウの無核品種，果菜類ではキュウリ，トマト，ナスなどの一部の品種がある。

受精が正常に行なわれても，発生初期の胚が発育を停止（座死）し，種子のない果実ができることがある。これは偽単為結果（pseudo parthenocarpy）とよばれ，単為結果と区別される。カキの‘平核無’，ブドウの‘トンプソン シードレス’などの品種がその例である。

❷人為的な他動的単為結果

人為的に他動的単為結果を発生させる外的刺激には，交雑不和合性の花粉や軟X線（透過力の弱いX線）照射で人工的に受精能力をなくした花粉による受粉刺激と，植物成長調節剤の利用がある。

植物成長調節剤の利用例としては，トマトトーン（オーキシン）を用いたトマトおよびナスの着果安定，ジベレリン（GA_3）を用いたブドウ（‘デラウェア’，‘巨峰’，‘ピオーネ’など）の無核（種なし）化技術などがある（注1）（図2-V-8）。トマトトーンの着果安定効果は，イチジク，マンゴー，ブラックベリーなどでも確認されている。

ビワでは，近年，3倍体品種にジベレリンとホルクロルフェニュロン剤（CPPU，サイトカイニン活性を持つ）を組み合わせた処理で，種子なし果実の生産が可能になった。

〈注1〉
種なしブドウのジベレリン処理は，満開の12～16日前と10～14日後の2回行なう。開花前の処理で胚のうを発育不全にして無核化し，開花後の処理で果実を肥大成長させる。ジベレリンの濃度はいずれも100ppm。処理した果実を識別できるよう，ジベレリン溶液に食紅を添加し，果実を薄く染色する。

図2-V-8
ブドウ（デラウェア）のジベレリン処理（2回目の処理）
（写真提供：磯島正春氏）

種なしスイカの今昔

これまで，種なしスイカは，2倍体と4倍体の交雑によって得られる3倍体が種なしになるという原理によって，生産されてきた。この原理は，木原均博士によって1951年に見出された。最近，軟X線照射で雄核を不活性化した花粉を雌花に受粉して人為的単為結果を起こすという方法で，種なしスイカを生産する技術が開発され，実用化されている（図2-V-9）。

図2-V-9
雄核の不活化花粉を利用して種なしスイカをつくる
ⓐ：軟X線照射で花粉を不活化
ⓑ：処理した花粉で受粉
ⓒ：できた種なしスイカ
（写真提供：杉山慶太氏）

2 単為生殖

交雑不和合性花粉の受粉などが刺激となり，単為結果だけでなく発芽能力のある種子（胚）もつくられることがあり，無融合種子形成（agamospermy）という。これは単為生殖（apomixis）の一種で，胚は母親の体細胞に由来するので，子はすべて遺伝的に母本と同じクローンとなる。

カンキツ類の多くは，受精卵細胞に由来する1個の胚（受精胚）に加えて，単為生殖の一種である珠心細胞由来の胚（珠心胚）もつくられ，1個の種子に多数の胚が混在している。これを多胚現象（polyembryony）という。珠心胚は，母親と同じ遺伝子型なので，種子繁殖すると母親と同じ形質のクローンになる。そのため，交雑育種での雑種個体選抜の障害となるが，最近DNAマーカーを利用した雑種個体を実生で判定する技術が開発され，カンキツ類の交雑育種の効率化に大きく貢献している。

4 果実の発育

1 果実成長曲線

果実発育（fruit development）の過程を知るための指標に，果実成長曲線がある。これは，開花から成熟まで果実の径，重量，体積の変化をみたものである。しかし，収穫前の果実の重量や体積を継続調査するのは容易ではないため，径のみ用いられることが多い。

果実成長曲線は，単一S字型曲線（single sigmoid curve）または二重S字型曲線（double sigmoid curve）の2つのパターンがある（図2-V-10）（注2）。また，特殊な例として，キウイフルーツは三重S字型曲線を描くことが知られている。二重および三重S字型曲線にみられる，肥大成長の一時的な停滞期は，可食部である果肉組織以外の組織（種子など）の成長がさかんに行なわれている時期である。単一S字曲線を描くリンゴでも，果実体積の変化を詳細に追跡すると，一時的な肥大成長の停滞期が確認され，種子発達の時期と重なっている。

図2-V-11は，成熟期が異なるリンゴ5品種の果実成長曲線を比べたものである。発育中期ま

〈注2〉
単一S字型曲線の例：リンゴ，ナシ，カンキツ類，バナナ，アボカド，イチゴ，トマト，ナス，メロン，スイカなど。
二重S字型曲線の例：核果類（オウトウ，モモ，スモモ等），ブドウ，カキ，イチジク，スグリ類，ブルーベリーなど。

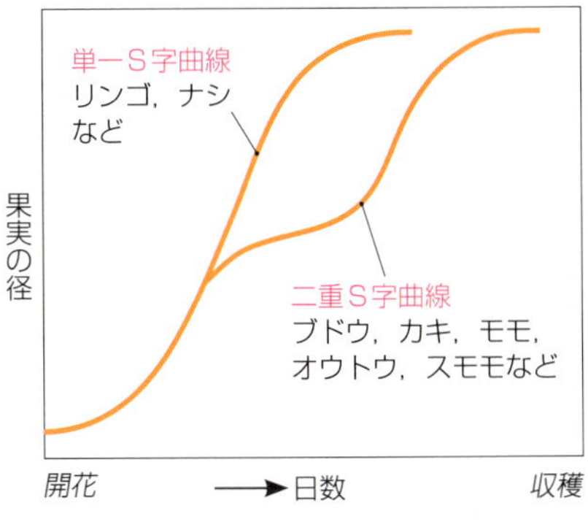

図2-V-10　果実（径）成長曲線

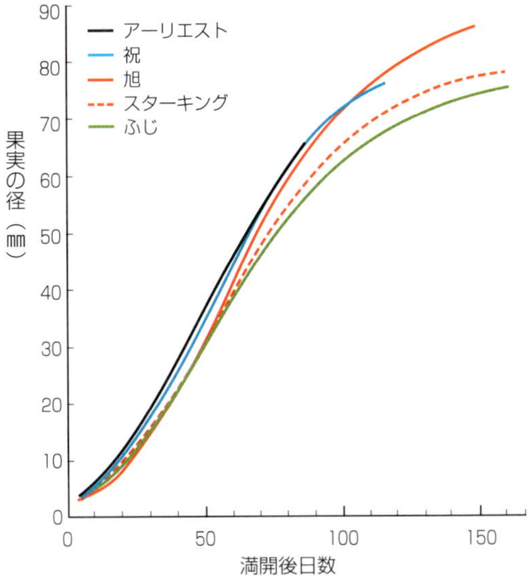

図2-V-11　リンゴの果実肥大の品種による違い

で各品種とも同様の経過をたどるが，早生品種‘アーリエスト’は果実肥大が停止する前に，樹上で果実が一斉に裂開し，芳香を発して成熟に達している。これは，果実は肥大停止前でも成熟期を迎えることを示しており，果実の発育と成熟は必ずしも連動していないことが理解できる。

2 果肉細胞の分裂と肥大

果実の大きさは，果肉組織の細胞の数と大きさによって決定される。果樹の場合，果肉細胞の分裂は開花前から開花後1カ月以内に終了し，その後は細胞の伸長・肥大により果実が成長する。また，果菜類（ナス科，ウリ科，イチゴなど）では，開花前に果肉細胞の分裂が停止する。ただし，細胞分裂停止までの期間は種類によって大きく異なり，アボカドのように収穫期まで細胞分裂が継続する例もある。

細胞肥大は主に液胞の発達によってもたらされ，果実の成長にともなって，発達した液胞中に水溶性成分が貯えられて大きくなる。最も大きな果肉細胞はカンキツ類の砂じょう（図2-V-3）で，肉眼でも観察できる。砂じょうと砂じょうの間にすきまが観察できるが，成熟した果実の果肉組織には細胞間隙が発達しているのも特徴の1つである（図2-V-20参照）。

3 果実発育に影響する要因

❶気温

果実の肥大成長に影響する要因の1つに，気温がある。たとえば，北海道で生産されるリンゴの果実は，青森県産や長野県産に比べて小さい。北海道では果実発育に必要な積算気温が不足し，光合成による同化産物の生成量が少なく，果実への転流も不十分となることがその原因である。

一方，過度の高温は，果実のみならず植物体全体の呼吸量を多くし，同化産物の消耗を激化させるので，果実発育にも悪影響を与える。

❷給水量

植物への給水を制限すると果実肥大は抑制されるが，逆に果実糖度が上昇し高品質化するという利点もある。このため，トマト，ミカン，オウトウ，ブドウなどでは，灌水制限や根域制限栽培などの技術が取り入れられ，高糖度果実の生産が行なわれている。

❸養分の量と割合

養分不足は，作物の生育そのものを抑制するため，果実発育にも顕著に悪影響する。養分の量だけでなくその割合も重要で，窒素養分が多すぎると栄養器官（枝葉）の成長が旺盛となり，果実と同化産物の競合（次項参照）を起こすので，果実発育が抑制される。果実生産では，窒素，リン酸，カリがバランスよく配合された肥料を，適宜施用することが大切である。

❹同化産物の競合

1株当たりの着果数も，果実発育に影響する。光合成によって同化産物を生産しているのは主に茎葉部であり，これをソース（source）という。一方，果実のように同化産物を利用したり貯蔵する器官をシンク（sink）という。同化産物の転流はシンクの吸引力によって活発になるため，シンク同士が近い位置にあると，同化産物をめぐる競合が起こる。果実(シンク)数が多ければ、1果当たりに配分される同化産物量が少なくなるので，果実肥大は抑制される。

摘花（flower thinning）や果実発育初期の摘果（fruit thinning）は，果実肥大効果が顕著である。これは，果実数の制限によりシンク間の競合が緩和され，1果当たりの同化産物分配量が増加するためである。とくに，果肉の細胞分裂が停止する前（開花後間もない時期）の摘果は，果実肥大への効果が大きいといわれている。

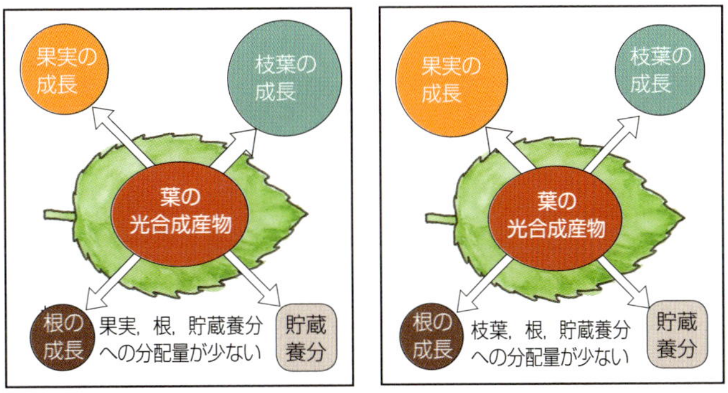

①枝葉が過繁茂の場合の光合成産物の分配　②着果過多の場合の光合成産物の分配

図 2-V-12　同化産物の競合
（松浦明編『新版 果樹栽培の基礎』農文協，2004，p.36 より引用）

同化産物をめぐる競合は，果実と栄養器官（茎葉）との間でも起こる（図 2-V-12）。たとえば，リンゴ栽培で樹が過繁茂になると，枝同士または枝と果実間で養分競合が起こり，果実成長が抑制される。また，矮性（わいせい）台木を用いて幹や枝を細く保った小型の樹形（細型紡錘形）にすると，大きな果実を多数着生させることができる。これは栄養器官に蓄積される同化産物量が減少し，果実に分配される量が増えるためである。

❺種子数

果実の種子数も，果実発育に影響する。リンゴでは時々ゆがんだ形をした奇形果が発生するが，これは不均一な果実肥大が原因である。奇形果を赤道面で切断すると，果実肥大が不十分な側に，充実した種子が含まれていないことが多い（図 2-V-13）。

リンゴ種子には，サイトカイニンのゼアチンとその配糖体，オーキシン（IAA），ジベレリンの GA_4 と GA_7 が多く含まれている。種子から放出されたこれらの成長調節物質が，果肉組織の細胞分裂や細胞肥大に影響していると考えられている。果実中の種子数を増やし果実発育を均一化するに

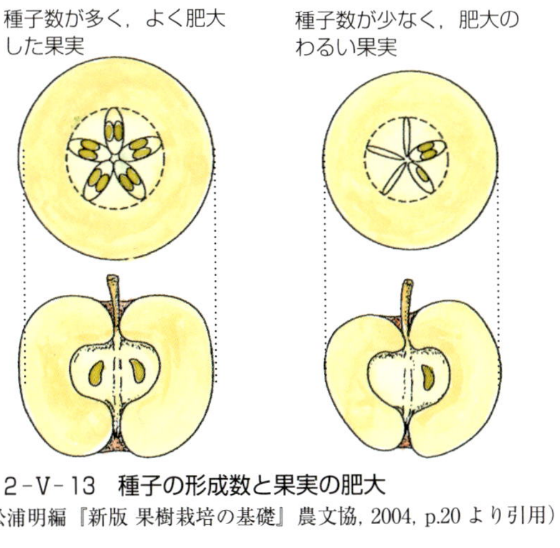

図 2-V-13　種子の形成数と果実の肥大
（松浦明編『新版 果樹栽培の基礎』農文協，2004，p.20 より引用）

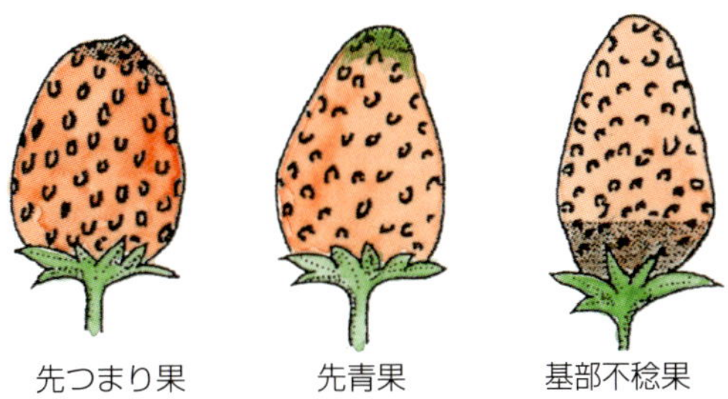

図 2-V-14　イチゴの主な奇形果
先つまり果は開花後早い時期に受粉の機会がなくなったとき，先青果は開花後遅くまで受粉の機会があったとき，基部不稔果は開花後しばらくのあいだ受粉の機会がなかったとき，に発生する。
（池田英男・川城英夫編『新版 野菜栽培の基礎』農文協，2005，p.223 より引用）

は，受粉・受精の効率を高める人工受粉が有効である。

イチゴ果実も，受粉・受精が不完全だと瘦果内の種子の発育が不良になり，オーキシン（IAA）不足が原因で果実肥大が不均一になり奇形果が発生する（図２-Ⅴ-14）（第２章Ⅵ-２参照）。種子で生産されるオーキシンが果托の肥大に影響しており，イチゴ栽培ではミツバチなどを利用した受粉・受精の安定化が不可欠な技術となっている。

4 生理的な落果

結実が安定し果実発育が順調に進んでいても，病虫害や気象災害とは別に，落果する場合がある。これは，胚の発育不全や養分競合などの生理的要因によって発生すると考えられており，高夜温や日射量不足など環境要因との関連も指摘されているが，詳しい機構は解明されていない。

リンゴでは，果実肥大初期の６月ころ（june drop）と収穫直前に起こりやすく，収穫量に大きく影響することもある。ブドウでは，樹勢が強すぎると茎葉部との養分競合によって落果が多発し（「花ぶるい」という），収量の低下や果房の外観品質を損ない収益性が著しく低下する。ビワなど着果数が多い果樹では果実間の養分競合が起こるため，落果防止と果実肥大の両方を目的に，摘果による適正な着果数確保が求められる。

果菜類でも，果実肥大期の養水分不足によって生理的落果が発生する。

5 実割れ

オウトウ，ブドウ，トマトなどでは，降雨後に，収穫直前の果実に実割れ（cracking，裂果ともよばれている）が発生することがある（図２-Ⅴ-15）。これは，果実表面や根からの吸水量が増加し，果肉組織が急速に肥大しようとするのに対し，果皮組織の成長が追いつかず，果皮に亀裂が生じる現象である。

これを避けるため，屋根だけプラスチックフィルムで覆った雨よけハウスや温室など，施設を利用した栽培が普及している。

図２-Ⅴ-15　オウトウの裂果
（写真提供：赤松富仁氏）

5 果実成熟とその仕組み

1 果実成熟

果実発育の後半には，軟化，デンプンの消失と糖集積（甘味の増大），有機酸減少（酸味の減少），果皮着色など，一連の質的変化が起こり完熟（ripening）する。この質的変化の開始から完熟までの過程を，果実成熟（fruit maturing）という。

多くの果実は収穫前に成熟するが，バナナ，アボカド，セイヨウナシ，キウイフルーツのように収穫後に成熟が進む種類もある。これらは結実させたままでは成熟が進まない。また，流通の都合からわざと成熟途上の果実を収穫し，輸送中に完熟させる場合もある（トマトなど）。収穫後に果実が完熟することを追熟という。

キュウリ，ニガウリ，ナス，ピーマンなどの果菜類や，果実酒用のウメなどは，成熟前の未熟果を収穫し利用する。パパイアは，成熟果は果物として生食されるが，未熟果も野菜的（油炒めなど）に利用されている。

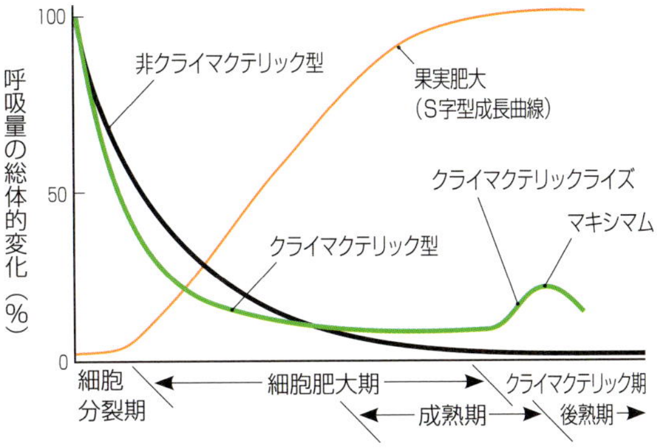

図 2-V-16　果実の肥大，成熟と呼吸量の総体的変化
（伊庭慶昭他『果実の成熟と貯蔵』養賢堂，1985，p.9, 福田博之より引用 ）

2 果実成熟と呼吸活性の特徴

果実は，発育や成熟期間中だけでなく，収穫された後も呼吸を続けている。とくに，成熟には組織・細胞の生理的変化をともなうので，呼吸量も変化しやすい。果実成熟期の呼吸の変化には，大きく以下の２つのパターンがある。このパターンの違いは，収穫，貯蔵，流通，消費の過程での，果実の取り扱い方法に大きく影響する。

❶クライマクテリック型（climacteric type）

呼吸量は，収穫後しばらく低下（pre-climacteric）した後，急速に増加（クライマクテリック ライズ，climacteric rise）してピーク（climacteric maximum）に達し，その後再び低下（post-climacteric）するパターンである。呼吸量が急速に増加するとき，果実の成熟が急激に進む。リンゴ，セイヨウナシ，バナナ，アボカド，メロンなどがこの型であるが，呼吸量が上昇するまでの期間や，呼吸量の変化は，作物の種類で大きく違う（図 2-V-16）。この変化は，果実中のエチレン生成量と密接に関連しており，エチレンの作用によって呼吸量が増え，成熟が促進される。

❷非クライマクテリック型（non-climacteric type）

呼吸量は収穫後漸減し，成熟期間中にクライマクテリック ライズがないパターンで，カンキツ類，オウトウ，ブドウ（注 3），イチジク，イチゴ，ブルーベリーなどがある。呼吸量の急上昇がないので，果実成熟の開始期が不明確で，成熟もゆっくり進む。

〈注 3〉
ブドウは非クライマクテリック型に分類されているが，収穫前の果実発育期にベレゾーン（veraison）とよばれている明確な成熟開始期があり，果実の急速な肥大と糖の蓄積などが特徴となっている。

3 成熟の引き金となるエチレンの生成と作用

クライマクテリック型果実の急激な呼吸量の上昇は，果実内で生成されるエチレンによってもたらされる。エチレンは，アミノ酸のメチオニンが

エチレンによる果実成熟の調節

エチレン生成を制御し成熟調節を行なう目的で，ACC 合成酵素のアンチセンス遺伝子（ある機能を持つ遺伝子の発現をおさえる遺伝子）を導入した遺伝子組換えトマトがつくられ，果実の成熟が抑制され，日持ちが格段に向上することが実証された。同時に，このトマト果実にエチレン処理をすると，成熟が進むことも確認され，エチレンによる成熟促進がエチレン生成機構から独立していることが明確になった。現在，エチレンの生成阻害剤（aminoethoxyvinylglycine，AVG）と作用阻害剤（1-methylcyclopropene，1-MCP）を用いた，果実の日持ちを向上させる研究がリンゴやモモで行なわれており，アメリカではすでに実用化されている（日本でも，2010 年からリンゴとセイヨウナシについて使用が認可された）。

一方，果実の成熟促進にエチレンが利用されている。バナナやキウイフルーツは，果実が未熟なうちに収穫され，エチレン処理を行ない，消費地へ輸送する途中で追熟し，適食な状態で店頭に並べられている。レモン果実の多くは緑色で収穫されるが，消費者の購買意欲を高めるためエチレンによる彩色処理（coloring, de-greening）を行ない，黄色にして出荷されている。

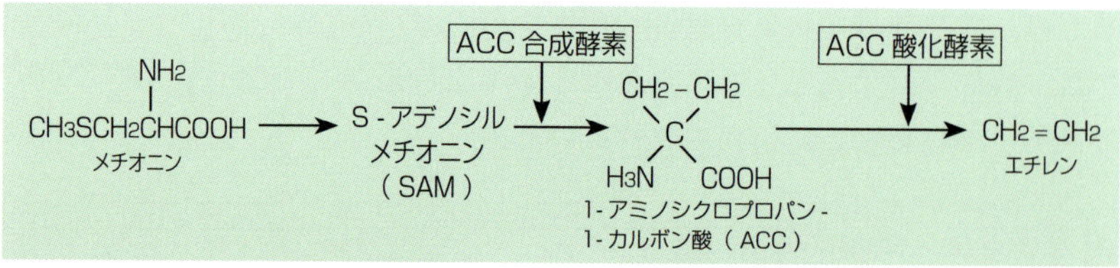

図 2-V-17　エチレン生成の経路
ACC 合成酵素と ACC 酸化酵素の活性が合成速度を左右する。
(間苧谷徹他著『新編 果樹園芸学』化学工業日報社，2002，p.219 より改変)

前駆物質となり，図 2-V-17 に示した経路で生成される。生成したエチレン（気体）は，生体膜に内在するエチレン受容体（ethylene receptor）を介して細胞に成熟開始のシグナルを伝達し，成熟（老化）関連遺伝子の発現を促す。

エチレンをほとんど生成しない果実であっても，人為的なエチレン処理によって成熟が進むので，エチレンは老化促進ホルモンともよばれている（第２章Ⅵ-6 参照）。

4 成熟による果実内部の変化

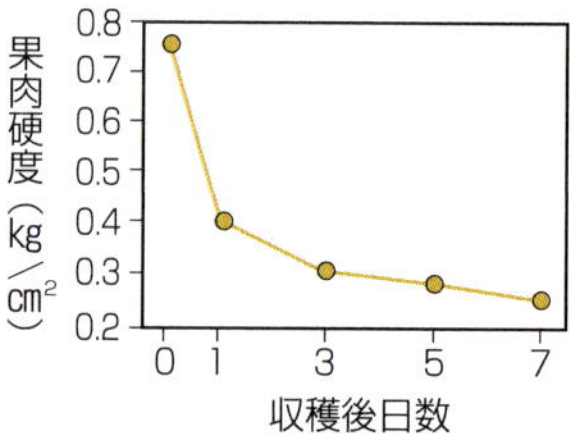

図 2-V-18
メロンの収穫後の果肉硬度の変化
(品種‘夕張キング’)
注）硬度は硬度計の貫入抵抗値を示す

❶硬度と糖組成の変化

果実成熟が進むと，硬度と成分に著しい変化が現われる。図 2-V-18 はメロンの追熟による果肉組織の硬度の変化をみたものである。収穫３日後に成熟のピークを迎え，最高の食味になったが，果肉硬度が著しく低下していることがわかる。

果実内の糖組成も著しく変化しており，単糖（果糖およびブドウ糖）が減少し，ショ糖が増加する。この変化は果実内に均一ではなく，部位ごとに違いがあり，果心側は果皮側に比べショ糖が多く単糖が少ない。また，果心側と果皮側の糖含量の差は，果梗部で大きく花痕部で小さい（図 2-V-19）。

❷果実軟化の要因

果実の軟化は，果肉細胞の細胞壁を構成している成分の変化によって起こり，最も重要な成分がペクチンである。ペクチンは不溶性のプロトペクチンとして含まれているが，果実の成熟が進むと，ペクチン酸へと変化して可溶化する。果実の軟化が，ペクチンの可溶化と連動していることが，リンゴやイチゴ果実で確認されている。なお，ペクチンはゲルをつくりやすいため，ジャムのゲル化剤として広く利用されている。

しかし，最近，果肉細胞壁の構成成分である，セルロースやキシログルカンなどが果肉軟化に密接に関連することが確認され，ペクチンの可溶化だけで果実軟化を説明できないことがわかってきた。

❸リンゴのみつ症

リンゴのみつ症は，完熟の証拠とされ人気があるが，生理障害の一種である。 ニホンナシなどにも発生するが，生理障害果として商品価値を失う。みつ症の発生は品種によって違うが，年次間差もある。

みつ症は，リンゴでは収穫直前の果実の果心部に発生し，収穫後果皮側

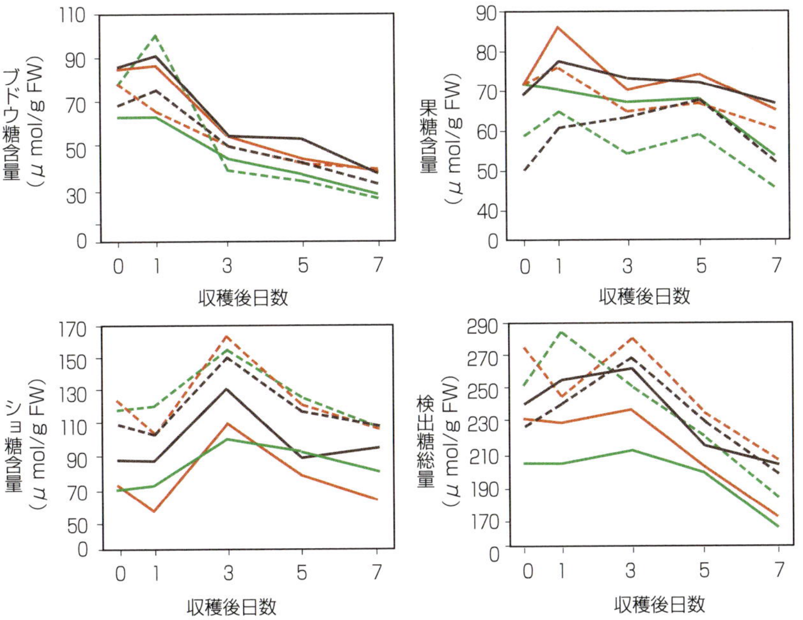

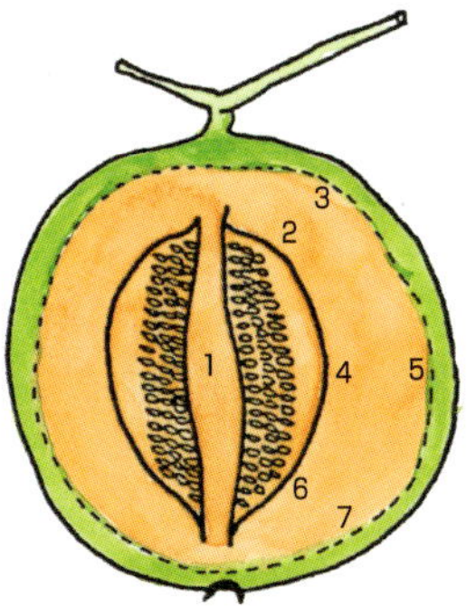

〈材料採取部位〉
1；胎座中央
2；果梗近傍―果心側
3；果梗近傍―果皮側
4；果肉中央―果心側
5；果肉中央―果皮側
6；花痕近傍―果心側
7；花痕近傍―果皮側

図 2-V-19　メロン果肉組織中の糖含量の継時的変化（品種‘夕張キング’）
果梗近傍－ ―― ：果皮側　- - - - ：果心側　果肉中央－ ―― ：果皮側　- - - - ：果心側
花痕近傍－ ―― ：果皮側　- - - - ：果心側

図 2-V-20　みつ組織の特徴（品種‘こうとく’）
各組織を液体フロン中で凍結し，約 −100℃で割断後，表面に金属を蒸着し，クライオ走査電子顕微鏡（Cryo-SEM）で観察した（左：低倍率，右：高倍率）。水溶液がある部分は，氷晶のしましまが見える。右下写真では細胞内と細胞間隙の両方に水溶液があることがわかる。
⇦は細胞間隙

に向かって広がり，貯蔵中に消失する。みつ組織を凍結・割断し電子顕微鏡（CryoSEM）で観察すると，本来広くあいているはずの細胞間隙が水溶液で満たされている。みつ組織が水浸状になるのは，細胞間隙では拡散する光が，この水溶液中を拡散せず透過するためである（図 2-V-20）。

リンゴの転流物質として知られるソルビトールがみつ組織に多く含まれる事実は，果梗部を通した樹液流動とみつ症果発生との関連を想起させる。みつ症果は，貯蔵中に果肉が褐変する生理障害果（ゴム病）が発生しやすく，発生メカニズムの解明が待たれる。

5 果実の着色

リンゴ，赤および黒ブドウ，プルーン，ブルーベリーなどに見られる赤～青色の果実色は，アントシアニン色素の集積によるもので，果実発育後期から着色が進行する。アントシアニンの生成には，果実の糖濃度および光が影響することが知られている。

また，カンキツ類果実の黄色い着色は，カロテノイド色素（β-クリプトキサンチンなど）の集積によるもので，成熟後期に緑色の褪色（クロロフィル色素の分解）と平行して起こる。トマト果実の赤色も，カロテノイド色素の一種であるリコピンの集積で発現し，果実成熟の指標となる。

6 成熟と収穫適期の指標

開花から果実成熟が始まるまでの期間は，作物の種類や品種の遺伝的特性（早晩性）によって決まっているが，栽培期間中の環境条件（気温など）によって左右される。また，果実成熟は果実発育から連続しており，成熟開始期の特定や過程を正確に判断することは容易ではない。

このため果実成熟の進行程度を判断する客観的指標が求められる。作物によっては果実の外観から成熟過程が明確な種類もあり，たとえばイチゴ，ブルーベリー，トマトなどの果実は、果皮色の変化から収穫のタイミングを知ることができる（図2-V-22）。メロンでは，果頂部（花痕部）の硬度や黄化程度も指標になるが，正確な収穫適期の判定には熟練を要する。

一方，リンゴ果実では，外観の変化だけで成熟の程度を判断することはむずかしいので，果肉組織のデンプン消失状況などを調べて，成熟の指標にしている（図2-V-23)。そのほか，開花日からの日数も収穫日を決める目安となる。

なお，完熟期に収穫された果実ほど食味はいいが，貯蔵性が低下するので，果実を長期間保存して利用する場合は，完熟前に収穫されている。

リンゴの有袋栽培

リンゴには着色不良となる品種（‘ふじ’‘陸奥’など）があり，着色促進のために袋掛けが行なわれている。幼果に遮光率の高い袋（2枚重ね）をかぶせ，十分な大きさに発育した収穫の半月前ごろに袋をはずして徐々に太陽光を当てて着色する。文字やイラストをプリントしたシールを除袋直後の果実表面に貼付しておくと、光が当たらない部分は着色しないので，赤い地色に白く図柄が浮き出て残る（図2-V-21)。袋掛けは，病虫害防除やさび果発生防止の目的で用いられる場合もある。

現在では，無袋栽培された果実のほうが栄養成分や食味がいいので，栽培技術の改善によって着色をよくし，無袋栽培が多くなっている。

図2-V-21
リンゴが着色すると図柄が白く浮き出る

図 2-V-22　イチゴの着色
着色の程度で収穫時期が判断できる。

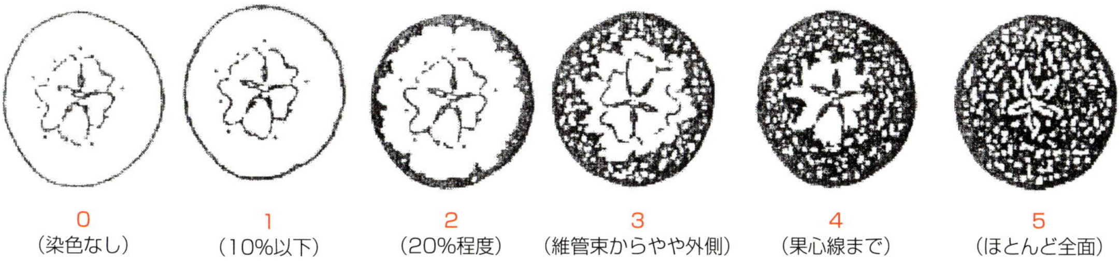

図 2-V-23　ヨウ素デンプン反応による「ふじ」の染色状態と指数
左ほどデンプンが糖に変化しており，成熟が進んでいる。
（農文協編『農業技術大系　果樹編 1-Ⅱ　リンゴ』野呂昭司，2005 より引用）

6 果実の成分

1 主な成分

完熟果実は水分が豊富で，80%以上（重量比）含まれているものが多い。その他，無機塩類，デンプン，可溶性糖類およびペクチンなどの炭水化物，ビタミン類が豊富に含まれている（表 2-V-3）。可溶性糖類では，果実という名のとおり果糖が比較的多く含まれる。

一方，タンパク質と脂肪の含量は少ない。総量は少ないが，タンパク質には人体に有用な酵素（酸化酵素，脱水素酵素など）が含まれている。また，パパイア，キウイフルーツ，パイナップル，イチジク，メロンなどは，タンパク質分解酵素を豊富に含んでおり、肉料理などの材料に利用される。

脂質を含む果実は少ないが，アボカド，シーベリーなどは脂質を豊富に含み，とくに不飽和脂肪酸の割合が高いことが知られている。これらの果実には，高い抗酸化力（活性酸素を抑える力）を持っている α-トコフェロール（ビタミン E）も豊富に含まれている（表 2-V-4）。

表 2-V-3　果実に多く含まれている成分

無機塩類	カリウム，カルシウム，マグネシウムなど
炭水化物	•デンプン（成熟に伴い消失） •可溶性糖類（成熟に伴い増加）：果糖，ブドウ糖，ショ糖など •有機酸（成熟に伴い減少）：クエン酸（カンキツ類），リンゴ酸（リンゴ），酒石酸（ブドウ） •ペクチン
ビタミン類	β-カロテン（ビタミンAの前駆物質，カキ，カボチャなどに多い），アスコルビン酸（ビタミンC，カンキツ類，イチゴなどに多い）

表 2-V-4　機能性成分と含有量が多い果実

機能性成分	作　用	含有量が多い主な果実
アントシアニン類	抗酸化	ブルーベリー，ブドウ（着色），アロニア
レスベラトロール	抗酸化	ブドウ
リコピン	抗酸化	トマト，スイカ
β-カロテン	抗酸化，視力回復	カボチャ，カキ，アンズ
β-クリプトキサンチン	抗酸化	カンキツ類，アロニア
アスコルビン酸（ビタミンC）	抗酸化	レモン，イチゴ，リンゴ，シーベリー
α-トコフェロール(ビタミンE)	抗酸化	カボチャ，アボカド，シーベリー
食物繊維	整腸	リンゴ，キウイフルーツ，カキ，ナシ

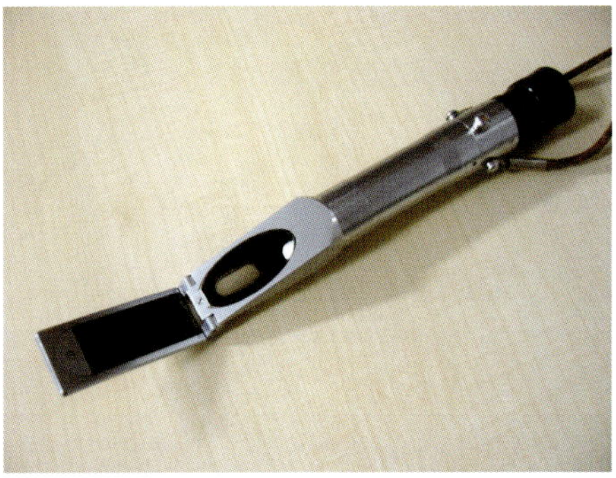

図 2-Ⅴ-24　糖用屈折計
（ブリックス糖度計）

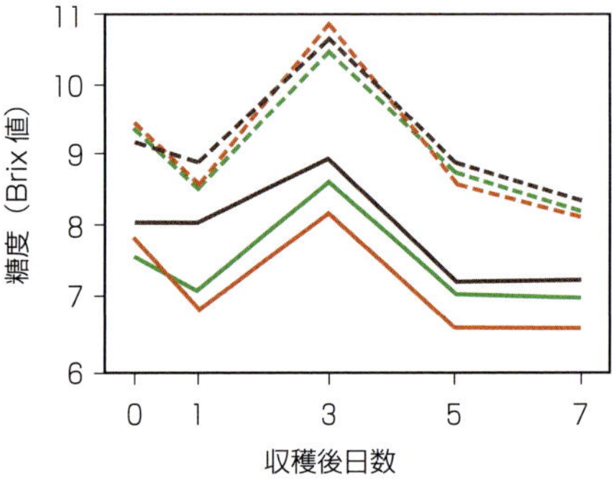

図 2-Ⅴ-25
メロン果肉各部の溢泌液の糖度（Brix 値）の変化
（品種‘夕張キング’）
＊溢泌液採取位置は図 2-Ⅴ-19 と同じ

2 糖度と酸度

❶糖度，酸度と食味

糖度と酸度は，果実の食味を決める重要な指標であり，糖 / 酸比で表わされている。これは，糖度を酸度で除した値で，この値が大きいほど食味がよいと判断されている。糖度は，本来はショ糖など可溶性糖類の濃度のことであるが，果実では，下記の糖用屈折計で測定された値で示されることが多い。酸度は，クエン酸やリンゴ酸など有機酸の濃度である。

糖度は，果実成熟の進み方（デンプンから可溶性糖類への転換の程度）で左右されるが，水分含量の影響も大きい。作物は給水が制限されると果実糖度が上昇するので，高糖度果実の生産を目的に，節水栽培や根域制限栽培などが行なわれているものも少なくない。

酸度も環境条件の影響を受けやすく，たとえばイチゴを高温条件で栽培すると，果実の酸度は高くなる。

❷糖度の測定

糖度は，主に糖用屈折計（ブリックス（Brix）糖度計）を用いて測定され，光の屈折度（Brix 値）として示される（図 2-Ⅴ-24）。これは，糖の溶液に光を当てると，濃度によって屈折角度が異なる性質を利用している。図 2-Ⅴ-25 に追熟中のメロンの Brix 値の推移を示した。図 2-Ⅴ-19 の糖組成と比較すると，ショ糖含量と一致しているが，果糖とブドウ糖の推移とは必ずしも一致していないことがわかる。したがって，Brix 値をそのまま総糖含量に置き換えることはできないが，汎用性が高いので，市場や生産現場では，果実品質評価の重要な道具として利用されている。

果実の糖と甘味

ショ糖は，ブドウ糖および果糖が 1 分子ずつ結合した二糖類で，いわゆる砂糖のことである。ショ糖の甘味度を 100 とすると，ブドウ糖は 65 ～ 80，果糖は 100 ～ 120 で，果糖の甘味が最も強い。ただ，甘味度は温度の影響を受けやすく，40℃以上の高温では，果糖はショ糖より低くなる。果実を冷やして食べるとおいしいのは，果糖を豊富に含むので，低温ほど甘味が増すためである。

ミカン，モモ，メロン，ニホンナシなどの大規模選果施設では，選果機のラインに糖度センサーを設置し，光学的方法で糖度を非破壊計測する技術が導入されている。糖度センサーは，近赤外光を果実に当てて，その吸収割合を測定しており，糖用屈折計とは原理が異なる。

❸酸度の測定

果実の酸味の主体であるクエン酸やリンゴ酸などの有機酸は弱酸なので，解離定数が小さい。したがって，果実内には水素イオン（プロトン）に加えて，解離していない潜在的プロトンも多量に存在し，酸味はその含量の影響を強く受ける。水や土壌の酸性度を表わすpHは，プロトン濃度の測定値であり，潜在的プロトンは測定されない。そのため，果実の酸度測定には，潜在的プロトンも測定できる中和滴定法（注4）が用いられている。

〈注4〉
測定する果汁をアルカリ溶液（水酸化ナトリウム（NaOH）など）を用いて中和し，それに必要なアルカリ溶液の分量で酸度を求める方法。

3 ワックスとブルーム

❶ワックス

リンゴ果実は，品種によって表面に粘つきを感じるものがある。これをワックス（wax）と呼んでいるが，これは果実内部から分泌される油脂成分で，分泌量の品種間差が大きい。カンキツ類でも，同様に果皮組織から油脂成分が分泌され，果実表面を覆っている。これらは，果実成熟に伴い分泌され，果実の蒸散抑制などに機能を発揮すると考えられている。

❷ブルーム

ブドウ，ブルーベリー，ウリ科果菜（キュウリ，トウガン）の果実の表面に白い粉状の物質が付着することがあり，これをブルーム（bloom）という。ブドウやブルーベリーのブルームは粉状であるが、成分の主体はワックスと同じ油脂である。

キュウリのブルーム（図2-V-26）の成分は，果実から分泌されたケイ素が主体である。人体に無害であるが，残留農薬と間違われやすいのと，手で触れるとブルームがとれて果実表面がまだら模様になり，外観品質が損なわれる。そこで，ケイ素を吸収しにくいカボチャ台木（ブルームレス台木）にキュウリを接ぎ木する方法で栽培し，現在では市場に流通するキュウリのほとんどがブルームのない果実になっている。

果実表面のトリコーム（ブルームの主体）の走査型電子顕微鏡写真

図2-V-26　キュウリのブルーム
（写真提供：林敏隆氏）

7 収穫後の果実の生理と貯蔵・輸送技術

果実は，収穫後，生産地から輸送（流通）や貯蔵，加工をされて消費者に届けられている。果実は，収穫後も呼吸により蓄積された同化産物を消費し続けているため，品質を維持するための管理が必要とされる。

1 呼吸と蒸散作用

❶呼吸と温度

果実の呼吸は温度が高いほど活発で，10℃上がると2～3倍に増加する。そのため，呼吸による消耗を抑えるには，収穫直後から果実をできるだけ低温におくことが必要になる。

果実には貯蔵適温があり，温帯果樹の多くやイチゴなどは0～5℃と低温であるのに対し，熱帯果樹のバナナ，マンゴー，アボカドおよびカボチャ，キュウリ，ナスなどの野菜は10℃前後と高めである（表2-Ⅴ-5）。高めの温度を好む果実を低温におくと，生理障害を発生することがある。

また，メロンは追熟が不可欠なクライマクテリック型果実で，輸送中は低温に保ち，その後追熟が始まるまでは室温におき，さらに食べる前の数時間だけ冷蔵することが理想とされている。一方，同じクライマクテリック型果実であるセイヨウナシは，収穫後3カ月程度の冷蔵が可能であるほか，冷蔵後，室温にもどすと，追熟のそろいがよいことが知られている。

❷蒸散

果実は，水分を多量に含んでおり，蒸散によって水分が失われると，外観品質や食味を著しく損なう。果実の種類にもよるが，重量比で5%以上の水分が失われると，商品価値がなくなるとされている。

表2-Ⅴ-5　各種果実の最適冷蔵条件と貯蔵期間

果実の種類	貯蔵温度（℃）	関係湿度（%）	貯蔵期間	凍結温度（℃）	水分含量（%）
イチジク（生）	－2～0	85～90	5～7日	－2.44	78.0
イチゴ	0	85～90	7～10日	－0.77	89.9
ブルーベリー	0	85～90	3～6週	－1.27	82.3
カキ	－1	85－90	2カ月	－2.16	78.2
カボチャ（西洋）	10～13	70～75	2～6カ月	－0.83	90.5
キュウリ	7～10	90～95	10～14日	－0.49	96.1
サクランボ	0	85～90	10～14日	－1.77	83.0
スイカ	2～5	85～90	2～3週	－0.38	92.1
クリ	0～10	65～75	8～12カ月	－5	20
セイヨウナシ（バートレット）	－1.5～0	85～90	2～3カ月	－1.50	82.7
ナス	7～10	85～90	10日	－0.77	92.7
トマト（緑熟）	13～21	85～90	2～5週	－0.55	94.7
トマト（完熟）	0	85～90	7日	－0.49	94.1
ブドウ（アメリカ系）	－0.5～0	85～90	3～8週	－1.17	81.9
ミカン	0～3	90～95	3～4週	－1.05	87.3
メロン（ハネデュー）	7～10	85～90	2～4週	－0.94	92.6
モモ	0	85～90	2～6カ月	－0.88	78.6
リンゴ(ゴールデンデリシャス)	0	85～90	4～6カ月	－1.50	84.1

（ASHRAE Guide and Data Book, 1962 より）

蒸散作用は果実の種類によって特徴があり，一般に果皮クチクラ層の発達がわるく，小さい果実ほど蒸散が激しい。また，温度の低下によって蒸散量が低下するタイプ（リンゴ，ナシ，カンキツ類，カキ，トマトなど），温度にかかわらず蒸散が激しいタイプ（イチゴ，オウトウなど），およびその中間のタイプ（ビワ，ブドウなど）に類別される。

また，蒸散は通風によっても促進されるので，貯蔵場所の空気の動きにも注意が必要である。

2 収穫後の処理

❶予措乾燥

蒸散による果実品質の劣化は避けなければならないが，果実表面に水分が多すぎると腐敗しやすい。

カンキツ類では，余分な水分を蒸発させてカビの繁殖を防ぎ，貯蔵期間の延長をはかるため，収穫後の果実を10℃，相対湿度60％で2週間程度処理する予措乾燥が行なわれている。これには，浮き皮の発生を防止する効果もある。この処理で果実重量は3～5％程度減少する。なお，予措乾燥後の蒸散と呼吸を抑えるため，果実表面を油脂で覆うワックス処理が行なわれる場合もある。

❷キュアリング

カボチャ果実は，収穫直後にキュアリング（curing）という高温処理が行なわれる。これは，収穫時に果実表面にできた傷口をふさぎ，貯蔵性を高めるのが目的である。32～35℃の高温（相対湿度85～90％）に果実を数日間おくことで，傷口にコルク層を形成させ，腐敗菌の侵入を防止することによって貯蔵性向上がはかられる。

キュアリングは，同様の目的でサツマイモやジャガイモなどでも行なわれている。

❸予冷

出荷および貯蔵に先立って，収穫された青果物（果実，葉菜，根菜など）の品温を低下させる処理を予冷（pre-cooling）という。予冷には，主に3つの方法がある。

ⅰ．エア・クーリング（air cooling）：冷気によって品温を下げる方法で，自然対流型と強制通風型がある。多くの果実で利用されているが，冷却速度が遅いことが欠点である。これを補うため，強制通風するとき冷蔵室の一部から外部に排気し，庫内の空気全体を動かす方法（差圧予冷）が用いられている。

ⅱ．ハイドロ・クーリング（hydro cooling）：冷却水を用いて品温を下げる方法で，浸漬法と散水法がある。冷却速度が速く安価であるが，冷却水による汚染（病害感染など）が問題となる果実には利用できない。

ⅲ．バキューム・クーリング（vacuum cooling）：真空容器を用いて抜気減圧し，蒸散潜熱を奪うことで品温を下げる方法で，最も冷却速度が速いのが特徴である。表面積が大きい果実に適している。

なお，予冷で品温が下がった果実を再び高温におくと，反動で呼吸量が著しく高まり，急速に品質が低下する。果実品質を維持するには，予冷から貯蔵・輸送を経て店頭にならぶまで，果実を低温に保つ仕組み（コールドチェーンシステム，cold chain system）が必要である。こうした青果物の低温流通体系は，1964年の東京オリンピック開催を契機に始まり，今日まで続いている。

❹渋ガキの人工脱渋法

渋ガキは，古くから脱渋処理の工夫によって利用されてきた。干し柿は貯蔵を兼ねた脱渋法でもある。渋味は可溶性タンニンが原因なので，脱渋はタンニンを不溶性にすることが目的になる。産業的に利用されている主な脱渋法は，アルコール法（樽ぬき）と炭酸ガス法である。

アルコール法は，出荷用段ボール箱などに詰められた果実に，果実1kg当たり35％醸造用アルコール5～7mℓを散布する方法で，輸送途中に脱渋が完了する。炭酸ガス法は，果実を95％の二酸化炭素（CO_2）で満たした25～30℃の室内に入れ，12～24時間処理するもので，脱渋処理後に出荷される。これらは，いずれも空気を遮断して果実の無気呼吸を促進させ，それによって生じたアセトアルデヒドを，可溶性タンニンと反応させて不溶性にし，渋みを消すという原理による。

3 青果の貯蔵・輸送技術

❶ CA貯蔵（controlled atmosphere storage）

果実の呼吸量は低温で抑制されるので，貯蔵期間の延長には冷蔵が適しており，多くの果実の貯蔵に冷蔵庫が利用されている。しかし，冷蔵のみで呼吸量を抑制し続けることは困難であり，冷蔵中の果実品質は徐々に低下する。たとえばリンゴでは，貯蔵性のよい晩生品種でも，冷蔵だけで高品質を維持できるのはせいぜい3カ月程度である。そこで，果実の呼吸量をさらに抑制するため，低温に加えて貯蔵庫内のガス環境を制御するCA貯蔵が考案され，長期貯蔵が可能になった。

CA貯蔵は，低温，高湿度，高二酸化炭素（CO_2）分圧，低酸素（O_2）分圧の環境で貯蔵する方法である。リンゴで用いられる環境設定の1例を示すと，0～1℃，相対湿度95％以上，CO_2分圧3～5％（大気中0.03％），O_2分圧2～3％（大気中20.9％）である。CO_2とO_2濃度を制御するためにさまざまな装置が考案され，今日では品種ごとに適したガス環境をつくり出すことが可能になっている。

CA貯蔵は，セイヨウナシやバナナなどでも実用化され，野菜など他の青果物にも利用が広がりつつあるが，環境設定は種類や品種で異なる。

❷プラスチックフィルム包装（plastic film wrapping）

今日，青果物の多くはプラスチックフィルムで包装されて，店頭に陳列・販売されている。包装資材に求められる特性は図2-V-27のようであるが，主な目的は蒸散防止と呼吸の抑制にある。密閉された空間でも果実は呼吸を続けるが，その結果O_2濃度は減少しCO_2濃度が高まる。また，最新のフィルムには特有のガス透過性があり，CO_2濃度を一定に保つことができるものもある。そのため，果実の呼吸量は抑制され，日持ちがよくなる。

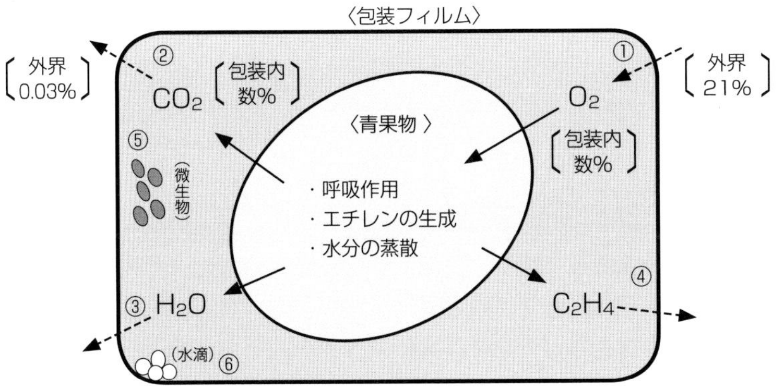

図2-V-27　青果物の包装内の条件と包装資材に求められる特性（①〜⑥）
①，②：ガスの透過性，③：水蒸気の透過性，④：エチレンの透過性あるいは吸着・分解等の特性，⑤：抗菌性，⑥：防曇（水滴で曇らないこと）。
（今西英雄編著『見てわかるシリーズ2 園芸学入門』朝倉書店，2006，p.140より引用）

もちろん，品温の上昇を防ぐことが大前提である。

果実は追熟にともないエチレンを発生し，品質の低下が進むので，エチレンをよく吸着する多孔質の資材を混合したフィルムが開発され，実用化されている。また，最近カットフルーツやカット野菜が多く出回るようになり，これらの日持ちをよくするため，CA貯蔵と同様の効果をねらった，プラスチックフィルム包装容器内のガス環境を人為的に制御する保存方法も研究されている。

フィルムではないが，イチゴやモモのように表面が軟弱で輸送中に傷害が発生しやすい果実は，物理的振動を吸収する専用プラスチックトレイが開発され，実用化されている。

VI 植物ホルモン

1 植物ホルモンとは

植物ホルモンは微量で重要な生理活性を持ち，植物の一生のさまざまな場面で作用している。発芽から成長，開花，果実の発育の過程で，環境要因，たとえば光周性などで光を一次的に感知するセンサー（受容体）からのシグナルを伝達する，セカンド・メッセンジャーとして重要な働きをする（図2-VI-1）。

人工的に合成され，発根や成長，開花促進，果実の成長・成熟などに利用されたり，逆に植物ホルモンの作用を抑制する阻害剤も開発され，鮮度保持などに利用されている。これらをまとめて植物成長調節物質（plant growth regulator）という。

植物ホルモンの作用は，他の植物ホルモンとの組み合わせや濃度，作用する器官などで反応が異なることが多い。

2 オーキシン

1 オーキシンの発見

最も早く発見された植物ホルモンである。

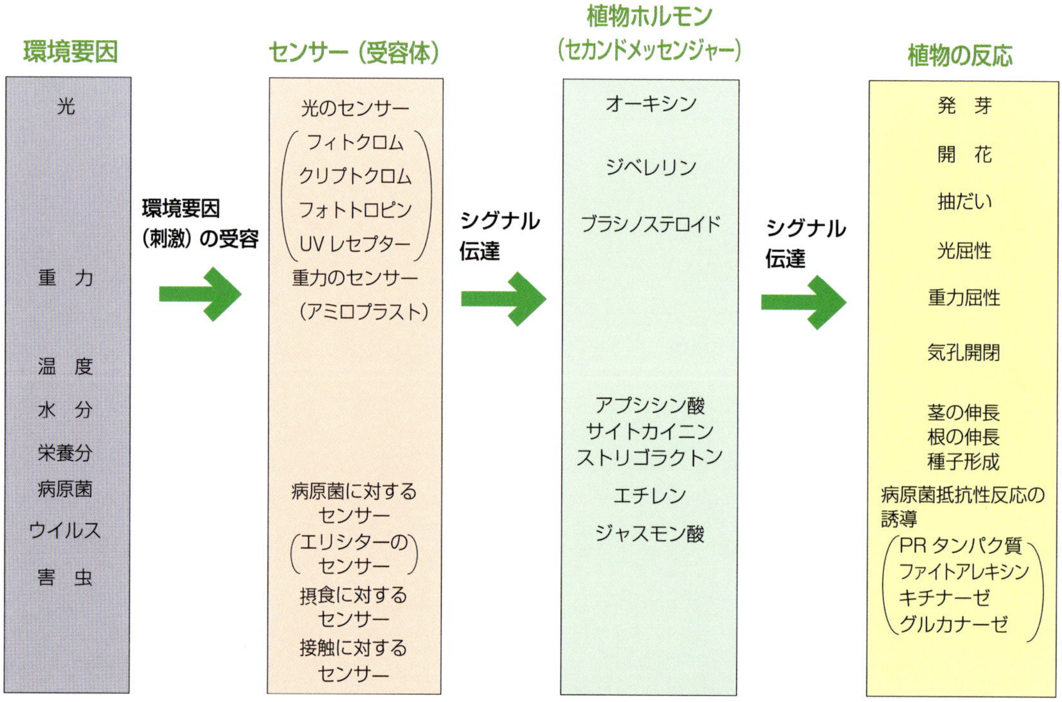

図2-VI-1　環境要因と植物ホルモン

表 2-Ⅵ-1　合成植物ホルモンの利用

植物ホルモンの種類	成分，剤名	商品名	利 用 例
オーキシン	インドール-3-酪酸（IBA）	オキシベロン	○リンゴ台木やキク，花木類の挿し木の発根促進 ○イネ苗の活着，発根促進
	エチクロゼート	エルゴー， フィガロン	○メロンのネット形成促進，果実肥大（エルゴー） ○カキの着色促進，カンキツ類の熟期促進，摘果（フィガロン）
	クロキシホナック	トマトラン	○トマト，ナスの着果・肥大促進
	4-クロロフェノキシ酢酸(4-CPA)	トマトトーン	○トマト，ナス，メロンなどの着果・肥大・熟期促進
	ジクロルプロップ	ストッポール	○ナシ，リンゴの収穫前の落果防止
	1-ナフタレン酢酸 (1-ナフチルアセトアミド，NAA)	ルートン， トランスプラトン	○花卉や庭木の挿し木の発根促進，植え傷み防止
	2,4-ジクロロフェノキシ酢酸 (2,4-D)	2,4-D	○水田除草剤（イネ科雑草を除く）
ジベレリン	ジベレリン	ジベレリン	○ブドウの無種子（たねなし）化，果粒肥大促進，ニホンナシの熟期促進 ○カンキツ類，カキの落果防止 ○イチゴの果柄伸長促進，着花数増加，熟期促進 ○トマトの空洞果防止，キュウリの肥大促進，フキ，ミツバなどの生育促進 ○シクラメン，アザレアなどの開花促進，花卉類の発芽や生育促進
サイトカイニン	ベンジルデアニン (6-ベンジルアミノプリン，BA)	ビーエー， ベアニン	○リンゴの側芽発生促進　○ブドウの花振るい防止 ○スイカ，メロンなどの着果促進 ○ナシ，キウイフルーツなどの果実肥大促進
	ホルクロルフェニュロン	フルメット	○スイカ，メロンなどの着果促進 ○ナシ，キウイフルーツなどの果実肥大促進 ○ブドウの花振るい防止，着粒安定・肥大促進
	チジアズロン		○植物組織培養など
エチレン	エテホン	エスレル	○リンゴ，カキ，モモなど果樹類やトマトの熟期促進 ○キンカン，ポンカンの着色促進 ○パイナップル，マンゴーの開花促進

植物の茎が光に向かって伸びる光屈性（屈光性ともいう）や，根が重力に向かって伸びる重力屈性（屈地性ともいう）は古くから知られており，茎や根の先端に屈性を支配する物質があると思われていた。

ダーウィン（Darwin）は1880年ごろに，植物が光の方向に向かって伸びていく光屈性を調べて，その存在について言及している。さらに，ウェンツ（Went）は急速に伸びるオートムギの子葉鞘を用いて，植物の成長物質があることを実験的に確かめた。これらの作用をする物質が，1931年に人尿と酵母から見つけられ，オーキシン（auxin）と名付けられた。その後，1946年に，高等植物に含まれている天然のオーキシンが，トウモロコシの種子から見つけられた。

2 オーキシンの構造－天然オーキシンと合成オーキシン

天然のオーキシンは，必須アミノ酸のトリプトファンから生合成され，構造はインドール-3-酢酸（IAA）（図 2-Ⅵ-2）がほとんどである。人工的につくられる合成オーキシンもあり，2,4-ジクロロフェノキシ酢酸（2,4-D）や1-ナフタレン酢酸（NAA）などがある（注1）。これらの合成オーキシンは，植物の組織培養や除草剤，発根促進剤として広く使われている（表 2-Ⅵ-1）。

〈注 1〉
オーキシンの作用を抑える抗オーキシンも合成されており，2,4,6-トリクロロフェノキシ酢酸 (2,4,6-T)，4-クロロフェノキシイソ酪酸 (PCIB) などがあり除草剤などに使われる。

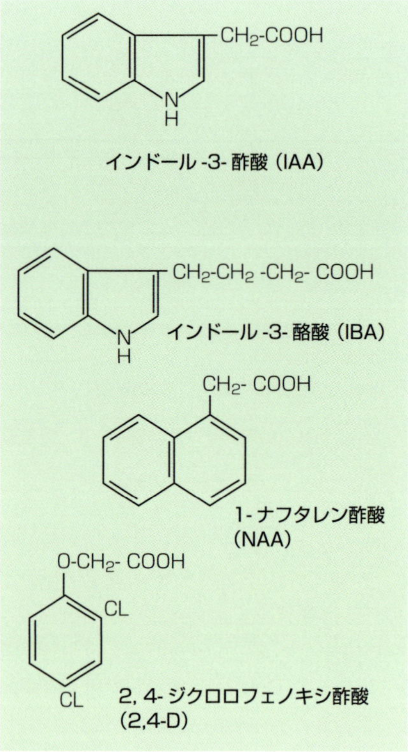

図２-Ⅵ-２
天然オーキシン（上）と合成オーキシン（下３つ）の化学構造

図２-Ⅵ-３　イチゴの果托の肥大に対する瘦果の影響
(Nitsch, 1950)
左側上段は縦に３列，下段は横に３列瘦果を残し，他を除去したところ，右側のような果実ができた。

オーキシンの十分な供給　　オーキシンの供給が減少

図２-Ⅵ-４　オーキシン濃度と離層形成
果の先端から基部へオーキシンの供給があれば離層はできないが，その供給が止まると離層ができて落果する。

3▌オーキシンの生理作用と利用

オーキシンは極性移動する性質があり，茎頂で合成され基部方向に移動する。生理作用は光屈性や重力屈性だけでなく，発芽から種子形成まで，植物の成長プログラムに深くかかわっており，頂芽優勢（第２章Ⅱ -6 参照）や細胞伸長などに広く関与している。

イチゴの果実は果托（fruit receptacle）であるが，その成長は表面にある多数の種子（瘦果（そうか）(注 2)）からのオーキシンの供給によって行なわれる。したがって，種子のできない部分は成長せず奇形果になる（図２-Ⅵ-3）。また，落葉や果実の落果時の離層形成（図２-Ⅵ-4）を抑制する作用もあり，収穫前の落果防止に合成オーキシンが利用されている。そのほか，組織培養でのカルス化（第５章Ⅰ-３参照）や不定根形成や，維管束の分化促進にも利用されている。

〈注 2〉
瘦果とは構造的には果実である。果肉がないため種子に見える。

3 ジベレリン

1 ジベレリンの発見と構造

ジベレリン（gibberellin）は，日本で発見された植物ホルモンである。イネの馬鹿苗病（注3）の病原菌を，台湾の農事試験場にいた黒沢英一が培養し，1926年にその濾液（ろえき）の中にイネを徒長させる原因物質があることを発見した。その後，籔田貞治郎らがこの物質を抽出し，ジベレリンと名付けた。

ジベレリンの仲間の一種，ジベレリンA_3（GA_3）が最初にイギリスのグループによって構造決定された（図2-Ⅵ-5）。その後，植物にもジベレリンがあることが発見され，各種植物から次々と見つけられている。ジベレリンはテルペノイド（注4）の仲間であり，その種類は130（注5）を超えている。

〈注3〉
苗が細長く異常に徒長するイネの病気で，馬鹿苗病菌がジベレリンを分泌することよって発生する。（図2-Ⅵ-6）

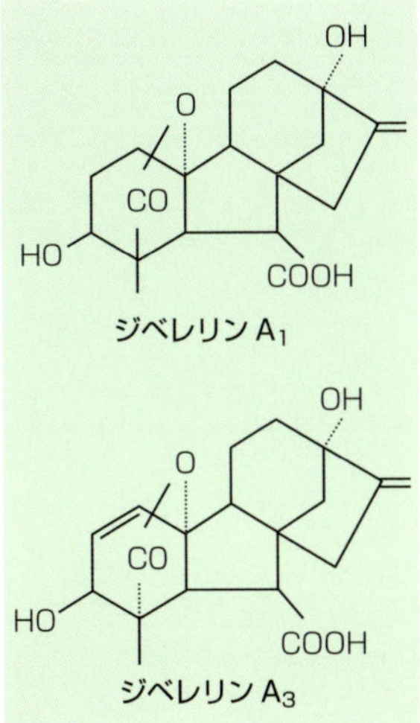

図2-Ⅵ-5
ジベレリンA_1，A_3の化学構造
A_1は生物学的活性を持った最も重要なジベレリン。A_3は容易に合成ができ，最も利用されている。A_1とA_3の違いは，炭素原子1と2の間に二重結合のあるなしのみである。

2 ジベレリンの生理作用と利用

❶茎の伸長促進

ジベレリンの生理作用は，茎の伸長促進作用が有名であるが，これは細胞伸長と細胞分裂の両方により起こり，単独よりオーキシンとの共存によって顕著な作用を示す。ロゼット状態の植物にジベレリンを処理すると，節間成長が著しく促進される。また，ジベレリンが欠損して矮性（わいせい）化した植物（突然変異体）にジベレリンを処理すると，植物本来の背丈（野生型）に回復できる。逆にジベレリンを過剰生産する突然変異体は，巨大化し背丈が高くなる（注6）。

❷休眠打破

別の重要な作用として，休眠打破がある。種子は冬の寒さを体験しないと春になっても発芽しないので，人工的に冷蔵処理して発芽させることがある（春化（しゅんか））。しかし，春化を行なわなくても，ジベレリンを休眠種子に処理すると発芽させることができる。

レタスなど光発芽種子でも，ジベレリンを処理すれば暗黒下で発芽する。フィトクロムによって光を感知して発芽するが，そのシグナルの伝達にジベレリンがセカンド・メッセンジャーとして関与しているためである。

〈注4〉
テルペン類ともいい，植物に特有な芳香の主成分である。抗菌性や抗腫瘍性のあるものが知られている。

〈注5〉
発見された順に，ジベレリンA_1（GA_1）からジベレリンA_{130}（GA_{130}）というように命名されている。

図2-Ⅵ-6　イネの馬鹿苗病
（写真提供：島根県農業技術センター）

❸その他の生理作用

ウリ類では雄花と雌花があり，オーキシンとジベレリンの比によって決まる。キュウリの花芽にオーキシンを多く処理したり，ジベレリンの働きを抑えるグロースリターダント（矮化剤）を処理すると雌花になる。逆に，ジベレリンを多く処理すると雄花になる。種無しブドウ（第2章Ⅴ-3参照）もジベレリンの利用であるが，その他表2-Ⅵ-1のような目的で利用されている。

〈注6〉
ジベレリンの生合成を阻害する化合物もつくられており，ポインセチア，キクなどの背丈を低くする矮化剤として用いられている。

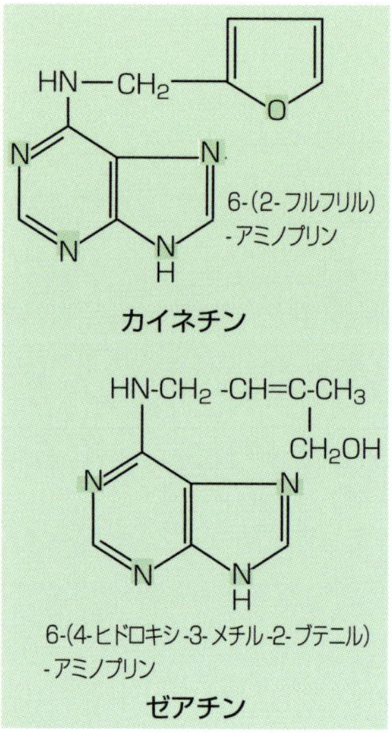

図 2-Ⅵ-7
サイトカイニンの化学構造

4 サイトカイニン

1 サイトカイニンの発見

サイトカイニン（cytokinin）は，組織培養の研究の過程で発見された。1955 年ごろスクーグ（Skoog）らは，部分分解したニシンの古い DNA に，細胞分裂を非常に促進させる効果があることを発見した。その DNA の分解物から活性物質を見つけカイネチン（kinetin）と名付けた。カイネチンは，DNA を構成している塩基のアデニンに似た構造をしていた（図 2-Ⅵ-7）。

しかし，カイネチンは植物からは発見できず，同様の効果を示す天然の化合物として初めて発見されたのが，トウモロコシの未熟種子から見つけられたゼアチン（図 2-Ⅵ-8）である。また，ココナッツミルクは細胞分裂を促進することが知られていたが，その活性成分の構造を調べるとゼアチンリボシド（ゼアチンにリボヌクレオチドがついたもの）であった。細胞分裂を促進させる作用を持つ，これらの一群の化合物をサイトカイニン（cytokinin：細胞分裂を意味する cytokinesis に由来）と名付けた（注 7）。

サイトカイニンの合成が行なわれているのは，分裂活性の高い形成層や茎頂，根端などの成長先端にある組織や若い葉である。また，ジベレリンと同様に植物病原菌によっても産生され，宿主植物に影響を与える（注 8）。

2 サイトカイニンの生理作用と利用

サイトカイニンの代表的な生理作用は細胞分裂の促進であるが，カルスの不定芽（シュート）形成で重要な役割をする。また，オーキシンの頂芽優勢によって腋芽形成が抑えられている休眠腋芽に，サイトカイニンを与えると成長が開始する。これは，オーキシンがサイトカイニンを合成する酵素の発現を抑えているためと考えられている。

サイトカイニンには，植物の老化を抑制する作用もある。葉では，サイトカイニンが多く含まれている部分に栄養分が多く集まり，老化を抑制している。いわゆる，シンクの作用を強めているのである（図 2-Ⅵ-8）。

〈注 7〉
天然サイトカイニンにはもう 1 種類イソペンテニルアデニンがあり，構造的にはゼアチンによく似ている。合成サイトカイニンには，ベンジルアデニンやホルクロルフェニュロンのほかに，フェニル尿素系のチジアズロンがあり，他のサイトカイニンと異なる作用で細胞分裂を促進する。

〈注 8〉
コルネバクテリアの仲間はサイトカイニンを分泌し，エンドウの腋芽を同時に多数出芽させて，異常成長させることが知られている。木本植物のてんぐ巣病も，菌の種類は異なるが同様の原因による。

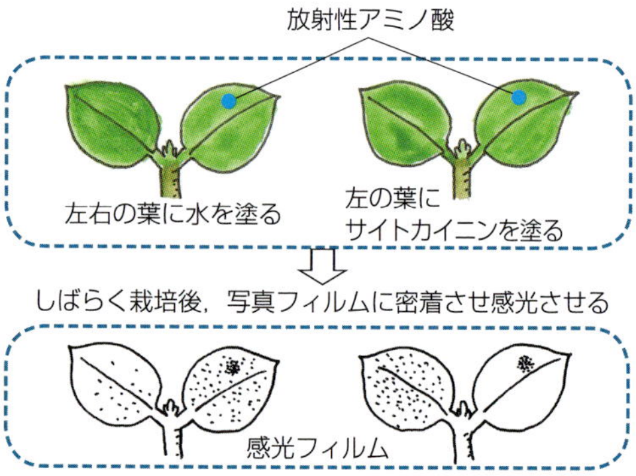

図 2-Ⅵ-8　サイトカイニンはシンク作用を強める
葉に与えた放射性アミノ酸は，サイトカイニンを塗った葉に集まる。

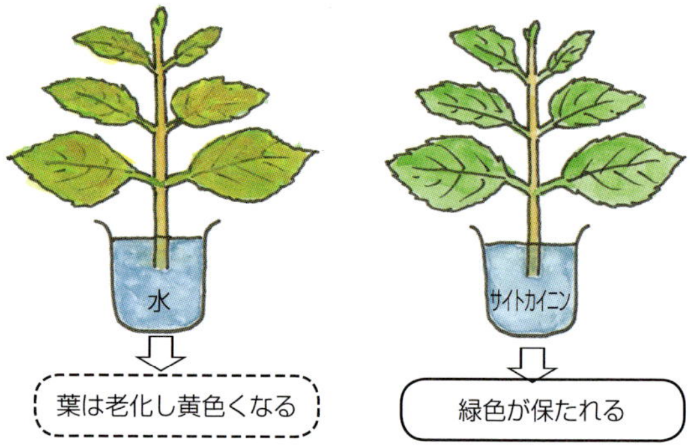

図 2-Ⅵ-9　サイトカイニンの老化抑制作用
枝を水に挿しておくと，葉は老化して黄色くなるが，サイトカイニンを添加すると老化を抑制する。

（図 2-Ⅵ-8，9：小柴共一・神谷勇治編『新しい植物ホルモンの科学』（第 2 版）講談社，2010，p.40 を一部改変）

園芸への利用は，表2-Ⅵ-1などがあるが，組織培養によるクローン苗の増殖や，バラやカーネーションの花弁の老化抑制作用も確認されている。老化抑制作用は，サイトカイニン処理によるエチレン生合成の抑制か，感受性の低下と考えられている（図2-Ⅵ-9）。

5 アブシシン酸（注9）

〈注9〉
以前はアブシジン酸と表記されていた。

1 アブシシン酸の発見

アブシシン酸（abscisic acid）は1960年ごろ，綿花の果実落下の研究をしていたグループと，ジャガイモ塊茎やカエデの冬芽の休眠を研究していた別のグループとで別々に発見された。当初，別々に命名されたが，1965年になって同一であることが判明した（図2-Ⅵ-10）ので，混乱を避けるため，統一名としてアブシシン酸（ABA）と名付けられた。

アブシシン酸はカロテノイドから合成されることが知られており，葉や根，成熟中の果実でつくられる。また，天然アブシシン酸を生産する微生物が発見され，その微生物を培養して大量に生産されている。

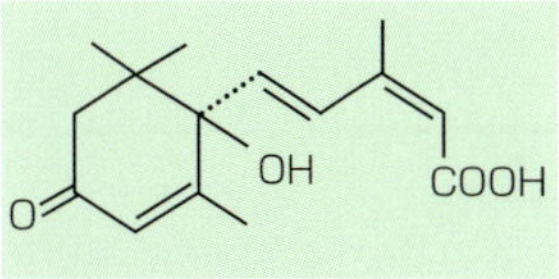

図2-Ⅵ-10
天然アブシシン酸（ABA）の化学構造

2 アブシシン酸の生理作用

アブシシン酸は，乾燥や冬の寒さなど過酷な環境に耐えるために合成される植物ホルモンである。たとえば，土壌が乾燥して水ポテンシャルがゼロになると，植物のアブシシン酸含量が増える。気孔の開閉にも関与し，葉にアブシシン酸を処理すると気孔が閉鎖する。

種子の成熟と休眠を促進する働きがあり，種子が完成してから乾燥種子になる過程を制御している。「大賀蓮」（注10）のように種子が2000年以上も休眠できるのは，アブシシン酸によって乾燥種子がつくられることが大きい（図2-Ⅵ-11）。種子の休眠には必須の植物ホルモンといえる。

〈注10〉
千葉市で遺跡の発掘中に，泥炭層から2000年以上前の古代ハスの実が見つかった。発芽を試みたところ，桃色の大輪の花を開花させることができた。栽培を試みた大賀博士の名前をとって，大賀蓮と呼ばれる。

また，アブシシン酸はオーキシンによる成長促進作用を阻害し，葉柄脱離による落葉を促進する。サイトカイニンとは逆に，葉の老化を促す作用がある。その他，花芽分化の促進，受精や結実の促進，果実の着色をよくしたり，鮮度保持を高める作用がある。アブシシン酸は肥料の吸収を促進する作用もあり，肥料登録もされている。

図2-Ⅵ-11
2000年以上休眠した種子から増えた大賀蓮の花
（写真提供：南定雄氏）

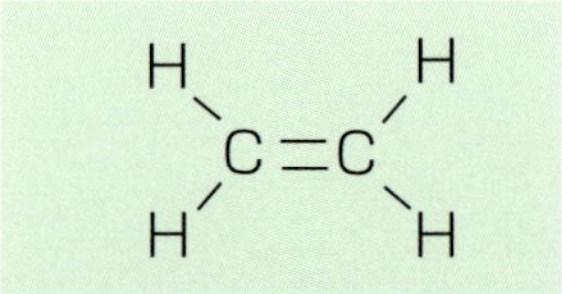

図 2 - Ⅵ - 12
エチレンの化学構造

6 エチレン

1 エチレンの発見

エチレン（ethylene、C_2H_4）はガス状の植物ホルモンである（図 2 - Ⅵ - 12）。19 世紀のヨーロッパで，ガス灯の近くの街路樹が早く落葉するのが観察され，その原因がガス灯から放出されるエチレンであることから発見された。植物からの生体物質ではなかったので，当初は植物ホルモンとしては認識されていなかった。その後，植物から天然のエチレンが発生して果実の成熟を促進することがわかり，植物ホルモンとして認められ，植物体内での生合成経路も明らかにされた。

2 エチレンの生理作用

リンゴやトマトなどのクライマクテリック型の果実では，成長が停止するとエチレンの量が急速に上昇する（第 2 章Ⅴ - 5 参照）。その結果，クロロフィル分解，呼吸増加，細胞壁の酵素的分解（注 11），芳香族物質や色素の合成など，成熟過程が誘導される。また，エチレンはエチレン自身の合成を誘導し，空気中に放出するので，他の果実も同時に成熟させる同調化が起こる。

エチレンは，病気の感染，冠水や傷害などのストレスでも発生する。病原菌に感染すると，植物の防御酵素の合成を誘導する。洪水などで冠水すると縦方向の成長を誘導し，茎を水面の上に伸ばそうとする（注 12）。

植物のエチレン生成を促進する物質にエテホンがあり，開花の促進などに用いられている（表 2 - Ⅵ - 1）。

〈注 11〉
細胞壁はペクチンとセルロースなどで構成されており，ペクチナーゼ，ポリガラクチュロナーゼ，セルラーゼなどそれぞれを分解する酵素ある。

〈注 12〉
最近のモヤシは太くて短いが，これもエチレン処理の効果である。

3 エチレン阻害剤とその利用

エチレンは果実の成熟だけではなく，花卉類のしおれにも大きく関与しており，鮮度保持にかかわる重要な植物ホルモンである。

❶エチレンの阻害－チオ硫酸銀錯塩（STS）

鮮度保持にはエチレンの阻害剤がよく使われている。チオ硫酸銀錯塩（STS）は，代表的な化合物である。切り花の鮮度保持によく使われていたが，現在は公害問題もあり，STS にかわるものが求められている。1- メチルシクロプロパン（1-MCP）はその 1 つで，エチレンの受容体に不可逆的に結合してエチレンの生合成を抑制するため，阻害効果が長く持続する。ナシなどで使われている。

❷エチレン生合成酵素の阻害－アミノエトキシビニルグリシン（AVG）

植物のエチレン生合成酵素を阻害する薬剤，アミノエトキシビニルグリシン（AVG）も開発されている。果実の追熟を制御するため，バナナやトマトなどのクライマクテリック型果実でよく用いられている。パイナップルやマンゴの開花を促進する作用もあり，農園で利用されている。

また，エチレン生合成酵素を遺伝子組換え技術で阻害して，腐りにくいトマトや，しおれにくいカーネーションなどが開発されている。

7 ジャスモン酸とサリチル酸

1 ジャスモン酸

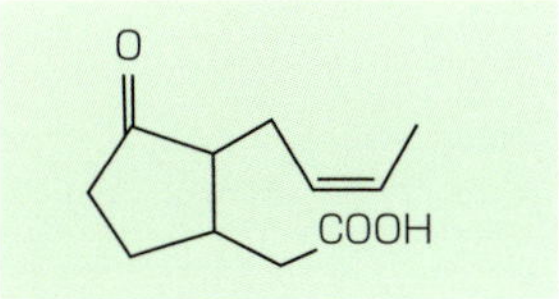

図 2-Ⅵ-13
ジャスモン酸の化学構造

ジャスモン酸（jasmonic acid）（図 2-Ⅵ-13）は，ジャスミンの香りの主成分であるジャスモン酸メチルの仲間であり，香料としての研究が長く続けられてきた。ジャスモン酸の発見は 1962 年であったが，植物ホルモンとして認識されたのは 1970 年代になってからである。

害虫に葉を食べられると，プロテアーゼインヒビターという，害虫の消化酵素の働きを阻害するタンパク質が生合成される。そのため，害虫は消化不良を起こし，その植物の葉を食べることを嫌うようになる（忌避作用）。ジャスモン酸を葉に処理すると，これと同じことが誘導され，害虫の摂食ストレスが起こることが明らかにされた。しかもこの情報は食害を受けていない葉にも伝達され，一斉にプロテアーゼインヒビターが生合成され，植物体全体が害虫の食害から守られる（図 2-Ⅵ-14）。

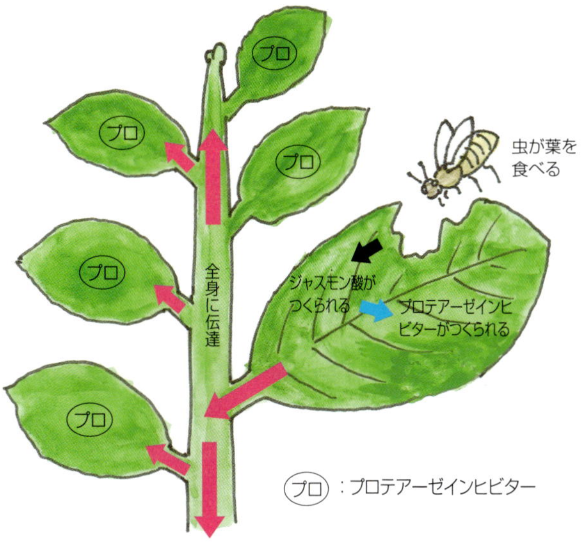

図 2-Ⅵ-14　食害によるジャスモン酸の発生と全身抵抗性の発現
ジャスモン酸が植物全身に伝わり食害の情報を伝え，全身でプロテアーゼインヒビターがつくられる。

病原菌への防御も同様であり，病原菌が感染するとジャスモン酸の蓄積が起こり，病害に対する抵抗性遺伝子の発現が誘導される。植物はジャスモン酸を通して情報を全身に伝え，ストレスに対応しているのである（注 13）。これ以外にも，老化や離層形成の促進，花の形態形成などにも関与することが知られている。また，ジャスモン酸の一種，チュベロン酸はジャガイモ塊茎を誘導する物質として知られている。

〈注 13〉
システミック応答といい，体の一部で受けた情報が全身に伝わり，結果として全身で対応すること。

2 サリチル酸

サリチル酸（salicylic acid）（図 2-Ⅵ-15）はジャスモン酸とは異なる化合物であるが，植物の病原菌抵抗性で同様の働きをする。カビ，細菌，ウイルスなどに攻撃されるとサリチル酸の濃度が高まり，その情報が植物体全体に伝わる。その結果，過敏感反応や全身獲得抵抗性（第 4 章Ⅱ-1 参照）に関係するタンパク質（PR タンパク質　pathogen-related protein）が合成され，病原菌から植物を守る。

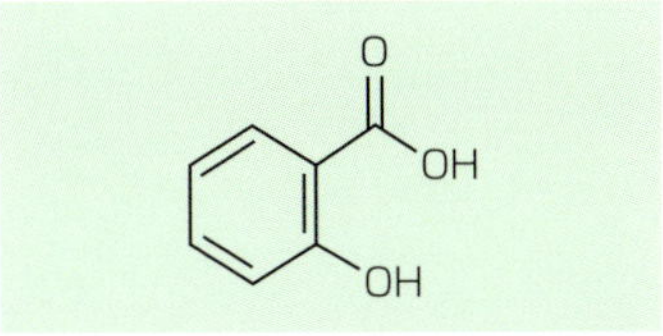

図 2-Ⅵ-15　サリチル酸の化学構造

8 ブラシノステロイド

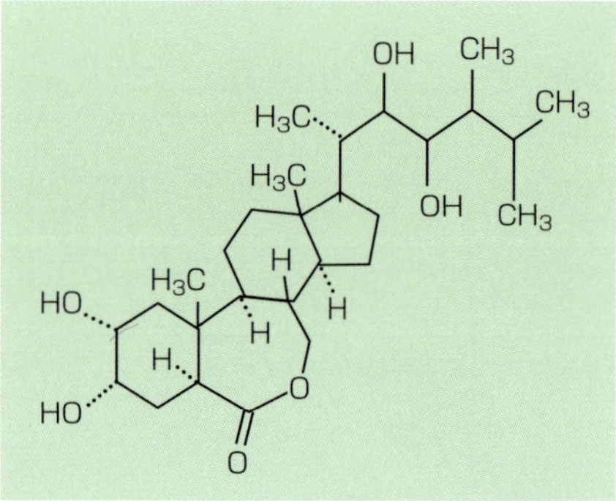

図2-Ⅵ-16　ブラシノステロイドの化学構造

ブラシノステロイド（brassinosteroid）は，植物のステロイドホルモンとしては初めて，アブラナの花粉からインゲンマメの成長を促進する物質として発見された（図2-Ⅵ-16）。

ブラシノステロイドは，植物の胚軸や節間の伸長を促進する作用があり，欠損すると太く短くなる。オーキシンとの相乗作用があり，ともに作用すると伸長促進効果が大幅に強化される。葉の成長も促進する。発芽も促進するが，これはアブシシン酸の発芽抑制作用を抑えるためと思われる。果実の成熟にも必要で，欠損すると種子が小さくなったりいびつになる。一方，根の成長は低濃度では促進されるが，高濃度では抑制される。

耐病性や耐暑性，耐寒性を高める作用もあり，これはエチレンやジャスモン酸の生合成に影響を与えるためと思われる。組織培養ではサイトカイニンと同じ働きをし，オーキシンと合わせて作用させると細胞分裂を促進する。

9 ストリゴラクトン

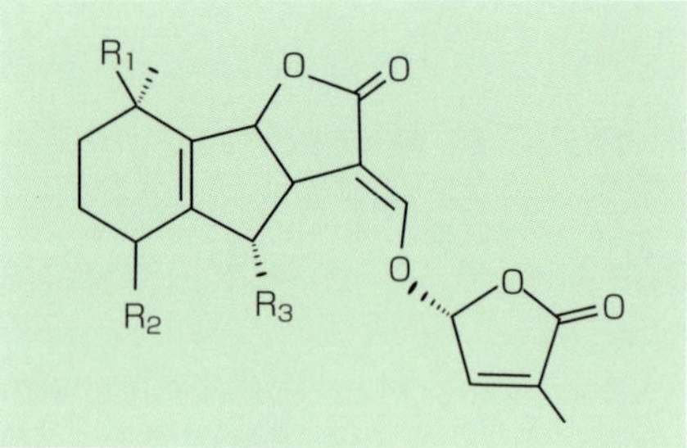

図2-Ⅵ-17　ストリゴラクトンの化学構造
Rは-OHなどいろいろある。

ストリゴラクトン（strigolactones）は，枝分かれを抑制する植物ホルモンで，過剰に枝分かれするシロイヌナズナの突然変異体の解析によって確認された。ストリゴラクトンそのものは，ストライガという寄生植物の種子の発芽を刺激する物質としてすでに発見されていた（図2-Ⅵ-17）。生理作用は枝分かれの抑制で，オーキシンの頂芽優勢と似ているが，ストリゴラクトンは根で，オーキシンは頂芽で生産されている。ストリゴラクトンは根で生産されて地上部を支配しており，オーキシンとは伝達系が異なる。

第3章

養分の吸収・光合成と転流・利用

I 植物の成長と水の役割

〈注 1〉
多くの植物では，新鮮重の10%前後が乾物（dry matter）である。乾物の約90%は有機物で，約5～10%が無機物である。有機物の多くは炭水化物で，次いでタンパク質，脂質からなる。これらは，植物の生存・維持に欠かせない役目をになっているが、水がなくてはその役目をまっとうできない。細胞の代謝活性がきわめて高い，若い組織で含水率が高い傾向にあることからも，水の重要性がうかがえる。

1 植物の生育に欠かせない水

1 植物にとっての水

植物にとって水は，生体維持のためになくてはならない要素であり，さまざまな重要な働きをしている。植物の種類や生育段階，部位や器官などで，含まれている水の量は異なる（表3-Ⅰ-1）。

比較的若く活性の高い組織や細胞で構成されている草本植物（herbaceous plant）の含水率は約80～90%と高く，木質組織の割合が高い木本植物（woody plant）では約50～80%と低い。

水は，代謝がさかんに行なわれている若い組織や細胞で多く必要とされ，含水率は生育の初期段階で高く，生育が進むとともに低下する（注1）。

表3-Ⅰ-1　植物の各器官における含水率

器官		植物種	含水率(%)
根	根端部	オオムギ	93.0
	直根	ニンジン	74.8
	根	ヒマワリ	88.2
茎	茎頂	アスパラガス	88.3
	茎（7週齢）	ヒマワリ	87.5
葉	内葉	レタス	94.8
	葉（7週齢）	ヒマワリ	81.0
	熟した葉	キャベツ	86.0
	熟した葉	トウモロコシ	77.0
果実		トマト	94.1
		メロン	92.1
		イチゴ	89.1
		リンゴ	84.0
種子		スイートコーン	84.8
		飼料用コーン	11.0
		オオムギ	10.2
		ラッカセイ	5.1

Kramer, P. J.（1983）Water Relations of Plants, New York, Academic Press.

2 植物の進化と水制御システム

植物は，太古，海中から陸上に進出したときから，水を有効利用するためのシステムを進化させてきた。

植物が上陸した当時の陸域は，オゾン層により紫外域が無害化された太陽光に満ちていたが，水中と異なり利用可能な水の量には限りがあった。動物とは異なる生存戦略を選んだ植物は，芽生えたその場を動けないので，生涯を通して過酷な水ストレス（water stress）に適応（adaptation）する必要に迫られてきた。

植物は，その進化のなかで，土から効率的に集水できる根を発達させるとともに，集めた水を過不足なく利用できるよう，体内の必要水量に基づいて排水量を決定する気孔（stomata）も備えた。

植物体内に取り込まれた水は，光合成（photosynthesis）の材料となりつつ，あらゆる溶媒を溶かして物質の運搬をにない，生育旺盛な器官・組織の代謝を促す一方，休眠が必要な種子や骨組みの役目をはたす木化組織（lignified tissue）からは水を排するなど，さまざまな場面や環境に適した水の配置を精密に制御するシステムを構築した。

表3-Ⅰ-2
1株の植物が成長期に蒸散で失う水の量

植物種	水量（ℓ）
ササゲ	49
ジャガイモ	95
コムギ	95
トマト	125
トウモロコシ	206

Ferry, F. J.（1959） Fundamentals of Plant Physiology, New York, Macmillan Publishing Company.

2 水の性質と移動の原則

植物をとりまく水の動向を把握することは，農業上非常に重要である。水の動向の把握には，基本的な水の物性をふまえたうえで，「水のふるまい」について理解する必要がある。

1 水の性質－水分子の３つの基本性質

❶すぐれた溶媒－水は極性分子

水の分子は，２つの水素原子と１つの酸素原子から成り立ち，酸素原子を中心に，104.5 度の角度で水素原子が共有結合（covalent bond）(注 2) している。酸素原子は水素原子より電気陰性度（electronegativity）(注 3) が大きいので，共有結合に使われている電子は酸素原子側に引きつけられている。これによって，酸素原子側ではマイナスに，水素原子側ではプラスに帯電し，水は極性分子（polar molecule）(注 4) としてふるまう（図 3 - Ⅰ - 1)。

その結果，水素原子と周囲のマイナスイオン，また酸素原子と周囲のプラスイオンが，弱い静電的な引力によって水素結合（hydrogen bond）して水分子とともに行動する（図 3 - Ⅰ - 1）。これが，水が他の物質をよく溶かし，優れた溶媒として機能する理由である。また水分子は、イオンに限らず，極性を持つあらゆる固体にも誘引されやすく，細胞壁やガラスのような固体表面に付着（adhesion）しやすい。

❷凝集力と表面張力－水分子同士の水素結合

極性分子である水は，水素結合で互いを誘引しており（図 3 - Ⅰ - 1)，凝集(cohesion)しやすい性質がある。水の凝集力は水の引っ張り強さ(tensile strength）を生み，その性質は，植物の根が水を吸収するメカニズムに大きく寄与している。蒸散が行なわれる「葉」と土中から水を吸収する「根」は，連続した水柱でつながっており，これらの水の連続性は水の凝集力に基づいている。

水が凝集しやすい性質は，空気 / 水の界面でも特殊な影響力を持つ。気体の水（水蒸気）に比べて，液体の水では隣接する水分子同士が強く凝集する。この不均等な引力によって，液体の水表面では表面積が最小になるように力が働く。表面積の最小化は，互いの水素結合を切る結果につながり，それにはエネルギーの供給が必要になる。このエネルギーを表面張力（surface tension）とよび，水は、他の物質に比べてきわめて高い値を示す（表 3 - Ⅰ - 3)。

❸大きな比熱

重さのあるすべての物質には，一定の温度を上げるために必要な固有の熱エネルギーがあり，それを比熱（specific heat）とよぶ。水の比熱は，他の溶媒に比べて極端に大きい。物質に熱を加えると，その熱の大きさに応じて物質を構成する分子は速く大きく振動するが，水の場合は水素結合を切る必要がある

〈注 2〉
原子と原子が互いの電子を共有することによって生じる化学結合で，結合力はたいへん強い。

〈注 3〉
分子内の原子が電子を引き寄せる能力を数値で表わしたもので，大きいほど電子を引きつける力が強いことを示している。

〈注 4〉
分子内にマイナスの電荷を帯びる箇所とプラスの電荷を帯びる箇所がそれぞれ別に存在する分子。極性分子同士（水やエタノールなど）は，互いに混じりやすい性質がある。

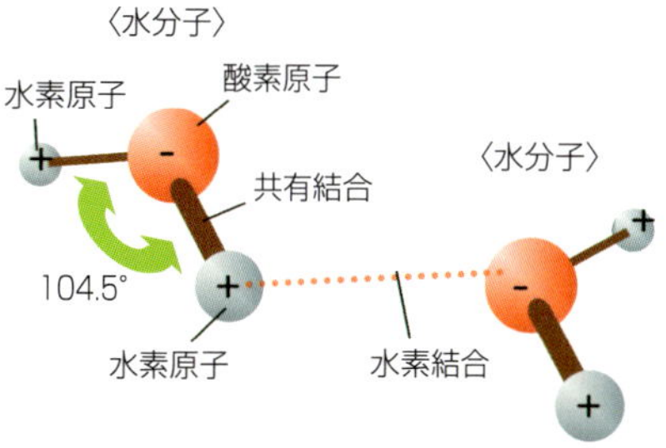

図 3 - Ⅰ - 1　水の分子モデル

表 3 - Ⅰ - 3
20℃のときの各種物質の表面張力

物質名	表面張力（10^{-3}N・m^{-1}）
ヘキサン	18.42
エタノール	22.27
メタノール	22.55
酢酸	27.70
ベンゼン	28.86
水	72.75

（国立天文台編『理科年表 平成 23 年』東京，丸善）

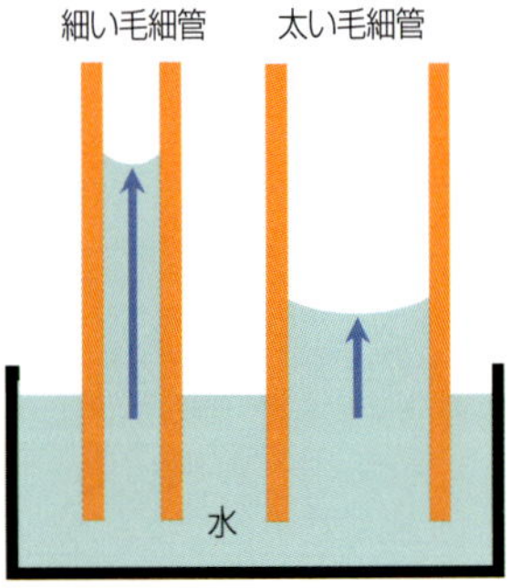

図3-I-2
毛管現象による水の吸い上げ
（模式図）
管内の液面は管壁に触れている水の付着力により湾曲するが，水の表面張力はこれを平らにしようと作用し，液面全体としては上方に引っ張られる。引っ張られる水の重さは，管が太いほど重くなるので，水が引き上げられる高さは低くなる。

ので，温度を上げるためには多くの熱エネルギーが必要で，他の溶媒にはない「大きな比熱」という性質が生み出される。

水が液体から気体へ変化するときにも多くの熱エネルギーが必要であるが（気化潜熱（latent heat of vaporization）とよぶ），「大きな比熱」はこの現象にも影響している。これら水の熱力学的性質は，植物体の温度変化の緩慢化や，葉の蒸散（transpiration）による太陽からの入射熱の放熱といった，植物体中で水がはたすいくつかの重要な役割の鍵となっている。

2 水のふるまい－水分子の４つの基本動態

❶毛管現象

固体表面への付着や表面張力，凝集力といった水特有の性質によって，毛管現象（capilarity）が起きる。

垂直に立てたガラス毛細管の入り口に触れた水分子には，❶極性をもつガラス管内表面へ付着する力が働き，❷管内の液面では，空気－水界面の面積を最小にしようとする表面張力によって，吸い上げられる。❸水分子が上方に引っ張り上げられるときは，水の凝集力が働き，水分子が一体となった「水柱」として吸い上げられる。水柱は，その重さと❶～❸の合力がつり合う高さまで，ガラス管内を上昇する。これが毛管現象で，管が細いほど，水柱は高く上昇する（図3-Ⅰ-2）。

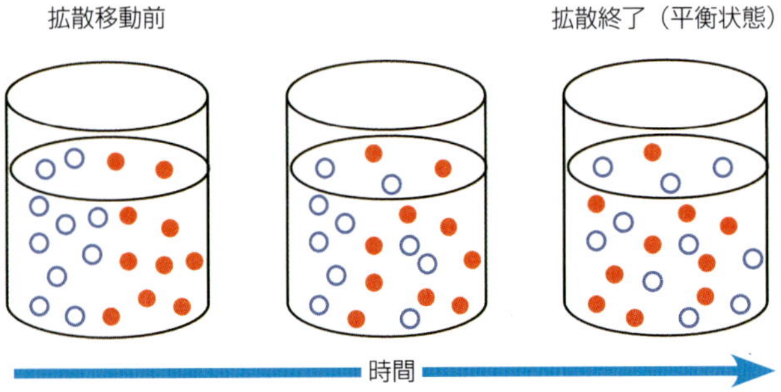

図3-Ⅰ-3　**水中での拡散による溶質の移動**（模式図）

❷拡散

液体の水分子はたえず小刻みに動いている（ブラウン運動（Brownian motion）とよぶ）。水に糖類などの溶質（solute）が溶け込んでいる場合，小刻みに動く水分子間の溶質分子は，溶質の濃度が高いところから低いところへ徐々に移動する（図3-Ⅰ-3）。これを拡散（difusion）とよぶ。溶質の拡散時間は移動距離の２乗に比例するので，移動距離が長い輸送には不向きな反面，濃度勾配が大きく短い距離では，最も効率的に移動できる。

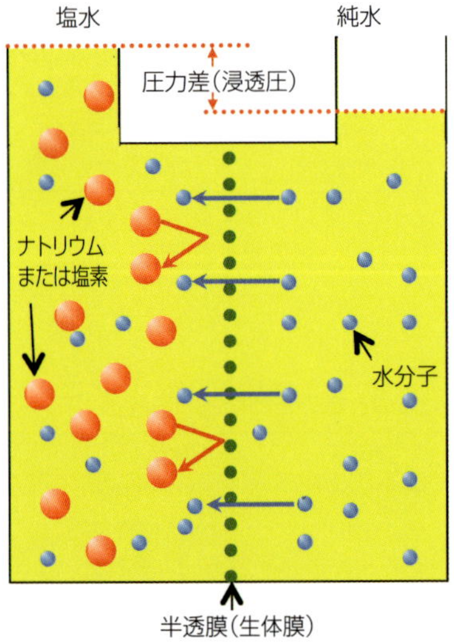

図3-Ⅰ-4　**浸透での溶媒（水分子）の移動**（模式図）

❸体積流

凝集した水分子の集合体が，一体となって流れる動きを体積流（bulk flow）とよぶ。拡散が溶質の濃度差に大きく影響を受けるのに対し，体積流は圧力差が引き金となって起こる。体積流の速度は，流れる管の太さと圧力差に比例し，液体の粘性に反比例する。体積流の考え方は，植物体中の道管（vessel）や細胞膜の外環境であるアポプラスト（apoplast）（104ページ，2-❷-ⅲ参照）中，または土壌中の移動など，水の長距離輸送の多くを説明できる。

とくに，根による吸水から葉への体積流のことを，その駆

表3-Ⅰ-4　水ポテンシャルの種類

種　類	略号*	内　容
溶質ポテンシャル solute potential (別名：浸透ポテンシャル osmotic potential)	ψ s	水に溶けている物質の浸透的な影響を示し，溶液の温度と溶質の濃度に左右される。値にはマイナスの符号がつき，温度が高まれば，また溶質の濃度が濃ければ，マイナスの方向に低くなる。
圧ポテンシャル pressure potential (別名：静水圧 hydrostatic pressure)	ψ p	水にプラスの圧力（陽圧）がかかると増加し，マイナスの圧力（陰圧）がかかると減少する。土中では，土が十分に水を含んでいるとき（飽和時）のみ陽圧が発生するが，土が乾燥気味のとき（不飽和時）は，後述するマトリックポテンシャルに起因して陰圧となる。
重力ポテンシャル gravitational potential	ψ g	主に水が存在する高さに影響を受ける。垂直距離で10mに位置する水の重力ポテンシャルは0.1MPaに相当する。樹高の高い樹木の場合には考慮されるが，草本性植物内や組織細胞レベルで考える場合は通常省く。
マトリックポテンシャル matric potential	ψ m	水の毛管現象に起因する圧ポテンシャルの一種。乾燥した土壌や植物中の毛細管などの狭い間隙に水が吸着されると，この影響で結果的に水が移動しにくくなり，陰圧を生む。
水ポテンシャル water potential	ψ w	溶質ポテンシャル，圧ポテンシャル，重力ポテンシャル，マトリックポテンシャルの総和：ψ w ＝ ψ s+ ψ p+ ψ g+ ψ m　として表わされる。

注）* 水ポテンシャルの略号には，一般的に，ギリシャ文字のψ（プサイ）が用いられ，各ポテンシャルの英名イニシャルをとり，表記される。

動力である蒸散の名をとり，「蒸散流（transpiration stream）」とよぶ。

❹浸透

生物の細胞を取り囲んでいる生体膜（plasmamembrane）は，細胞の内外に向けて，選択的に物質を通過させる能力（selectively permeability）を持つ（図3-Ⅰ-4）。浸透（osmosis）は，溶液中に生体膜がある場合，膜内外の溶質濃度差（拡散での駆動力）および圧力差（体積流での駆動力）の両方の影響を受けて，水や分子量の小さい物質を受動的に通過させる。基本的に，植物細胞内外への水の出入りは，浸透現象によって左右される。

3 水ポテンシャル

水分子特有の3つの基本性質（極性分子，水素結合，大きな比熱），そしてそれらに基づいた4つの基本動態（毛管現象，拡散，体積流，浸透）は，実際の水の動きを把握するうえで重要である。さらに，これらの動態を網羅的に理解するためのツールとして，水ポテンシャル（water potential）の概念が生み出された。

❶細胞の水収支

水ポテンシャルとは，熱力学的な考え方から，水の自由エネルギー（free energy）（注5）を表わした圧力（単位：Pa（パスカル））または体積当たりのエネルギー（単位：J/m^3）の指標であり，植物体内や土中を動く水，大気中に放出される水など，あらゆる水の動きを一様に表わすことができる。

原則として水は，水ポテンシャルの高いところから低いところへ移動する。水ポテンシャルは，その性質によって大きく4つに分類され、総合的な水ポテンシャルは，これらの合算値として表わされる（表3-Ⅰ-4）。基本的に，植物細胞の水収支は，細胞外の溶液の溶質濃度の変化に大きく影響を受けるが，その変化は，水ポテンシャルを考えることによって説明できる（図3-Ⅰ-4）（注6）。

〈注5〉
物理や化学の分野に共通する，物質の内部的なエネルギーを表わす指標の一種。原則として，物質の変化は自由エネルギーがより低い方向へ進む。

〈注6〉
図3-Ⅰ-4では，単浸透膜としての機能をもつ生体膜を想定し，物理法則にしたがった受動的な水収支を説明している。しかし，実際の生体膜には，エネルギーを消費して能動的に細胞内外の物質の出入りをになう「ポンプ」があり，水ポテンシャルの勾配にさからって輸送が行なわれることがある。光合成産物が植物体の各器官へ送られるときの転流の過程で，ポンプは重要な働きをになうが，その詳細については，第3章Ⅲ-4を参照されたい。

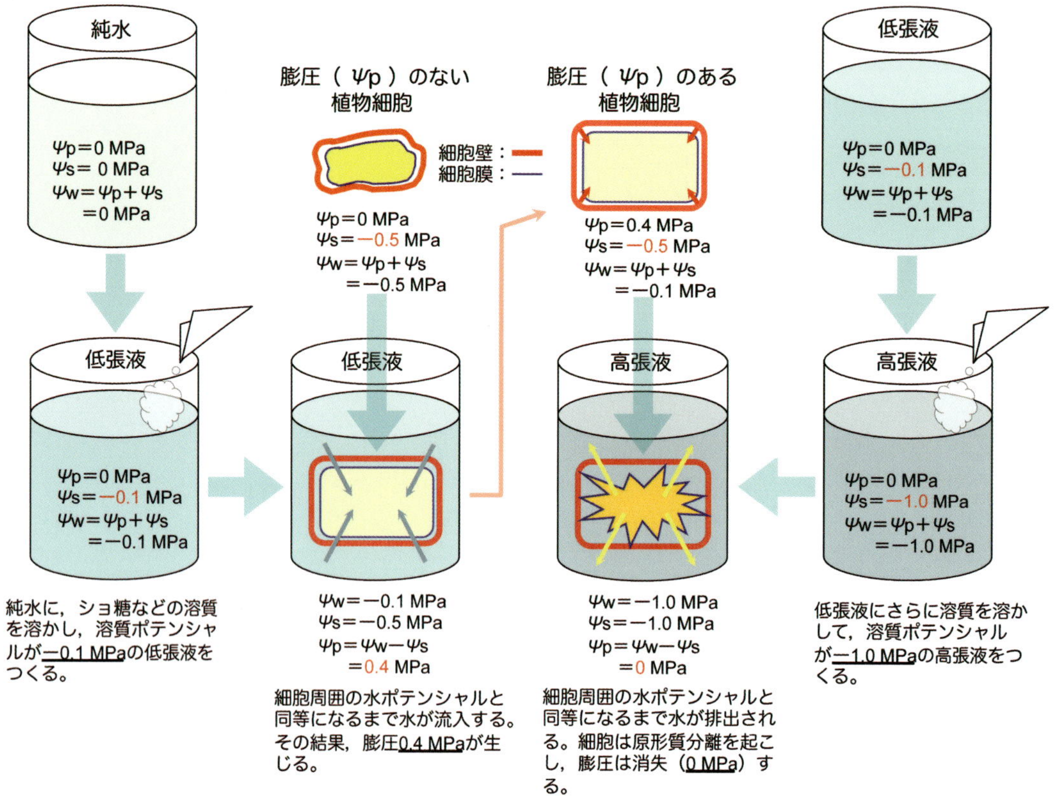

図 3-Ⅰ-5　水ポテンシャルの概念で説明する細胞内外への水の動きと膨圧の有無

図中のΨp（圧ポテンシャル）とΨs（溶質ポテンシャル），およびその和であるΨw（水ポテンシャル）は，先述の表 3-Ⅰ-4 の説明に準ずる。

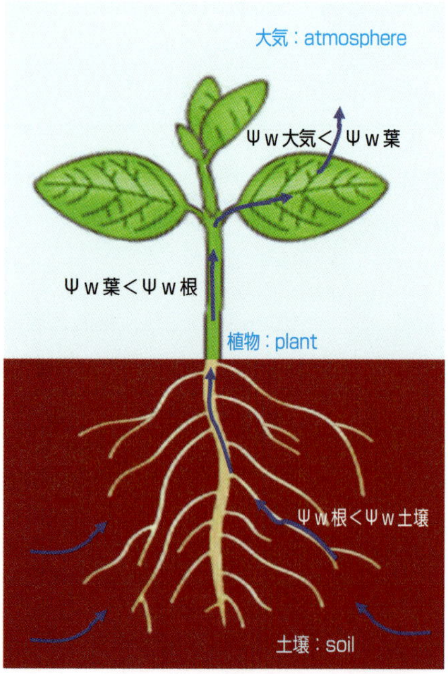

図 3-Ⅰ-6　SPAC（土壌－植物－大気連続体）モデルの概略図

SPAC：soil-plant-atmosphere continuum.

❷膨圧

水は，細胞内外への出入りのたびに，細胞膜と細胞壁を通過する必要がある。ただし，一般的に水分子のサイズは細胞壁繊維の隙間より十分に小さいので，細胞外への水の流出は，生体膜の通過について考えればよい。

しかし，細胞内へ水が流入する場合は，細胞が元々の細胞サイズ以上の量の水を取り込もうとすると，細胞壁が細胞を内側方向へ締めつけるので，細胞を内側に向かって抑える力が生じる。これを膨圧（turgor pressure）とよび，細胞壁をもっている植物細胞に特有の現象である（図 3-Ⅰ-5）。

3　水の土壌－植物－大気連続体

もっとマクロな視点で，植物をとりまく水の動きをみてみよう。水は根から吸収され，茎を通って葉に輸送され，最終的には葉から大気へ放出される。この一連の水系（hydraulic system）を土壌－植物－大気連続体（SPAC: soil-plant-atmosphere continuum）とよぶ（図 3-Ⅰ-6）。

SPAC による水の動きも，水ポテンシャルの概念で説明できる（表3-Ⅰ-5）。

1 土中の水

❶土中での水の移動と水ポテンシャル

まず，土壌の水ポテンシャル（Ψw土壌）は，溶質ポテンシャル（Ψs土壌）と圧ポテンシャル（Ψp土壌）に分けられる。しかし，塩類集積土のように溶質濃度がきわめて高い土壌を除き，ほとんどの土壌では溶質濃度が低く，SPACを考えるうえで土壌の溶質ポテンシャルは無視してもよいレベルである。そのため，通常の畑作土壌の水ポテンシャルは，圧ポテンシャルと同じ（Ψw土壌 ≒ Ψp土壌）と考えてよい。

したがって土中の水は，主に圧力差を駆動力とした体積流として移動する。水で飽和された土壌の圧ポテンシャルはほぼ0であるが，土壌表面からの蒸発や，植物の根による吸水などで局所的に水が失われると，そこでは失われた水の量だけ圧ポテンシャルがマイナスとなり，陰圧状態となる。一方，水が失われていない土壌の圧ポテンシャルは高いままなので，水柱の両端で圧力勾配が生じた場合と同様，ポテンシャルが低い方向に水が移動し，水を失ったエリアに水が補充される。

土中の陰圧は，水の毛管現象に由来する。土壌が乾燥する過程で，水は土壌粒子に付着しながら土壌粒子間の狭いすきまに後退してゆき，陰圧を生じさせる。この陰圧はマトリックポテンシャルとよばれ、土壌の乾燥程度が激しいほど，および土壌粒子が細かいほど，値はマイナスの方向に小さくなる（陰圧が大きくなる）。

水は常に，水ポテンシャルの高いところから低いところへ移動するので，植物が土から水を吸収し，最終的には大気へ蒸散するが，水ポテンシャルが「Ψw土壌＞Ψw植物＞Ψw大気」の関係にあれば，植物は無理なく水を利用できる（表3-Ⅰ-5）。しかし、土壌が乾燥してくると，マトリックポテンシャルの影響で，植物は土から水を吸い上げることができなくなりしおれてしまう。土壌の水ポテンシャル（Ψw土壌）が，植物の溶質ポテンシャル（Ψs植物）と同じかそれ以下になる場合，その水ポテンシャルを永久しおれ点（permanent wilting point）とよぶ。

塩類が集積した土のように土壌の溶質濃度がきわめて高い場合は，ポ

表3-Ⅰ-5　SPACモデルにおける各地点の水ポテンシャル値（MPa）の例

地点	詳細な地点	水ポテンシャル ψw	溶質ポテンシャル ψs	圧ポテンシャル ψp	重力ポテンシャル ψg
大気	外気	-95.2			
葉（高さ10mの地点）	空気間隙	-0.8			
	細胞壁	-0.8	-0.2	-0.7	0.1
	葉肉細胞内（液胞）	-0.8	-1.1	0.2	0.1
	木部	-0.8	-0.1	-0.8	0.1
根	木部	-0.6	-0.1	-0.5	0.0
	皮層細胞内（液胞）	-0.6	-0.1	0.5	0.0
土壌（やや乾燥気味）	根の直近	-0.5	0.1	-0.4	0.0
	根から1cm離れた箇所	-0.3	-0.1	-0.2	0.0

Nobel, P.S. (1999) Physicochemical and Environmental Plant Physiology, 2nd ed. San Diego, CA. Academic Press.

〈注7〉
葉など体表面から，雨や空気中の水分を吸収して生育する植物の総称。根は，吸水や養分吸収の機能を持たず，藻類の仮根のように，樹木や岩に着生するためについている。

図3-Ⅰ-7　ダイコン芽生えにみられる根毛

〈注8〉
植物の細胞壁表層に分泌されるろう状の不飽和脂肪酸重合体で，水をはじくなど植物体を防護する作用を持ち，一般にコルク化を誘導する。また，木化を誘導する疎水性重合体リグニン（lignin）も，植物によっては外皮や内皮に蓄積し，水の移動を妨げる場合がある。

テンシャル勾配によって植物から水が奪われ，土中に多くの水があるにもかかわらず，永久しおれ点に達する場合もある。

2 根による水の吸収

❶根は植物の給水口

空気中の水分で生育できるエアプランツ（airplants）(注7)，水中で生育する藻類などの例外を除けば，根は，植物の主な吸水口である。根がどのように吸水して，茎や葉に水をどのくらい供給するかは，植物の成長を決定づける要因の１つである。

根の表面には，表皮細胞が変形した根毛（root hair）がつくられる（図3-Ⅰ-7)。根毛によって根は，より多くの表面積を水に接触させることができるので，根毛のない根に比べ多くの水や無機要素を吸収できる。

❷根から中心柱への３つの経路

根毛表面（もしくは根表皮細胞）にまで達した水は，以下の３つの経路で根表面から中心柱（木部道管・師部）まで輸送されると考えられている（図3-Ⅰ-8)。

i)　シンプラスト（symplast）経路：生体膜の内側であるシンプラスト，すなわち細胞質中を移動する経路である。最初に細胞膜を横断して細胞質に入り，その後細胞同士の連絡口である原形質連絡（plasmodesmata）を通って細胞から細胞へ移動する経路である。

ii) 膜横断（transmembrane）経路：細胞膜から入り細胞膜から出ていく。すなわち，細胞を横断移動する。

iii) アポプラスト（apoplast）経路：生体膜の外側，アポプラスト（細胞壁および細胞間隙沿い）を移動する経路である。細胞壁や細胞間隙にあるすきまは水の分子サイズよりも十分に大きく，上記２つに比べて抵抗の少ない経路と考えられるが，内皮（endodermis）まで到達した水は，カスパリー線（casparian strip）とよばれる疎水性のスベリン（suberin）(注8) の帯状沈着構造に阻まれる。カスパリー線を越えるには，膜横断経路でいったんシンプラストに入る必要がある。

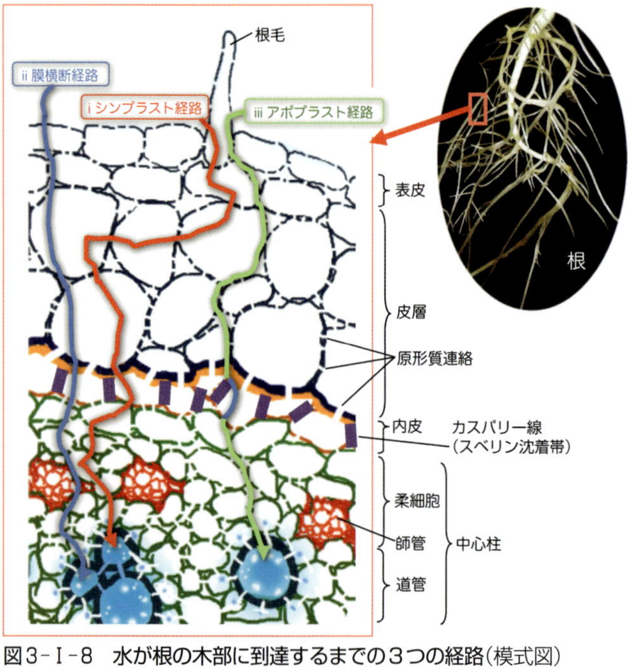

図3-Ⅰ-8　水が根の木部に到達するまでの３つの経路（模式図）

❸根の給水の仕組み

根の吸水は，葉からの蒸散（大気への水放出）と，それにともなう体内静水圧の減少を駆動力とした，水の体積流によって行なわれる。したがって，蒸散が低下すると，圧ポテンシャルによる吸水は減少する。

しかし植物は，静水圧が減少する夜間にも吸水できるシステムを持っている。この給水には，吸収した無機イオンを木部に蓄積させた溶質ポテンシャルの勾配を利用し

アクアポリン（水チャネル）と水の膜通過

水の基本的な物理動態である浸透・拡散でも，水分子の膜通過を説明しうるが，多くの植物細胞では，その理論値に対し数十倍の水透過性が測定されており，その不一致が指摘されていた。そんななか，生体膜での水透過を制御する遺伝子，水チャネル（water channel）をコードする遺伝子が，1992年にヒトの赤血球で発見された。

チャネルとは，生体膜上にある，ある特定の分子を通す孔をさし，水チャネルとは，水に限定して生体膜を通す孔のことである（水以外の低分子物質も通すことがある）。水チャネルの実体は生体膜貫通型タンパク質であり，水（aqua）と孔（pore）の造語からアクアポリン（aquaporin）とよばれる。

植物でも，翌年（1993年）に同遺伝子の発見がなされ，現在では，シロイヌナズナやイネ，トウモロコシ，オオムギ，トマトなどで，30種類以上ものアクアポリン遺伝子が見つかっている。

ている。濃度勾配により水を受動吸収した結果，根の木部内は陽圧となるが，溶質蓄積に由来するこの陽圧のことを根圧（root pressure）とよぶ。

オオムギやイチゴなどで，早朝に葉の縁に水滴が観察されるが，これは溢液現象（guttation）といい，根圧によって夜間の吸水が進み，葉の排水組織（hydathode）から排水された結果である（図3-Ⅰ-9）。

図3-Ⅰ-9
イチゴの葉でみられる溢液現象
（写真提供：赤松富仁氏）

3 木部による水の輸送

❶道管要素と仮道管の構造と輸送

根の表面から木部導管へ達した水は，師部転流後に再利用される水も加わり，体積流に乗って，根や茎の木部を葉に向かって流れていく。木部では，水は抵抗の少ないパイプのような管を通る。そのパイプには，主に被子植物にみられる太くて短い道管要素（vessel element）と，被子植物，裸子植物，シダ植物などにみられる細くて長い仮道管（tracheid）がある（図3-Ⅰ-10）。

道管要素は，上下にある穿孔板（perforation plate）でつながり，道管（vessel）がつくられる。穿孔板があるので，水は小さい抵抗で道管内を流れることができる。仮道管には道管要素のような穿孔板はないが，側面に多数の壁孔（pit）が開いており，隣接する仮道管の壁孔とつながり，水はここを通る。この壁孔は道管要素にもあり，隣り合う道管要素とつながっている。すなわち両道管とも束になっていて，各管が独立して縦方向の水流を促しているだけでなく，管同士横方向への水移動も行なっている。

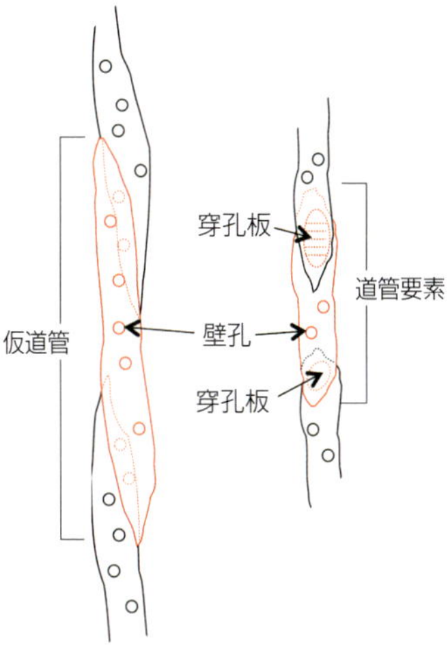

図3-Ⅰ-10　**道管を形成する仮道管と道管要素**（模式図）

❷キャビテーションの回避

木部の水は葉と根の圧力差によって移動しているが，樹木のように水を非常に長い距離輸送する場合や，木部管内の水が凍結すると，道管内に気泡が生じやすくなる。気泡ができると強い張力によって膨張して，水柱の連続性を断つことがあり，木部の水輸送がさまたげられる。これをキャビテーション（cavitation）とよぶ。

キャビテーションによって，水の主な輸送経路が遮断されると，ひどい場合には脱水症状を誘発する。道管要素と仮道管の構造は，この影響を最小化するのに役立っている。軽度のキャビテーションであれ

木本植物の圧ポテンシャル

草本植物に比べ背丈の高い木本植物では，より多くの圧ポテンシャルを必要とする。樹高数メートルの果樹では，数十 kPa ですむが，樹高が 100m を超すセコイア（*Sequoia sempervirens*）のような巨木では，3000kPa もの圧ポテンシャルが必要と考えられている（家庭用水道の最大水圧はおよそ 200 ～ 300kPa）。

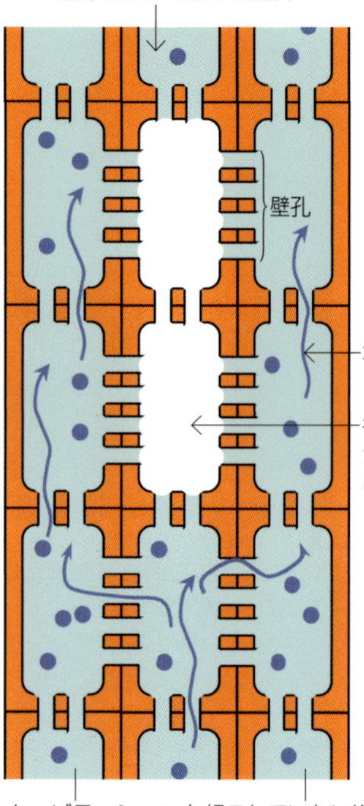

図 3 - I - 11　道管内でのキャビテーションの回避（模式図）

3 本の道管のうち，真ん中の道管の途中でキャビテーションが生じたとしても，その道管と壁孔でつながる両脇の道管が通導を確保している。

ば，壁孔による管同士の横方向へのつながりが，迂回路をつくり，水を輸送することができる（図 3 - I - 11）。

4 葉から大気へ

❶葉中での水の動きと気化

木部を通り，葉へ到達した水は，大気中に蒸散（transpiration）する。葉の細かい葉脈（vein）へ引き込まれた水は，葉肉（mesophyll）中の海綿状組織細胞（spongy tissue cell）に達し，その細胞壁内に広く展開する。微小繊維の集まりである細胞壁は，繊維自体が親水性であり，水は細胞壁繊維内に保たれつつ大気（空気）に接している。海綿状組織は，細胞間隙（intercellular space）に富み，間隙は空気（水蒸気）で充満している（図 3 - I - 12）。

水が葉内で気化していくと，液体の水は徐々にその体積を減らしながら，最終的には繊維一本一本の表面に付着するので，前述の土中マトリックポテンシャルの例と同様に陰圧が発生する。すなわち，葉内の空気中に細胞壁内の水が気化し葉外へ放出されるほど木部に伝達される陰圧は増し，木部内に負の圧ポテンシャルがつくられる。これが，根による吸水，および木部内での水の引き上げに必要な力の源となる。

❷葉からの蒸散

葉内の水蒸気の約 95％は，葉の裏側に多い気孔（stomata）から排出される。葉外の水蒸気濃度は葉内より低い傾向にあり（表 3 - I - 6），この水蒸気濃度の勾配にしたがって，葉内の水蒸気は気孔から外へ拡散していく。

ただし，気孔による葉内水蒸気の排出には，2 つの抵抗要素がある。1 つ目は，葉の近くにある空気の非撹拌層（unstirred layer）によって生じる葉面境界層抵抗（leaf boundary layer resistance）。2 つ目は，気孔の閉鎖によって生じる気孔抵抗（leaf stomatal resistance）である（図 3 - I

表 3 - I - 6　葉と葉近傍での相対湿度，水蒸気濃度および水ポテンシャルの代表的な例

地　点	温　度（℃）	相対湿度　(%)	水蒸気濃度　(mol m^{-3})	水ポテンシャル　(MPa)
葉内の気相	25	99	1.27	-1.38
気孔の直近（内側）	25	97	1.21	-7.04
気孔の直近（外側）	25	47	0.60	-103.70
大気	20	50	0.50	-93.60

Nobel, P.S. (1999) Physicochemical and Environmental Plant Physiology, 2nd ed. San Diego, CA. Academic Press.

-12)。

水蒸気の拡散は，葉内外の水蒸気濃度差によってうながされる。したがって，葉外に出たばかりの空気の層が葉の近くに停滞していると，葉内外の水蒸気濃度差は小さくなり，拡散がとどこおる。葉近くの非撹拌の空気層は，植物に風が吹くことで容易にかき乱されるので，風があるときは停滞層がなくなり，葉内外の水蒸気濃度差が大きくなるので，結果的に蒸散が進む。

❸気孔の構造と開閉

気孔は，表皮細胞が形態変化した孔辺細胞（guard cell）からなり，1対の孔辺細胞間のすきまを開閉することで，葉内外との通導・非通導を切り替えている（図3-Ⅰ-12）。

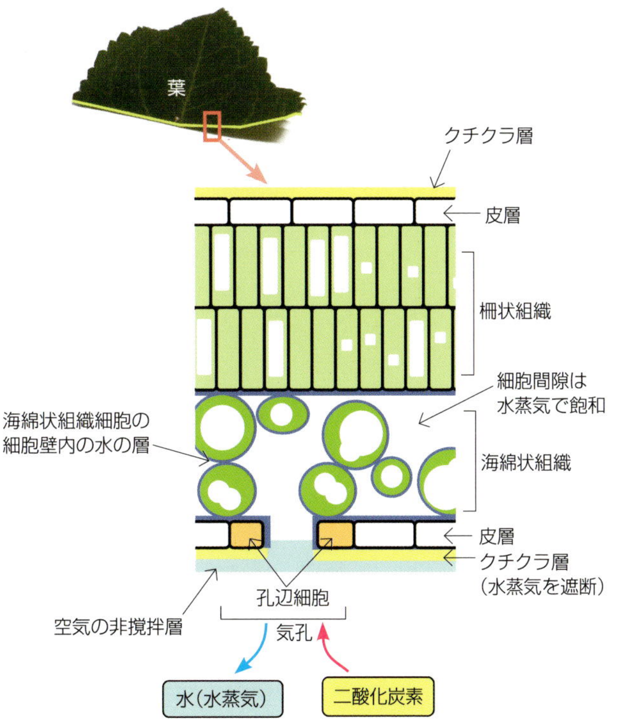

図3-Ⅰ-12　葉の断面と水（水蒸気）の排出（模式図）

・海綿状組織の細胞間隙は水蒸気で飽和しているが，葉表面を覆うクチクラ層によって外へは出られず，出るには気孔を通るほかない。ただし，孔辺細胞のすきまが閉じると排出抵抗が大きくなる。また，気孔近くの空気の非撹拌層の水蒸気濃度が高くても，排出されにくくなる。
・気孔は，水の排出口であると同時に，二酸化炭素の吸い込み口でもある。

孔辺細胞の細胞壁は，他の表皮細胞と比べて厚く（2～5倍），孔辺細胞の膨圧が高まると気孔が開くように，特徴的なセルロース繊維配列になっている。孔辺細胞の膨圧の上昇は，外環境の光強度，光質，温度，湿度および葉内CO_2濃度の変化を引き金に，孔辺細胞へのイオン（K^+, Cl^-, H^+など）の流入や，ショ糖などの有機分子の生成や流入が誘導されて水ポテンシャル（溶質ポテンシャル）が減少し，孔辺細胞へ水が流入することによって生じると考えられている。

また，溶質ポテンシャルが上昇して孔辺細胞内の膨圧が低下すると，孔辺細胞のセルロース繊維配列から受ける力にしたがって気孔は閉じる。

❹気孔によるCO_2の取り込み

気孔は，水の放出ばかりでなく，CO_2の取り込みもになっている（図3-Ⅰ-12）。すべての陸上植物は，体外への水の損失を最小限に抑えながら，光合成（炭素同化）の材料であるCO_2を取り込む必要がある。太陽の光が照る昼間は，炭素同化を行なう絶好の機会であるが，同時に水を失いやすい時間帯でもある。土中の水が多い場合，昼間でも気孔は開度一杯に開かれ，CO_2の取り込みをさかんに行なう。

しかし，根からの水の供給があまり望めない場合は，致命的な脱水を避けるために気孔を閉じ，水の損失を防ぐ。その反面，CO_2の取り込みは制限され，光合成は抑制される。

植物は，外環境の変化によって光合成に大きな影響をおよぼす気孔の開閉を制御し，体外への水拡散程度を調節することで，光合成活動に好適な体内の水条件を安定的に維持する機構をもっている。

5 植物の進化と水システム

これまで述べてきたように，水の土壌－植物－大気連続体（SPAC）の流れは，主に気孔からの蒸散を駆動力とする体積流（蒸散流（transpiration stream））がその正体であり，これは，基本的に水分子が持つ熱力学的な性質に基づいた，自由エネルギーのやりとり（水ポテンシャルの多寡）によって支配されている。

生物進化の過程で，動物が水を体内で何度も精製し使用するシステムを発展させたのに対し，植物は新規の水供給を求めつつ使用後の水を大気に放出する「使い捨て」のシステムを発展させた。これは，土中の水を効率的に収集する根系を発達させた，植物ならではの生存戦略と考えられる。

4 成長（細胞伸展）と水

1 細胞の伸展は水がになう

植物は成長する。成長には各器官の形態分化が必須であるが，形態分化には必ず，細胞の増殖と伸展・拡充のくり返しがともなう。そのためには，細胞への水の取り込みが必須である。

細胞の伸展には，根毛細胞や花粉管，根の伸長帯などの細胞による先端成長（tip growth）と，その他の細胞による分散成長（diffuse growth）の2種類がある。

2 細胞伸展の仕組み

成長の過程で起こる細胞壁の生化学的なゆるみが応力緩和（stress relaxation）され，細胞への水の流入が生じる。その膨圧によって，応力緩和された細胞壁が全方向に同等の力で不可逆的に押し広げられ，細胞伸展の駆動力となる。細長く先端成長するか全方向に拡充するかは，細胞壁を構成するセルロース（cellulose）繊維の方向によって決定される。

細胞壁繊維の方向がランダムである場合は，全方向への伸展，すなわち球形に近い細胞の体積拡充がなされる。一定方向である場合は，その方向に対して90°の方向へ伸展し，細長く細胞伸長をする（図3-Ⅰ-13）。このように，応力緩和と膨圧上昇を誘引する水の動きに加え，セルロース繊維の合成方向が細胞の伸展に重要な役割をはたしている。細胞の伸展は，細胞壁の木化を誘導するリグニンの沈着によって，応力緩和がなされない状況になることで停止すると考えられている。

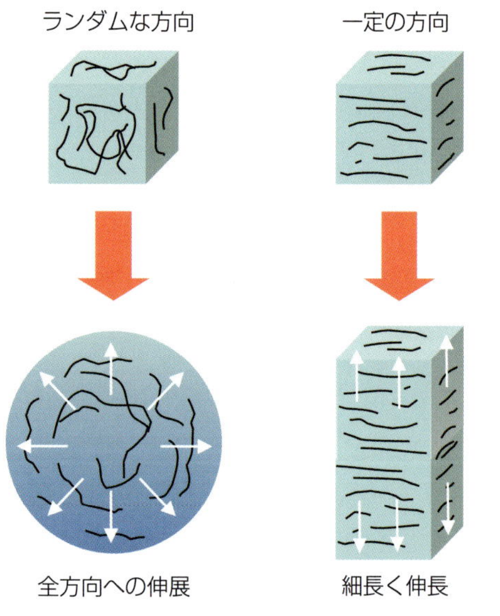

図3-Ⅰ-13 細胞壁セルロース繊維の方向と細胞の伸長方向（模式図）

Ⅱ 養分吸収の生理

1 植物の必須元素

1 無機栄養説と必須元素

18 世紀以前まで，植物の栄養は土壌中の有機物であると考えられていた。しかし 19 世紀に入り，シュプレンゲル（Philipp Carl Sprengel, 1787 – 1859）やリービッヒ（Justus von Liebig, 1803 – 1873）らによって，植物の栄養は無機物である（「無機栄養説」という）ことが示された。

リービッヒは，他の養分が十分にあっても，作物収量はある 1 つの最も少ない養分によって支配,決定されると述べた（「最小養分律」という）（図 3 - Ⅱ - 1）。そして，植物の生育に欠くことができない養分元素を必須元素とよび，以下の a，b，c のすべてを満たすものと定義している。

(a) その元素を欠くと植物は異常生育するか，一生を完結できないか，枯死してしまう。

(b) その元素の機能は特異的で，他の元素による代替ができない。

(c) その元素は植物の代謝に直接関与している。

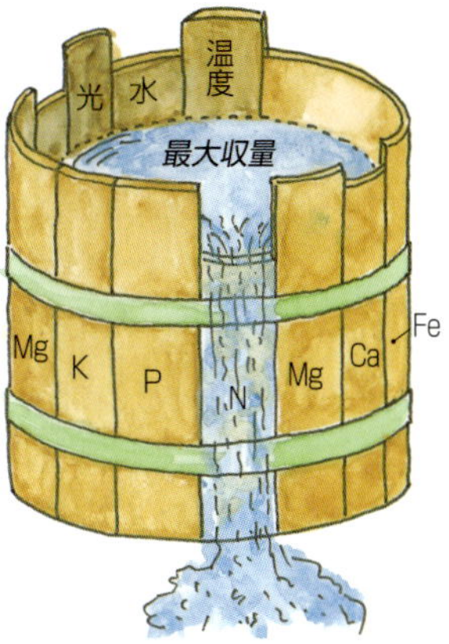

図 3 - Ⅱ - 1　ドベネックの要素樽
リービッヒの最小養分律を発展させ，植物の生育に関係するすべての要因の中で最も少ない要因が収量を決定するとし，これを最小律とした。その関係を図示したのがドベネックの要素樽。

2 多量必須元素と微量必須元素

無機栄養説が広まった 19 世紀以降，さまざまな元素の必須性が検証され，現在では 17 元素が植物の必須元素として知られている。これらの元素はそれぞれ独自の役割を持っている（表 3 - Ⅱ - 1）(注 1)。

多量必須元素は，主に植物体の構成要素や，構造維持などにかかわっており，要求量が多いものである。微量必須元素は，主に酵素の構成要素などに利用され，要求量は少ないが重要な役割を持っている。光合成や水の吸収で得られる炭素，酸素，水素を除く 14 元素は，根によって土壌から主にイオン (注 2) の形態で吸収される。

土壌の含有率が高い必須元素ほど植物の含有率も高いが，多くの元素は植物体内で濃縮されるので，植物の含有率のほうが高い（図 3 - Ⅱ - 2 左）。一方，非必須元素の多くは，植物より土壌の含有率のほうが高い（図 3 - Ⅱ - 2 右）。植物は必須元素を選択的に吸収し，養分にならない元素は排除するメカニズムを持っているのである。

各養分元素の要求量は，植物によって大きく異なっている。 したがっ

〈注 1〉
必須元素ではないが，特定の植物や条件下で必要とされたり，生育の促進効果が認められる元素を有用元素とよぶ。ケイ素 (Si)，ナトリウム (Na)，アルミニウム (Al) などがある。

〈注 2〉
イオン：溶液中に溶けて，電荷を持つ原子または原子団 (分子も含む) をいう。土壌溶液中に溶けている各養分元素は，多くの場合，陽（プラス）イオン，陰（マイナス）イオンのどちらかの電荷を持っている。

「農芸化学の父」

リービッヒが著書『有機化学の農業および生理学への応用』で植物の栄養が無機栄養であることを述べ，「無機栄養説」は広く認知され，無機肥料の普及とともに近代農業の発展へとつながった。これが農芸化学の始まりであるとして，リービッヒは農芸化学の父とよばれている。 しかし，シュプレンゲルは，この本が発刊される 12 年も前に無機元素の栄養素としての可能性，最小養分率の概念などを論文で発表している。

表３-Ⅱ-１　元素の主な働きと欠乏・過剰症

	元　素	主な働き	欠乏症	過剰症
多量必須元素	炭素（C） 酸素（O） 水素（H）	植物体を構成する炭水化物，タンパク質などの有機物の骨格を構成。炭素と酸素は空気，水素は土壌中の水から主に供給される	—	—
	窒素（N）	タンパク質や葉緑素，核酸などの重要な構成要素で，光合成に深く関与している。作物の生育・収量に大きく影響しており，要求量が多く，最も不足しやすい	葉色が薄くなり，黄色に変わる。再転流しやすいので，症状は古い葉（下位葉）から始まり，しだいに新しい葉（上位葉）へ移行する	葉色は濃くなり暗緑色になる。軟弱になり，病気や害虫の被害を受けやすくなる
	リン（P）	タンパク質合成や遺伝情報を伝達する核酸，細胞膜，アデノシン三リン酸（ATP），酸化還元酵素，代謝上重要な多くの有機リン酸化合物の構成要素。また，ＡＴＰとしてエネルギー移動や光合成に重要な働きをしている	生育が悪くなり，葉が濃緑色になる。下位葉は黄色になる場合と，アントシアニンの生成で赤紫色になる場合がある	外観症状として現われることは非常に少ない
	カリウム（K）	pHの安定化，浸透圧の維持，酵素の活性化，気孔の開閉（浸透圧による）などに関与。植物体を構成している元素ではないが，細胞内の物質変化に深くかかわっていると考えられている	葉の縁から黄化したり，葉面に褐色の斑点ができて，しだいに枯れる。再転流しやすいので，症状は下位葉から現われる	過剰障害は出にくいが，マグネシウム、カルシウムの吸収が阻害される
	カルシウム（Ca）	細胞壁，細胞膜の構造維持と透化性に関与。細胞内では，シグナル伝達を行なうセカンドメッセンジャーとしても機能している	葉の先端が黄白色になり，しだいに褐色になって枯れる。移動しにくいので新葉に発生。トマトの尻腐れ，ハクサイの心腐れなどの原因に	過剰障害は出にくいが，マグネシウム，カリウムの吸収が阻害される
	マグネシウム（Mg）	光合成色素（クロロフィル）の構成要素。タンパク質のリン酸化反応に関与する多くの酵素の働きを助ける。タンパク質を合成する場であるリボソーム顆粒の構造維持	葉脈間が黄白化（クロロシスという）や褐変する。再転流しやすいので，古い下位葉から症状が出て，新しい葉，上位葉へと移行する	外観症状は出にくい
	硫黄（S）	メチオニンなどの含硫アミノ酸，活性酸素の消去や解毒作用のあるグルタチオン，硫黄脂質，タンパク質などの構成要素	窒素欠乏のように黄化するが，わが国の土壌では欠乏しにくい	土壌が酸性になり，生育を阻害する
微量必須元素	塩素（Cl）	光化学系Ⅱ（光合成での水を酸素と水素に分解する反応）の補因子。浸透圧調節やイオンバランスの維持などに働く	欠乏症が問題になった例はない	過剰障害は出にくい
	鉄（Fe）	酵素の活性化，酸化還元反応，電子伝達反応，酸素の運搬，クロロフィルの合成に関与。微量必須元素では最も多く含まれている	再転流しにくいので，マグネシウムとは逆に新葉から発生し，葉脈間が黄白化する。土壌がアルカリ化すると発生しやすい	畑作では，可溶性鉄が過剰に含まれることはないので，発生しない
	マンガン（Mn）	光合成で分解された酸素の放出に関与。酸化還元反応での酵素の中心元素である	葉脈を残して葉が淡緑色から黄白化する。褐色から白色の小斑点ができるものもある	新葉が黄化したり，紫黒色の斑点などが出る
	ホウ素（B）	ラムノガラクツロナンⅡ（細胞壁ペクチンの構成成分の１つ）の構成要素。糖の移動や成長ホルモンの調節にも関与	先端の葉が黄化や奇形化し，生育が阻害される。茎割れや肥大根の空洞化などが発生	黄化や褐変などが，下位葉から発生し，枯死する
	亜鉛（Zn）	タンパク質合成，核酸代謝などに関与。含有量は少ないが，鉄に次いで多くの酵素に含まれている	節間の伸長が悪くなりロゼット化，葉の黄化，葉脈間に褐色の斑点を生じたりする	工場廃水などが原因で発生することがある
	銅（Cu）	光合成と呼吸に重要な働き。電子伝達に関与し，シトクロムオキシダーゼ（膜貫通タンパク質複合体の一種で，ミトコンドリア膜での電子伝達系の最後の酵素）など銅酵素の構成要素	葉脈間に黄白色の小斑点が発生。上から中位葉が淡くなり，垂れ下がったり，湾曲してカップ状になる	上位葉から淡緑化するが，キュウリなどは下位葉から黄化する。鉄欠乏症を誘発しやすい
	ニッケル（Ni）	ウレアーゼ（尿素をアンモニアと二酸化炭素に分解する酵素）の構成要素	自然界では欠乏症はほとんど出ない	—
	モリブデン（Mo）	硝酸から亜硝酸への還元を触媒する硝酸還元酵素や，ニトロゲナーゼ（窒素固定微生物に特有の酵素）の構成要素	古い葉に黄色から淡橙色の斑点ができ，湾曲してカップ状になる	葉に灰白色の斑点ができ，しおれて落葉する

（松中照夫著『土壌学の基礎』農文協，2003・藤原俊六郎他編『新版　土壌肥料用語事典』農文協，2010・清水武著『要素障害診断事典』農文協，1990などを参考にして作成）

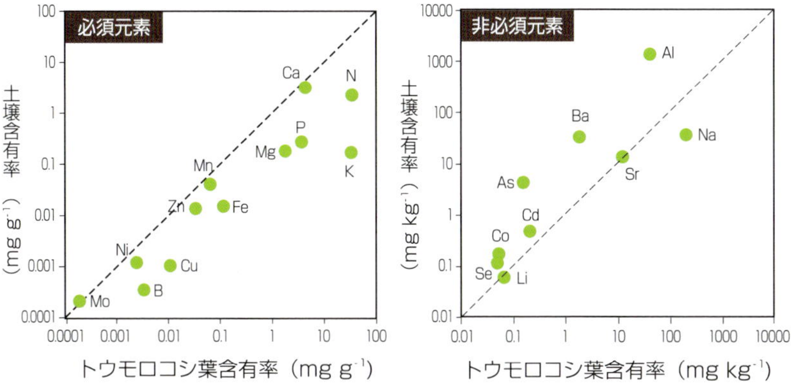

図 3-Ⅱ-2　圃場で栽培したトウモロコシの葉とその栽培土壌中の各元素の含有率

注）土壌の含有率は，植物に対して有効な量を見積もるため，0.1M 塩酸抽出性元素で示した（全量分析を行なった窒素を除く）。点線は y = x の直線を示す
（渡部ら，2010 を改変）

て，各作物に適した量の施肥が必要である。

2　根からの養分吸収の仕組みと生理

1　根による2つの輸送経路

根は地上部を支持するとともに，水分と養分を吸収するという重要な役割を持っている。土壌溶液中に溶けた養分元素は，根の水吸収による流れ（マスフロー），あるいは濃度差による拡散によって根表面に到達し吸収される。そして，根の内部を移動して中心柱まで運ばれ，導管を通って地上部に輸送される。

根の内部の移動は，細胞間隙や細胞壁を通るアポプラスト（apoplast）経路と，細胞内を通るシンプラスト（symplast）経路の 2 つに大きく分けることができる（図 3-Ⅱ-3）。アポプラスト経路での輸送は，水の流れと拡散によって行なわれるが，内皮や外皮にある，カスパリー線とよばれる障壁によって阻まれる（第 3 章Ⅰ-3-2 参照）。そのため養分元素は，一度細胞内に入ってシンプラスト経路をへて中心柱に到達する。

中心柱に到達した養分元素は，細胞外に放出され，アポプラスト経路である道管に入る。

2　難溶解養分の吸収

根が吸収できる養分元素は，土壌溶液に溶けていなければならないが，土壌中の養分元素は有機態であったり，鉄やアルミニウムと結合して難溶性の物質になっているなど，そのままでは吸収できないことが多い。そこで，植物は根からさまざまな物質を根圏（rhizosphere，第 2 章Ⅲ-1-4 参照）に分泌し，積極的に養分吸収を行なっている。

養分吸収にかかわる代表的な分泌物に，酸性フォスファターゼと有機酸がある。酸性フォスファターゼは土壌中の有機態リン酸を分解し，根が吸収できる無機リン酸にする。有機酸はリン酸と結合して難溶性にしている

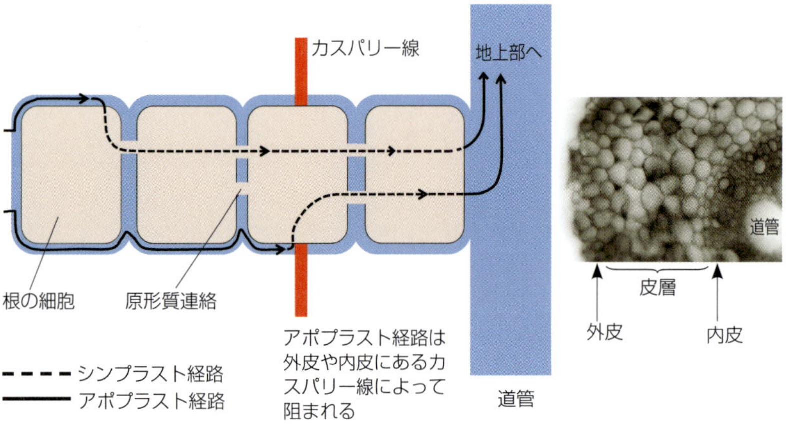

図3-Ⅱ-3　**根の養分元素の吸収・輸送機構**（模式図，左）**と断面写真**（オオムギ，右）

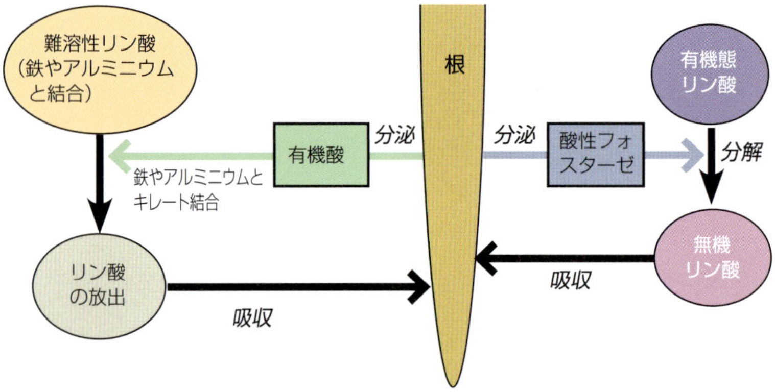

図3-Ⅱ-4　**根の分泌物による有機態リン酸と難溶リン酸の吸収**（模式図）

鉄やアルミニウムとキレート（chelate）結合し，リン酸を放出させる。こうして，根圏のリン酸濃度を高め，多くのリン酸を吸収するのである（図3-Ⅱ-4）。

マメ科のルピナスには，低リン酸土壌にきわめて強い種がある。この種にはクラスター根とよばれる短く密集した側根があり，ここから酸性フォスファターゼとクエン酸などの有機酸が大量に分泌されていることがよく知られている（図3-Ⅱ-5）。

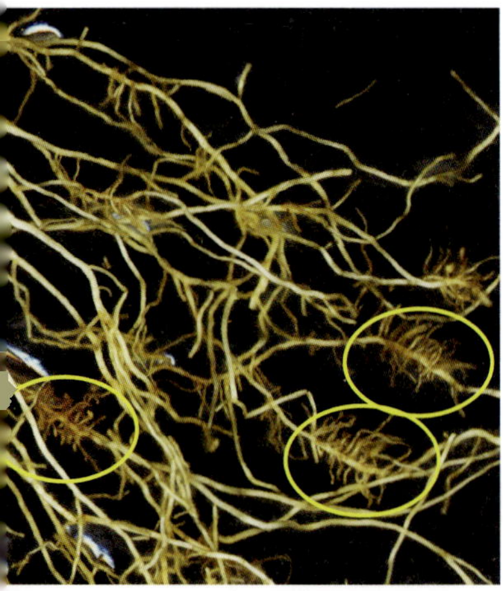

図3-Ⅱ-5　**白花ルピナス**（*Lupinus albus* L.）**のクラスター根**（丸枠）

3 有機物の吸収

❶有機物の無機化・吸収

有機物を施用しても，土壌中で微生物などに分解され，無機化した元素が土壌溶液に溶けて吸収される。これが，リービッヒの無機栄養説である。

窒素を例に，有機物を施用したときの分解と吸収の過程をみると図3-Ⅱ-6のようになる。有機物中の有機態窒素の主体はタンパク様物質であり，土壌微生物によってアミノ酸などに分解される。さらに土壌微生物によってアンモニア態窒素に無機化され，硝酸化成作用により硝酸態窒素へと変化する。植物は，無機化されたアンモニア態窒素と硝酸態窒素を養分として吸収する。すなわち，有機質肥料で施用しても無機肥料で施用しても本質的な違いはないことになる。

❷有機物の直接吸収

「無機栄養説」が植物栄養の基本であるが，その例外も古くから知られている。とくに，有機物に含まれている有機態窒素が，土壌微生物によって分解されてできるアミノ酸で吸収されることには多くの知見があり，アミノ酸トランスポーターもみつかっている。

硝酸態で吸収された窒素は植物体内でアンモニア態に還元され，アミノ

図３-Ⅱ-６　有機態窒素の分解と植物による吸収（模式図）
無機肥料はアンモニア態か硝酸態で施用されるので，それまでの分解過程がない

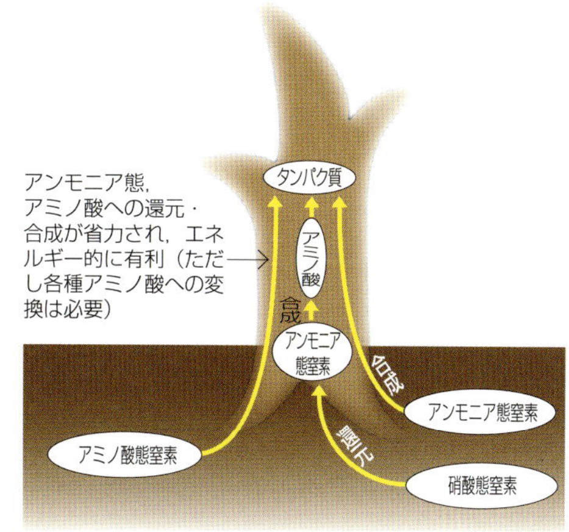

図３-Ⅱ-７　有機で吸収されるとエネルギー的に有利

酸が合成されるが，アミノ酸で吸収された窒素はこの過程が省略されるため，エネルギー的に有利と考えられている（図３-Ⅱ-７）。しかし，土壌中では，土壌微生物との競合で植物が獲得できるアミノ酸はかなり限られており，窒素栄養への寄与は低いといわれている。

ただ，有機質肥料の施用効果が顕著なチンゲンサイなどでは，アミノ酸吸収能力が高いという研究もあり，植物によっては微生物との競合に十分対抗しうる，アミノ酸吸収能力を持っていると考えられる（図３-Ⅱ-８）。

4 根圏微生物の働き

植物自身が持つ機能による養分吸収のほかに，微生物を介した養分吸収も無視できない。第２章で述べたように（第２章Ⅲ-４，５参照），根粒菌や菌根菌（図３-Ⅱ-９）との共生とともに，根圏では根の分泌物によって

①牛糞堆肥への生育反応　②アミノ酸吸収速度

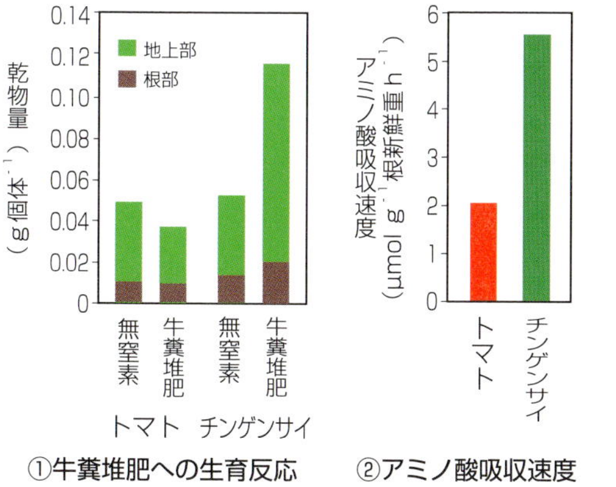

図３-Ⅱ-８　チンゲンサイは有機質肥料の効果が顕著でアミノ酸吸収能力が高い
①はポットによる土耕栽培，②は水耕栽培で調整した切断根を測定
（Watanabe ら，2009 を改変）

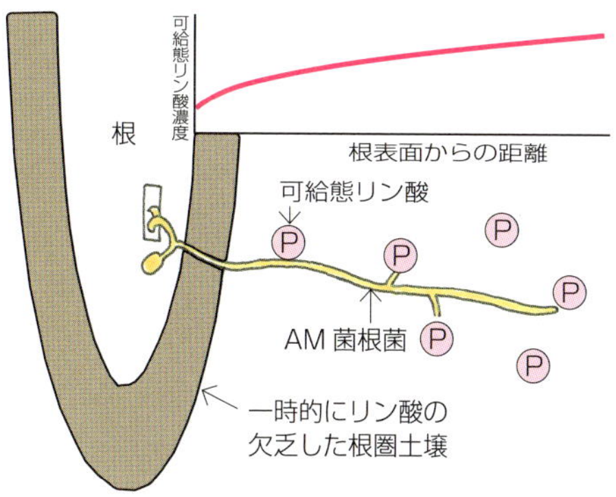

図３-Ⅱ-９　AM（アーバスキュラー）菌根菌による土壌中の可給態リンの吸収
根から離れた場所に低濃度で存在する可給態リン酸を集め植物に渡す。植物から糖などをもらう。
（西尾道徳『土壌微生物の基礎知識』農文協，1989，p.105 より引用）

根圏微生物の活性が高まる（根圏効果という，第２章Ⅲ-1-4参照）ことがよく知られている。根圏微生物による窒素固定や，有機物の分解・無機養分化，難溶性養分の溶解が，植物の養分吸収に役立っている。

根圏での植物と微生物との相互作用には、根が分泌する糖類など微生物の餌となる物質のほか，相互に分泌するシグナル物質も関与している。

3 養分の欠乏・過剰

1 欠乏症

根圏にある養分量が、その植物が必要とする量をまかなえなかった場合，生育は低下し，欠乏症を示す（表3-Ⅱ-1）。

植物は養分元素の獲得が困難になると，根張りをよくして根圏を拡大したり，根からの分泌物による溶解などで，より多くの養分を獲得しようとする。さらに，古い組織から新しい組織へ不足する養分元素を再転流させる，リサイクルのメカニズムが働く。

しかし，再転流しやすい元素としにくい元素（注3）がある。欠乏症状は，前者は主に古い組織（古葉など）から，後者は主に若い組織（幼葉など）から発生する。そのため，発生部位と症状の違いで欠乏元素が推定できる。

〈注3〉
再転流しやすい元素：窒素，リン，カリウム，マグネシウム，塩素，モリブデン
しにくい元素：カルシウム，ホウ素，鉄，硫黄，マンガン，銅，亜鉛

2 過剰症と拮抗作用

根圏の養分量が過剰になると，植物は過剰障害を受けることがある。たとえば窒素が過剰になると，葉色が暗緑色になり軟弱な生育になって，病害虫や冷害に対する抵抗性が弱まる。

また，過剰になると，他の養分元素の吸収を阻害し欠乏を引き起こす養分元素もある。たとえばカリウムは，かなり多く吸収しても過剰害は出にくいが，マグネシウムやカルシウムの吸収を阻害する（拮抗作用という）。したがって，各養分元素のバランスがとれた施肥が大切になる。

4 土壌の養分供給力とその指標

土壌は，養水分の保持や循環などの機能を持つ，植物の培地である。土壌の性質は岩石（母材），気候，生物，地形，時間（風化時間）により決まり，地域の特徴だけでなく耕地の利用歴によっても違い，それが植物の養分供給に大きく影響する。

1 養分の保持と供給

❶養分の溶解と電荷

土壌中の養分，すなわち必須元素は，土壌溶液中に溶けたものが植物の根に吸収される。その多くはイオンの形態をとり，正に荷電したものを陽イオン，負に荷電したものを陰イオンとよぶ。土壌コロイドは粘土鉱物や有機物に由来する負荷電を多く持つため，陽イオンは吸着されやすいが，陰イオンは吸着されにくく溶脱されやすい（図3-Ⅱ-10）。

植物の養分のうち，陽イオンはアンモニウム(NH_4^+)，カリウム (K^+)，カルシウム (Ca^{2+})，マグネシウム (Mg^{2+}) など，陰イオンは硝酸 (NO_3^-)，リン酸 (主に $H_2PO_4^-$, HPO_4^{2-})，硫酸 (SO_4^{2-})，塩素 (Cl^-) などが該当する。陽イオンのうち，酸根（硫酸根など）と結びつくことで酸性を中和することができるものを，塩基性陽イオンとよぶ (K^+，Ca^{2+}，Mg^{2+} など)。

❷土壌のイオン交換と植物の養分吸収

前述のとおり，土壌コロイドは負荷電を持つため，水素イオンや塩基性陽イオンを吸着する。吸着している陽イオンは，他の陽イオンによって交換されて土壌溶液中に放出されるため，交換性陽イオンとよばれている。植物が吸収するのは土壌溶液中に溶けているイオンであるが，交換性陽イオンは土壌溶液中と平衡関係にあるため植物にとって可給態であるとみなされている。

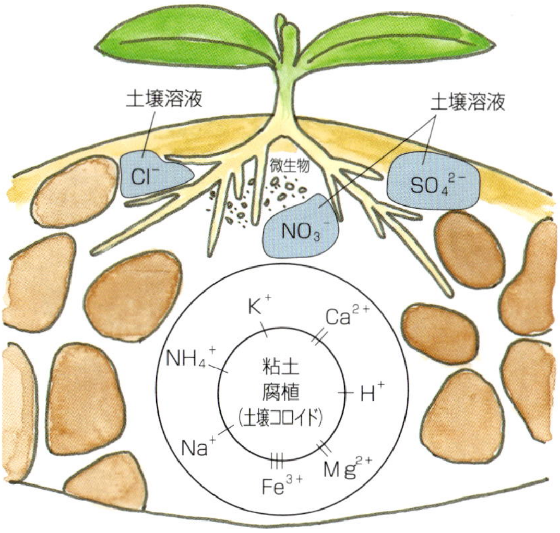

図 3-Ⅱ-10　根圏をとりまく環境
陽イオンは土壌コロイドに吸着し，陰イオンは土壌に吸着されにくく土壌溶液に溶けやすい。
（高橋英一『作物栄養の基礎知識』農文協，1982，p.104 を改変）

土壌の負電荷量（陽イオン交換容量）が多く，吸着している交換性陽イオンの量が十分であり，バランスがとれている土壌は生産力が高い。

2 養分保持と供給力の指標

❶陽イオン交換容量（CEC）

土壌コロイドに，陽イオン交換反応で交換される陽イオンの総量を，陽イオン交換容量という。英語では Cation Exchange Capacity であるため，CEC ともよばれている。単位は，乾土 1 kg 当たりに交換される陽イオンの荷電量をセンチモル（cmol）に換算して表記するが（cmol（+）/kg），慣例的には非 SI 単位である meq/100g も使われることがある（1 cmol（+）/kg = 1 meq/100g）。

一般に，この値が大きいほど養分保持力が強いため肥沃な土壌といえる。

❷塩基飽和度

陽イオン交換容量に対して交換性塩基がどの程度の割合で存在しているかを示す値が，陽イオン飽和度である。この値が低いことは，陽イオン交換基に吸着した水素イオン (H^+) やアルミニウムイオン (Al^{3+}) などの，酸性を示す陽イオンが多いことを意味する（図 3-Ⅱ-11）。

これは，土壌の塩基飽和度と土壌

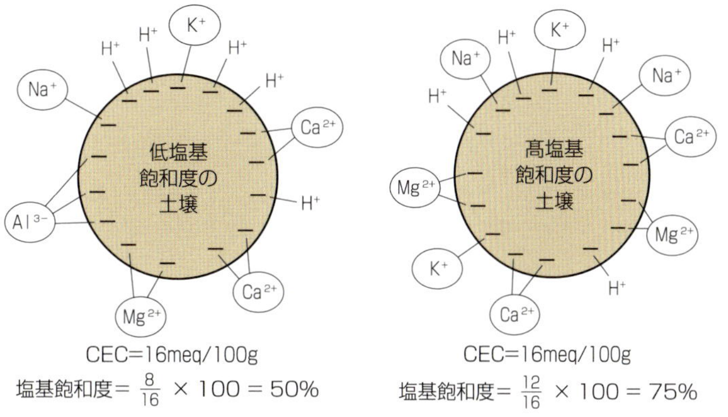

図 3-Ⅱ-11　塩基飽和度の概念図
両土壌の CEC は同じであるが，交換性陽イオンの保持量が異なるため，塩基飽和度に差が生じた。塩基飽和度が低いと低 pH となり酸性を示す。
（松中照夫『土壌学の基礎』農文協，2003，p.126 を改変）

pHの間に正の相関があることを意味するが，土壌pHと塩基飽和度の相関関係は，土壌に含まれる陽イオン交換体の種類により異なる。この相関を調べることで，その土壌を中和して目標とするpHにするために必要な石灰量を推定することも可能である。

❸電気伝導度（EC）

溶液中の塩濃度が高くなるほど電気が通りやすくなる性質を利用して，土壌中の肥料成分濃度を推定することができる。一般に土壌を水で抽出し，その抽出液の電気伝導度（Electrical Conductivity, EC）を測定することによって求める。この値が大きすぎる場合は塩濃度が高く塩害による生育阻害が，低すぎる場合は養分欠乏による生育阻害が生じる可能性がある。施設栽培では，多肥や塩類集積によってEC値の高すぎる土壌が増えている。

3 土壌pH

❶土壌pHとは

pHは溶液中の水素イオン濃度の表わし方の1つであり，水素イオンのモル濃度の逆数の常用対数として示したものである。通常，土壌pHは土壌に水を加えた懸濁液のpHを測定することにより見積もられる（表3-Ⅱ-2）。

pHは，土壌の化学的な特徴の基本を示しており，養分元素の吸収や，土壌微生物の活動，作物の生育などに大きく影響している。

日本の土壌は酸性化しやすい特徴があるが，黒ボク土とよばれている強

表3-Ⅱ-2　土壌のpH（H_2O）と土壌反応の区分

pH(H_2O)	反応の区分
8.0以上	強アルカリ性
7.6～7.9	弱アルカリ性
7.3～7.5	微アルカリ性
6.6～7.2	中性
6.0～6.5	微酸性
5.5～5.9	弱酸性
5.0～5.4	明酸性
4.5～4.9	強酸性
4.4以下	ごく強酸性

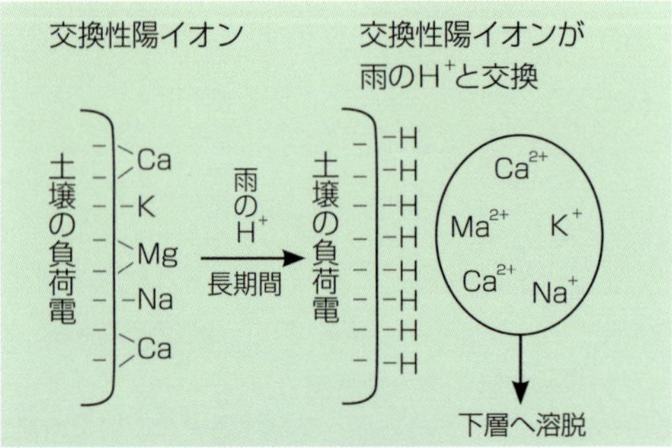

図3-Ⅱ-12　雨水による土壌の酸性化（模式図）
（松中照夫『土壌学の基礎』農文協，2003，p.147より引用）

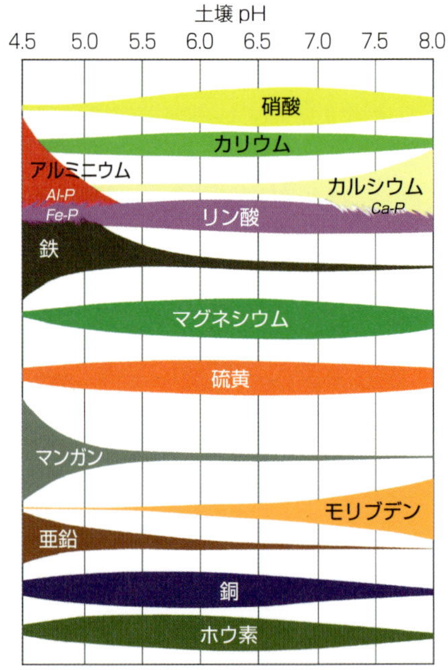

図3-Ⅱ-13
土壌pHの変化による各元素の 可給度の変化
幅が広いほど土壌溶液に溶け，吸収されやすくなるので可給度が高い。

い酸性の火山灰土壌が多いことと，雨が多いためである。雨の pH は 5.6 程度で弱酸性のため，雨水の水素イオンによって土壌に吸着している交換性陽イオンが交換され，下層や地下水に溶脱する（図 3 - Ⅱ - 12）。

しかし，最近は酸性を改良するための石灰資材の多投入が進み，野菜栽培土壌などでは高アルカリ化が問題になっている。

❷ pH と養分元素の吸収

多くの養分元素は，作物栽培に適しているといわれている，pH6 〜 7 付近で吸収されやすい（図 3 - Ⅱ - 13）。しかし，鉄，マンガン，亜鉛などは，酸性側で吸収されやすいが，アルカリ性側では吸収されにくく欠乏が問題になることもある。

酸性側では鉄とアルミニウムの溶解度が大きく，アルカリ性側ではカルシウムの溶解度が大きい。リン酸イオンはこれらの陽イオンと結合して難溶性のリン酸塩（リン酸アルミニウムやリン酸鉄）になるため，酸性土壌，アルカリ性土壌の両方でリン酸は吸収されにくくなる。とくに，リン酸鉄やリン酸アルミニウムの溶解度は低く，酸性土壌のリン酸欠乏の原因になり，作物生産を制限する大きな要因になっている。アジサイやノボタン，チャなどの酸性土壌を好む植物は，根から難溶性のリン酸塩を溶解する物質を分泌するなど，すぐれたリン獲得機構を持っている。

5 肥料

1 普通肥料と特殊肥料

肥料とは，主に栄養分として作物の増収をもたらす効果のある資材のことである（注 4）。窒素，リン酸，カリウムは，作物栽培での要求量が多いため肥料の三要素とよばれる。

市販されている肥料は，成分の変動や有害物質が含まれることがないよう，「肥料取締法」により規制を受けている。肥料取締法では，普通肥料と特殊肥料に分けられており，汚泥肥料も 2000 年から公定規格が定められ，普通肥料に分類されている（表 3 - Ⅱ - 3）。

〈注 4〉
「肥料取締法」では肥料を，①植物の栄養とすることを目的として土地に施される物，②植物の栽培に役立つように土壌に化学変化をもたらすことを目的として土地に施される物，③植物の栄養とすることを目的として植物に施される物，と定義している。

表 3 - Ⅱ - 3　肥料の分類

分　類	特　　徴
普通肥料	○品質保全のため公定規格（一定の成分規格）が定められ，この規格に基づいて登録を受けたものであり，保証成分量や正味重量などを記載した，保証票の添付（袋に印刷されていることが多い）が義務づけられている ○肥料成分量は窒素以外は酸化物として表記されている（リン酸：P_2O_5，カリウム：K_2O，マグネシウム：MgO など） ○日本の土壌で不足しやすい養分元素である窒素，リン，カリウム，カルシウム（pH 矯正として），マグネシウム，マンガン，ホウ素と，必須元素ではないが有用性が認められているケイ酸を保証成分として定めている
特殊肥料	○米ぬか，魚かす（粉末でないもの）など農家の経験と五感によって種類や品質が識別できる肥料。および堆肥のような，肥料の価値や施肥基準が含有成分量のみに依存しない肥料。登録や保証表添付の義務はない ○販売するには，都道府県知事への届け出が必要
汚泥肥料	○排水，下水，し尿，家畜排泄物などを，ばっ気や発酵処理することによって得られる汚泥とその処理物で，普通肥料としての登録が必要 ○窒素，リン酸の含有率が高く肥料としての効果は高いが，有害成分（ヒ素，カドミウム，水銀，ニッケル，クロム，鉛）を含んでいるおそれがあるため，公定規格で最大値が定められている

表3-Ⅱ-4　窒素肥料の形態の違いと性質

形　態	アンモニア態	硝酸態	尿素態	シアナミド態
肥料例	硫酸アンモニウム	硝酸ナトリウム	尿素	石灰窒素
肥　効	即効性	即効性	比較的即効性	緩効性
土（土壌コロイド）への吸着	よく溶ける 土に吸着される	よく溶ける 土に吸着されにくい 還元状態で脱窒する	よく溶ける そのままでは土に吸着されにくい	土によく吸着される
性　質	作物にそのまま吸収される。硝酸化成作用により硝酸態になる。弱アルカリ性かつ高温条件でアンモニアとなり揮散するおそれがある	作物によく吸収される。流亡しやすい。施肥量が多いとき濃度障害を起こすことがある。還元作用により亜酸化窒素，窒素ガスとなる	土壌微生物の作用によって分解され，アンモニア態窒素を生じる。水田，畑に適し，葉面散布で直接吸収される	そのままの形態では有害であるが，それを利用して除草，殺虫，土壌消毒に利用される。土壌に施用後，土壌コロイドと接して尿素に変わる

各養分元素は肥料の形態によって作物や土壌への効果が異なるので，それを考慮して選ぶ必要がある（表3-Ⅱ-4）。

2 有機質肥料

❶有機質肥料利点と欠点

有機質肥料は成分調整が困難，肥効調節がむずかしい，分解過程で生育阻害物質を生成することがある，などの欠点がある。一方，多く含まれている炭水化物によって，微生物活性を高める，土壌改良効果（注5），養分がゆっくり持続的に供給される，という利点がある。

〈注5〉
有機物は土壌粒子同士を結合させ，土壌団粒の形成を促進する。団粒がつくる構造を団粒構造とよび，団粒構造の発達により保水性や排水性が向上し，作物栽培に適した土壌になる。

植物の栄養は無機元素であり，有機質肥料も無機化されて吸収されているので，有機質肥料で栽培した作物が，安全であり栄養価も高いという科学的な根拠は乏しい。ただし，土壌の微生物活性による間接的な影響や，肥料成分の供給様式の違い（無機肥料の多くは即効性であるが有機質肥料の多くは緩効性），アミノ酸などの直接吸収による代謝の変化などで，作物の生育や成分が影響を受ける可能性も否定できないので，さらなる研究が必要である。

❷持続的農業への貢献

有機質肥料についてもう1つ注目しなければならないのは，持続的農業への貢献である。近代農業は，無機肥料の大量施肥によって生産量を飛躍的に増大させてきた。しかし，リン酸肥料は原材料であるリン鉱石の枯渇が大きな問題となっている。また，窒素肥料の原料の多くは，ハーバー・ボッシュ法（Haber–Bosch process）で固定された大気中の窒素ガスであり，無限にあるといってよいが，生産に使われる化石燃料は有限である。

窒素とリンは農業生産の根幹をになうものであり，将来にわたって農業を持続的に行なうためには，有機性廃棄物に含まれる肥料成分を有効利用していくことが必須であると思われる。

ハーバー・ボッシュ法

20世紀に入り無機窒素肥料が普及すると，それまで鉱物として産出されてきたチリ硝石（硝酸ナトリウム）の枯渇が心配され，空中窒素の工業的固定が緊急課題となった。ドイツ人のハーバーとボッシュらは，低コストで窒素ガスと水素ガスから直接アンモニアを合成する方法を確立し，世界の食糧生産増大をもたらした。

Ⅲ 光合成による物質生産と転流

1 光合成

1 光合成とは

光合成（photosynthesis）は，緑色植物が光のエネルギーを利用して，大気中のCO_2と主に根から吸い上げた水から，有機物を合成（生産）する過程をいう。

光合成は植物体の緑色の部分で行なわれるが，成長や生産には葉の光合成が主に関係する。しかし，光合成生産活動は葉だけで完結するのではなく，葉と緑色部による光合成産物の合成と，それが運ばれ利用，集積する場所（＝果実など）との相互作用で決まる。

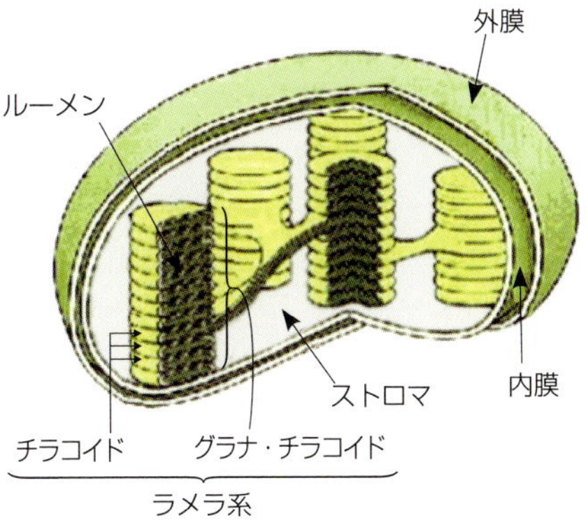

図 3-Ⅲ-1　葉緑体の構造
（http:www.helpsavetheclimate.com/photosynthesis.html より改作）

2 光合成の場と仕組み

光合成を行なうのは，葉を中心とする植物体の緑色部分の中にある葉緑体（chloroplast）である（図 3-Ⅲ-1）。

葉緑体は，物質透過性の高い外包膜と低い内包膜という2つの膜で覆われている。内部には，ストロマ（stroma）とよばれる基質があり，大部分が水分であるが，ミネラル，酵素，タンパク質などが含まれている。また，膜でできたラメラ（lamella）系もある。ラメラ系の中で扁平な袋状のものをチラコイド（thylakoid），チラコイドが層になっている部分をグラナ・チラコイド（grana thylakoids）という。日陰にある葉の葉緑体は，グラナのチラコイド枚数が多い。これは少ない光を効率的に利用する適応と考えられる。なお，葉緑体は，1細胞内に数個から200個程度ある。

3 光合成の反応と仕組み

❶光合成の反応

光合成の反応は，高校レベルでは次の一般式で表現される。

$$6CO_2 + 12H_2O \rightarrow （光）\rightarrow C_6H_{12}O_6 + 6O_2 + 6H_2O$$

（二酸化炭素）（水）　　　（グルコース）（酸素）（水）

最終産物の有機物は一般形では$C_n(H_2O)_n$であるが，光合成で生産されるグルコース（glucose）（注1）はn= 6なので，$C_6H_{12}O_6$で表わされる。この式で表わされている光合成の反応は，大きく2つに分けられる。

1つは，チラコイド膜で起こる反応で，光エネルギーを使って，水（H_2O）から水素イオン（H^+）を放出させ，化学エネルギー分子というべきNADPH（注2）とATP（注3）を生産する。もう1つは，生産されたNADPHとATPを用いて，CO_2を還元（$6CO_2$が$C_6H_{12}O_6$=$(CH_2O)_6$となり，

〈注1〉
光合成作用による最終産物を，「糖」とか「炭水化物」と表現することもある。なお，炭水化物は糖とその誘導体の総称である。

〈注2〉
ニコチン（酸）アミド・アデニン・ジヌクレオチドリン酸のことで，光合成経路あるいは解糖系の電子伝達物質である。

〈注3〉
アデノシン三リン酸（adenosine triphosphate）のことで，生物体内でのエネルギーの貯蔵と供給，運搬を仲介する，きわめて重要な物質。

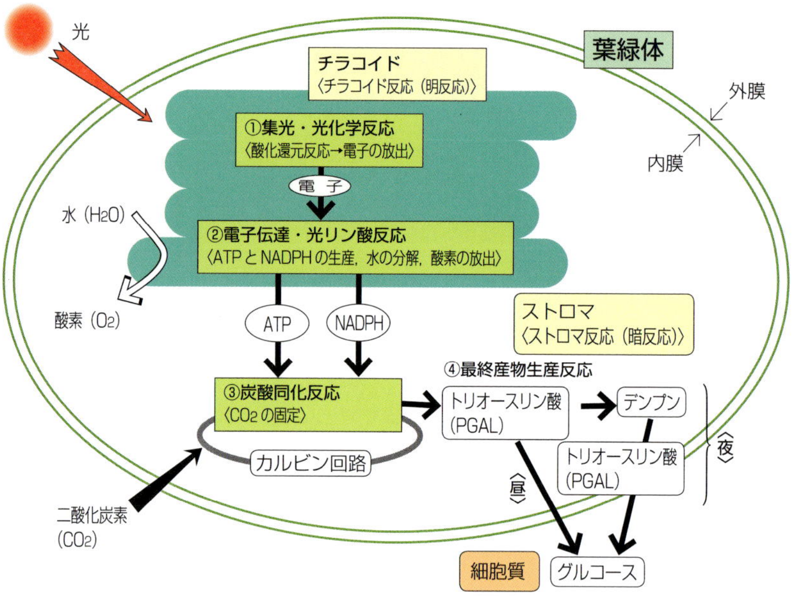

図 3-Ⅲ-2　光合成の４つの過程（牧野，2001 より改変）

〈注 4〉
還元的ペントース・リン酸回路（reductive pentose phosphate cycle）のことで，カルビン・ベンソン回路ともよばれている。

炭素についている 2 個の酸素の 1 個が 2 個の水素へと還元されている）してグルコースやデンプンをつくる，ストロマ（カルビン回路（注 4））で起こる反応である（図 3-Ⅲ-2）。

すなわち，光合成とは「光によって環境中の物質から還元力を取り出し，その還元力とエネルギーによって CO_2 を有機物として固定する反応」である。かつては明反応，暗反応とよばれてきたが，現在では，チラコイド（電子伝達系，光化学系）反応，ストロマ（炭酸同化）反応とよぶ。

❷光合成の４つの過程

葉緑体で行なわれる光合成の反応は，大きく以下の 4 つの過程からなる（図 3-Ⅲ-2）。

①集光・光化学反応（light harvesting/photochemical reaction）：光エネルギーを吸収し，そのエネルギーによって酸化還元反応を引き起こし，電子を放出する。

②電子伝達・光リン酸化反応（electron transport/ photophosphorylation）：酸化還元反応で放出された電子は電子伝達系へ運ばれ，この過程で高エネルギー化合物の ATP と還元物質 NADPH が生産される。この反応にともない，水が分解され酸素が放出される。

③炭酸同化反応（carbon assimilation）：電子伝達・光リン酸化反応で生産された，ATP と NADPH を利用して CO_2 の受容体（リブロースビスリン酸（RuBP））をつくり，ストロマに入ってきた CO_2 を固定し，CO_2 由来の有機物 トリオースリン酸（PGAL，グリセルアルデヒドリン酸 ともいう）をつくる。この過程をカルビン回路という。

④最終産物生産反応（end-product synthesis）：つくられたトリオースリン酸から，グルコースやデンプンを合成する。昼は、トリオースリン酸が細胞質に運ばれてグルコースに，夜は蓄積されたデンプンがトリオースリ

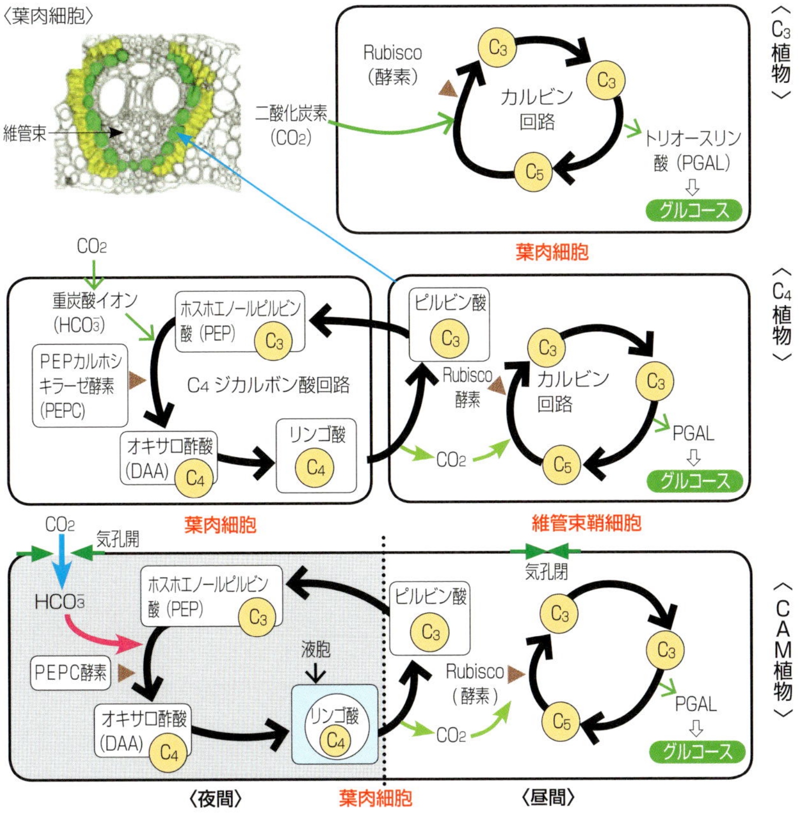

図3-Ⅲ-3　光合成作用の３つのタイプ

ン酸に分解され，細胞質に運ばれてグルコースになる。

4 光合成のタイプ

❶光合成3つのタイプ

光合成には，植物の種類によって3つのタイプがある（図3-Ⅲ-3，表3-Ⅲ-1）。イネ，ダイズなどの穀物，大部分の野菜や果樹，樹木などのC3植物が行なう「C3光合成」，サトウキビ，トウモロコシ，アマランサス，ススキなどのC4植物が行なう「C4光合成」，さらに，乾燥環境で生育するベンケイソウ科植物，パイナップル，アイスプラント，サボテン類などが行なう「ベンケイソウ型有機酸代謝（CAM（カム）：crassulacean acid metabolism）」の3タイプである。

ただし，園芸作物にもみられるが，これらの中間的なタイプや，部位によってタイプの異なる植物がある。たとえば，果樹やポプラの中には，枝や幹の緑色部分にはC4型酵素が多く含まれている。

❷ C3植物の光合成（C3光合成）

C3植物の光合成（炭酸同化反応）は，葉肉細胞に含まれている葉緑体のストロマのカルビン回路で行なわれる。カルビン回路に取り込まれた CO_2 から最初につくられるのが，炭素原子3個のホスホグリセリン酸（PGA）であり，それがC3植物名の由来である。

カルビン回路に取り込まれた CO_2 は，炭素固定酵素Rubisco（ルビス

表 3-Ⅲ-1　光合成 3 つのタイプの特徴

特　性	C_3 植物	C_4 植物	CAM 植物
CO_2 固定酵素	RuBP カルボキシラーゼ	PEP カルボキシラーゼ RuBP カルボキシラーゼ	PEP カルボキシラーゼ RuBP カルボキシラーゼ
クランツ（花冠）構造	なし	あり	なし
高 CO_2 での光合成	（一時的に）増大	変化小	変化小
光飽和点（μmol $m^{-2}s^{-1}$）	300～1500	1500～	不定
要水量（g 水／g 乾物）	450～950	250～350	50～55
炭素同位体分別（‰）	−35～−25	−17～−11	−34～−13
耐乾性	低い	高い	極めて高い
光合成適温（℃）	15～25	30～45	～35（広い範囲）
光呼吸	高い	低い	低い
21％酸素による光合成阻害	有り	無し	有り
最大光合成速度（μmol $m^{-2}s^{-1}$）	8～30	20～50	0.5～2.0
CO_2 補償点（ppm）	40～70	0～10	暗期 0～5

（宮地重遠『現代植物生理学 1　光合成』朝倉書店，1992）

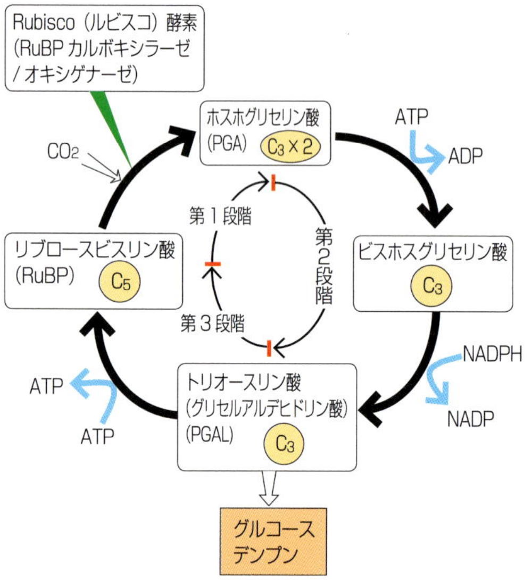

図 3-Ⅲ-4　カルビン回路（葉緑体のストロマで行なわれる）

注）1. C_3 C_5 は含まれている炭素原子の数，C_3×2 は炭素原子 3 個を含む分子が 2 個つくられることを示す

2. ATP, NADPH はチラコイド反応（明反応）でつくられる

コ：リブロース-1,5-二リン酸カルボキシラーゼ／オキシゲナーゼ）の働きでリブロースビスリン酸（RuBP）と結合して，まずホスホグリセリン酸になる。その後，図 3-Ⅲ-4 のような過程を経て，トリオースリン酸に変換され，この一部がグルコースやデンプンをつくるために使われる。残りは，元のリブロースビスリン酸にもどり，再び CO_2 と結合する。

要約すると，①リブロースビスリン酸に CO_2 を結合しホスホグリセリン酸をつくる反応，②ホスホグリセリン酸からトリオースリン酸をつくる反応，③トリオースリン酸からリブロースビスリン酸を再生する反応，の 3 段階になる。

❸ C_4 植物の光合成（C_4 光合成）

C_4 植物では，3－②で述べた光合成 4 つの過程以外に，CO_2 の濃縮機構である C_4 ジカルボン酸回路（C_4 回路，ハッチ-スラック回路（Hatch-Slack cycle）ともいう（注 5））を持っている。C_4 植物では維管束鞘（vascular bundle sheath）細胞にも葉緑体があり光合成作用を行なう（図 3-Ⅲ-5）。C_4 ジカルボン酸回路は葉肉細胞，カルビン回路は維管束鞘細胞で行なわれている。また，チラコイド反応は葉肉と維管束鞘の両方の細胞で行なわれている。

〈注 5〉
この名前は回路を決定した研究者名からつけられたが，発見者はハワイの製糖会社の研究員であったコルチャック（Kortschak, H.）である。

気孔から取り込まれた CO_2 は，葉肉細胞の細胞質で水和され重炭酸イオン（HCO_3^-）になり，PEP カルボキシラーゼ（PEPC：ホスホエノールピルビン酸カルボキシラーゼ，phospho*enol*pyruvate carboxylase）酵素によってホスホエノールピルビン酸（PEP）と結合して，まず炭素数 4 のオキサロ酢酸（OAA）がつくられる（これが C_4 植物名の由来）。その後，リンゴ酸（malic acid）などに代謝され，維管束鞘細胞の葉緑体内に取り

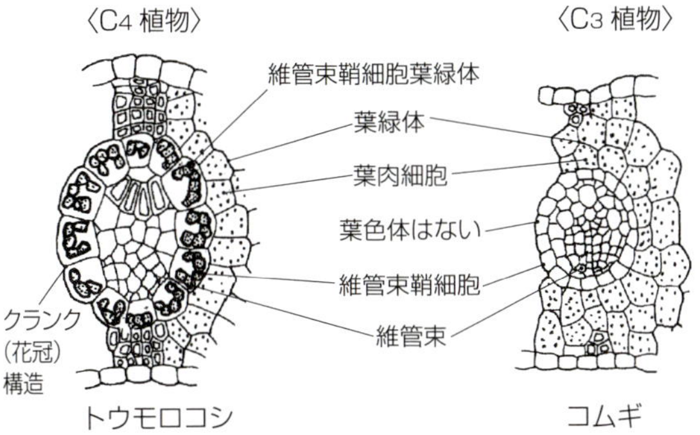

図 3-Ⅲ-5　C3 植物と C4 植物の葉の横断面の違い

C4 植物は維管束鞘細胞が発達し，花冠のように維管束を取り囲む。葉緑体もある。

（高橋栄一『ここまででわかった 作物栄養のしくみ』農文協，1993，p.82 より引用）

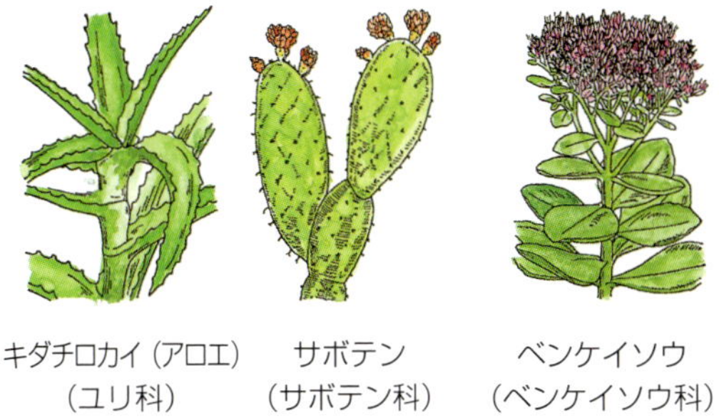

図 3-Ⅲ-6　CAM 型植物のいろいろ

（高橋栄一『ここまででわかった 作物栄養のしくみ』農文協，1993，p.89 より引用）

込まれる。そこで，リンゴ酸から CO_2 が生成されてカルビン回路に入り，C_3 植物と同じように炭酸同化反応を行なう。

C_4 光合成は，強光・高温などの条件に適した光合成作用であり，後述するように維管束鞘細胞に葉緑体が存在し，そこでも CO_2 固定がされるため，見かけ上，光呼吸はなく，C_3 光合成より光合成効率が高い。

❹ CAM 植物の光合成（CAM 光合成）

CAM 植物は，C_4 植物と同じように C_4 ジカルボン酸回路を持っているが，維管束鞘細胞ではなく，葉肉細胞のみで光合成を行なう。

夜のみ気孔を開いて CO_2 を取り入れ，C_4 ジカルボン酸回路でオキサロ酢酸をつくり，リンゴ酸に代謝して液胞にため込む。そして昼間は，気孔を閉じて蒸散を防ぎ，ため込んだリンゴ酸から CO_2 を生成し，カルビン回路に取り込み炭酸同化反応を行なう。こうして，乾燥環境（高温や乾燥など）へ適応しているのである（図 3-Ⅲ-6）。

5 光呼吸と光合成

❶光呼吸とは

光呼吸（photorespiration）は，酸素を取り込んで CO_2 を放出するところは同じであるが，通常の呼吸（暗呼吸：ミトコンドリアの呼吸，後述の呼吸の項参照）とは異なる。暗呼吸では，糖を分解してエネルギーを ATP として取り出すが，光呼吸では逆に ATP を消費する。

植物が光をたくさん受けると光合成作用がさかんになるが，それによって CO_2 が不足する。葉緑体内の CO_2 の濃度が低下すると，C_3 植物の炭素固定酵素とされる Rubisco の中で，リブロースビスリン酸を酸素と結びつける酸化反応（オキシゲナーゼ反応）が起こり，いくつかの反応を経て CO_2 を発生させ，活性酸素の生成を防ぐことにより，植物を光傷害から護る重要な代謝系とされる。これが光呼吸である（図 3-Ⅲ-7）。

したがって，光呼吸の活性が低いと CO_2 を十分に供給できず，やがて光障害を起こす。果樹や多くの樹木では，薄曇りの日射し程度の明るさが

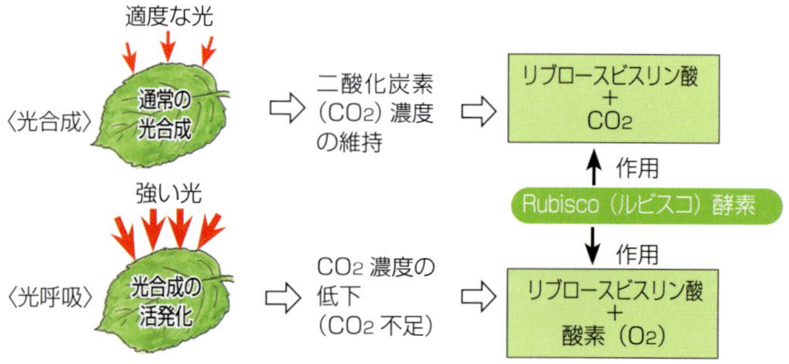

図 3－Ⅲ－7　強い光が光呼吸を発生させる

光飽和点（約 300 μmol $m^{-2}s^{-1}$）である。このため，強すぎる光による障害を防ぐため，光呼吸を備えたと考えられている。

❷光呼吸と C4 植物

C4 植物は，PEPC 酵素で CO_2 の固定を行なうが，固定活性は Rubisco 酵素よりかなり高い。さらに，維管束細胞内の CO_2 の濃度が大気の 3 ～ 15 倍にまで濃縮されるため，カルビン回路の Rubisco 酵素の酸化（オキシゲナーゼ）反応が著しく抑制される。したがって，C4 植物では光呼吸はほとんどみられない。

しかし，CO_2 の濃縮を行なうときに余分に ATP エネルギーを消費するので，CO_2 固定に対するエネルギー効率は悪くなり，光が十分に得られる環境でなければC4 型は生存に不利な光合成作用と考えられる。

2 光合成と環境要因

1 光

❶光合成に影響する光

植物の成長には，人間の目に見える可視光（360 ～ 830nm）だけでなく，紫外線や赤外線も影響しているが，光合成作用で利用しているのは 380 ～ 710 nm の波長の部分である。また，気孔を開かせるために青色光（390 ～ 500 nm）が必要である。

光合成と光環境については，これまで照度（lux，ルックス）が使われてきたが，最近では，植物の利用する部分である光合成有効放射束密度（photosynthetic photon flux density，省略して PPF あるいは PFD）(注 6) を使う（図 3 - Ⅲ - 8）。これは光量子センサ－で測定できる。

❷光補償点と光飽和点

植物の呼吸で放出される CO_2 と，光合成による CO_2 の吸収量が等しいと，見かけの上で CO_2 の出入りがなくなるが，その光の強さを光補償点という。光が多くなるにしたがって光合成速度が高まるが，ある一定以上に光が多くなっても光合成速度が高くならなくなる。この光の強さを光飽和点という（図 3 - Ⅲ - 9）。

光補償点や光飽和点は植物の種類で違うが，草本植物では，光飽和点は PPF 1500 μmol $m^{-2}s^{-1}$ 以上にある (注 7)。 ほとんどの野菜はＣ3植物で

〈注 6〉
光の粒子である光量子（光子）の個数で表現した単位が，光合成光量子束密度である。光合成作用に影響する 380 ～ 710 nm（最も影響するのは 680nm）の波長領域で，単位面積に単位時間当たりに入射する光量子個数のことで，単位は μ mol $m^{-2}s^{-1}$ で示す。なお，1 分子の CO_2 を光合成で消費するためには，8 ～ 10 個の光量子が必要とされている。

人間の目には 550nm（緑付近の色）が最も明るく感じるので，蛍光灯などは人間の目には明るく見えるが，光合成作用にとっては暗い。光合成促進には，最も影響する 680nm 付近の光を出すランプの使用が効果的である。

〈注 7〉
よく晴れた日の PPF は 2200 μ mol $m^{-2}s^{-1}$，曇りの日では 200 μ mol $m^{-2}s^{-1}$ 程度，熱帯では 2800 μ mol $m^{-2}s^{-1}$ 程度に達する。なお，PPF の単位は，μ E $m^{-2}s^{-1}$ や μ mol(photon) $m^{-2}s^{-1}$ によって表わすこともある。E はアインシュタインによる。

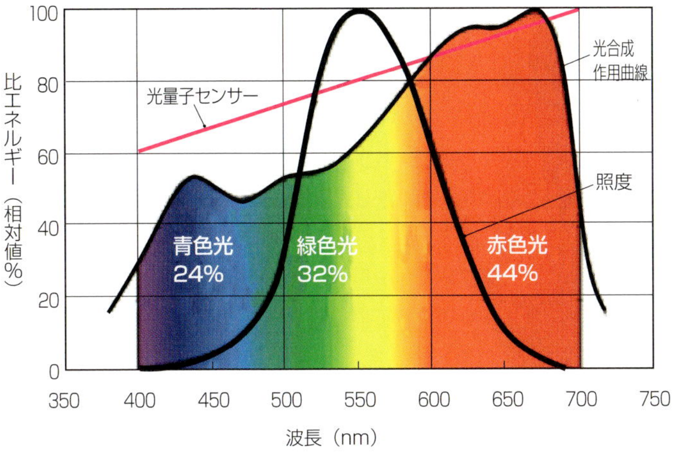

図 3 - Ⅲ - 8
光合成作用曲線（平均値）と比エネルギー
光合成作用曲線では，赤色光（625 ～ 675nm）に大きなピークと青色光（440 ～ 450nm）に小さなピークがある。しかし，照度では 550nm にピークがあり，光合成感度曲線のピークと大きくずれている。この作用曲線の光質バランスは，青色光 24%，緑色光 32%，赤色光 44%で，赤色光の光合成作用が高く，青色光の光合成作用が低い。
（岩崎電気 HP より作成）

注）1. McCree（1972）と INADA（1976）による 61 種類の作物の光合成感度曲線の平均値
2. 比エネルギー：680nm の光を 100 とするときの比エネルギー

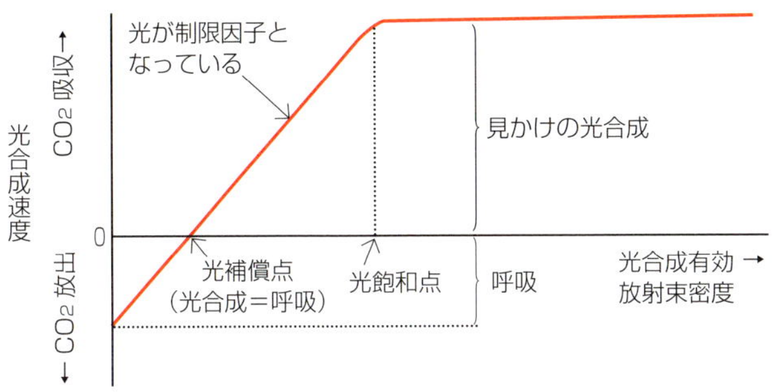

図 3 - Ⅲ - 9　光補償点と光飽和点

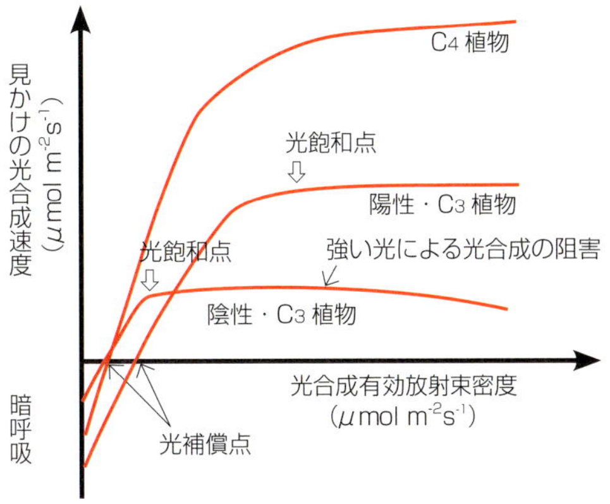

図 3 - Ⅲ - 10　光の強さと植物のタイプによる光合成曲線

あり，C 4 植物よりも光飽和点が低い。また，弱光下で育つ陰生植物より，光の要求度が高い陽性植物のほうが高い（図 3 - Ⅲ - 10）。木本類の多くの光飽和点は 500 μmol $m^{-2}s^{-1}$ 程度であるが、緑化樹のシラカンバやポプラなどは草本なみに高い。 果樹では，リンゴやウメなどはシラカンバよりやや低い。

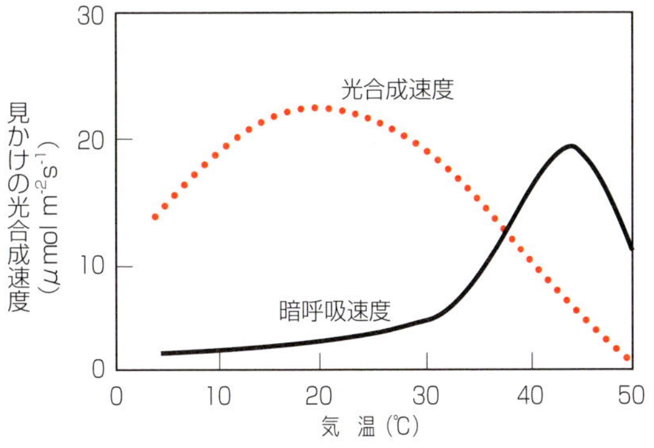

図 3 - Ⅲ - 11　温度と光合成 / 呼吸速度との関係
（シラカンバの例：光飽和，大気中の CO2 濃度：380ppm）

2 温度

C3 植物の CO_2 固定酵素としての Rubisco は約 15 ～ 30℃，C4 植物と CAM 型の PEPC 酵素は約 30 ～ 40℃が活動適温であり，これが光合成の適温である。

温度に対する光合成速度と呼吸速度との関係をみると，高温域では 50℃付近で光合成機能が停止し，光合成速度はマイナスになる（図 3 - Ⅲ - 11）。しかし，低温側は呼吸が抑制されるので，比較的高い光合成速度が維持される。また，光，CO_2，水分が一定であれば，光合成速度は最適温のところで最も高くなる。

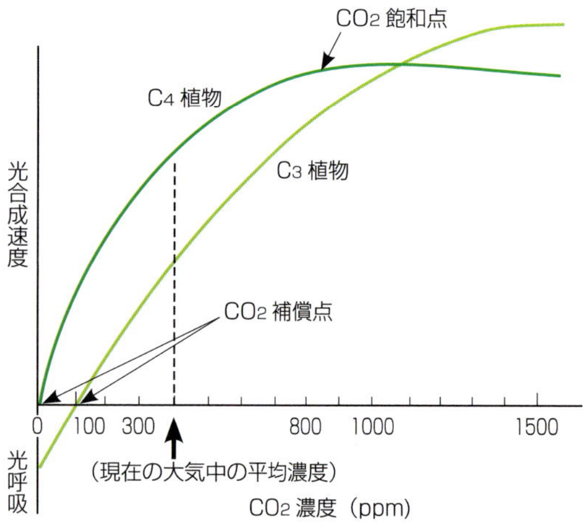

図 3-Ⅲ-12
二酸化炭素(CO_2)濃度と C_3, C_4 植物の光合成曲線
(斎藤隆他『園芸学概論』文永堂出版, 1992)

3 大気中の CO_2 濃度

CO_2 の濃度がこれ以上高くなっても，光合成速度が高くならない CO_2 飽和点は，C_3 植物では 1500 ～ 1800ppm，C_4 植物では 800 ppm 程度である。また，100ppm 以下の濃度になると，見かけの光合成がゼロになるが，この濃度を CO_2 の補償点という（図 3-Ⅲ-12）。

施設園芸では，厳冬期など換気できない場合は CO_2 濃度が低下するので，1200ppm 程度まで上げる「二酸化炭素施肥」が行なわれている。

2010 年の大気中の CO_2 濃度の平均は 388ppm といわれており，産業革命前である 1800 年代の 280ppm より 100ppm 以上も高くなっている。上昇し続ける大気の CO_2 濃度の影響は，リン酸吸収にかかわる根圏の共生微生物の活動にも影響する。そのため植物の栄養バランス，とくに屋外で栽培される永年作物である果樹の栄養管理がむずかしくなると考えられるので，さらなる研究が必要である。

4 土壌水分

園芸作物の栽培では乾燥，過湿にならないように，灌水などある程度の水分制御ができるが，夏の高温時には水分不足による乾燥害を受けることがあり，当然，光合成速度も低下する。植物が安定して土壌水分を吸収するには，下層は粗孔隙に富み，通気性と保水性にすぐれ，地下 60 ～ 90cm まで固相・液相・気相のバランスのとれた土壌がよい。

養分的には，石灰分，とくにカルシウムは植物体内では移動しにくいが，細胞壁を頑強にする働きがあり，マグネシウムは葉緑素分子の中心部分を構成している。そのため，下層まで石灰分とマグネシウム分に富む土壌が，高い光合成生産を支える。

果樹では根が分布できる深さが，光合成生産を維持する鍵になる。根が浅いと水制限を受けやすく他の植物との栄養・水をめぐる競争に対処できないからである。

3 呼吸

光合成と呼吸作用は植物の代謝をになっており，園芸植物に限らず植物の成長研究の中心的課題である（図 3-Ⅲ-13）。光合成生産量は「総光合成量（Pg）= 純光合成量（Pn）+ 呼吸量（R）」で表現できる。この R には，強光条件での CO_2 放出である光呼吸が含まれるが，ここでは呼吸作用を中心に概観する。

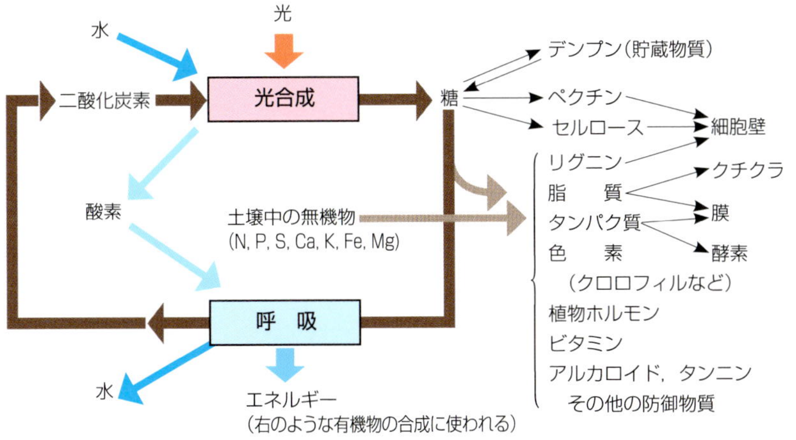

図 3-Ⅲ-13　植物の代謝―光合成と呼吸の働き

植物は光合成で有機物を合成し，それを素材に呼吸を行ないエネルギーをつくり，光合成産物と根から吸収した無機物（養分）を材料に自分の体をつくり，成長している。

（大場秀章監修，清水晶子著『絵でわかる植物の世界』講談社，2004，p.67 より）

1 呼吸の役割と作用

植物の生理作用や生命維持にかかわる合成は，ATP のエネルギーを利用して行なわれている。これまで述べたように，光合成作用を行なう葉緑体は，活動に必要な ATP を直接合成できる。しかし，それ以外の細胞質や細胞内小器官，組織では，呼吸作用によって ATP を合成する。

呼吸は，光合成によって生産された有機物（グルコースなどの糖）を酸化して，高エネルギー物質である ATP の生産を行なう作用である。

植物の呼吸（respiration）は，細胞質（cytoplasm）と細胞内小器官（organelle）であるミトコンドリア（mitochondria）（図 3-Ⅲ-14）(注 8) との連携によって行なわれる。図 3-Ⅲ-15，16 に示すように，呼吸には①解糖系（glycolysis），②クエン酸（tri-carboxylic acid: TCA, citric acid）回路（ATC 回路ともいう），③電子伝達系の 3 段階あり，①は細胞質で，②③はミトコンドリア内で行なわれる。

〈注 8〉
ミトコンドリア：幅 0.5 μm 前後の細胞小器官で，回転楕円体の形をしている。内部にはクリステ (cristae) とよばれる二重膜の“ひだ”が多数ある。この“ひだ”にクエン酸回路に関係する多くの酵素や，ATP 生産のための電子伝達系などがついている。また，独自の DNA を持ち自己増殖する。

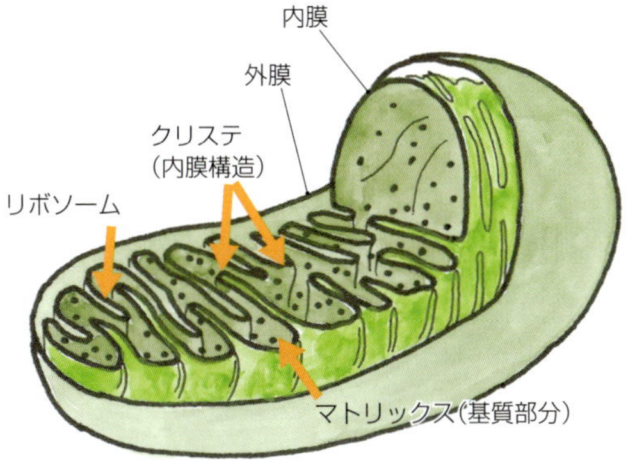

図 3-Ⅲ-14　ミトコンドリア

（http://images.yourdictionary.com/mitochondrion より改作）

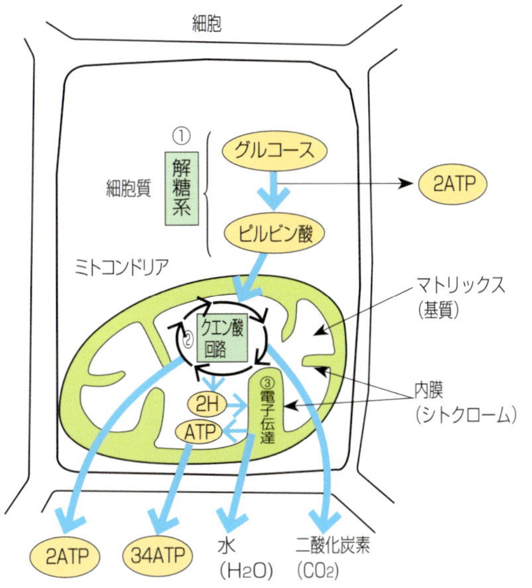

図 3-Ⅲ-15　呼吸反応は細胞質とミトコンドリアの共同作業

1～3の反応をまとめると次の式で表わされる。

$$C_6H_{12}O_6 + 6O_2 + 6H_2O \rightarrow 6CO_2 + 12H_2O\ (+38ATP)$$

（グルコース）（酸素）（水）（二酸化炭素）（水）（エネルギー）

2 呼吸の機作

❶解糖系

細胞質で行なわれ，光合成作用で合成されたグルコース（$C_6H_{12}O_6$，炭素数6（C6））からピルビン酸（pyruvic acid，炭素数3（C3））に分解される反応を行なう。この反応では酸素は必要なく，CO_2 も発生しないので，発酵系ともよばれている。

次の式のように，グルコース1個から2個のATPと2個の水素ができる。

$$C_6H_{12}O_6 \rightarrow 2C_3H_4O_3 + 2[2H]\ (+ 2ATP)$$

（グルコース）（ピルビン酸）（水素）（エネルギー）

❷クエン酸回路

ミトコンドリアのマトリクス（matrix：基質）で行なわれている反応である。解糖系でつくられたピルビン酸が，クエン酸回路に取り込まれ，

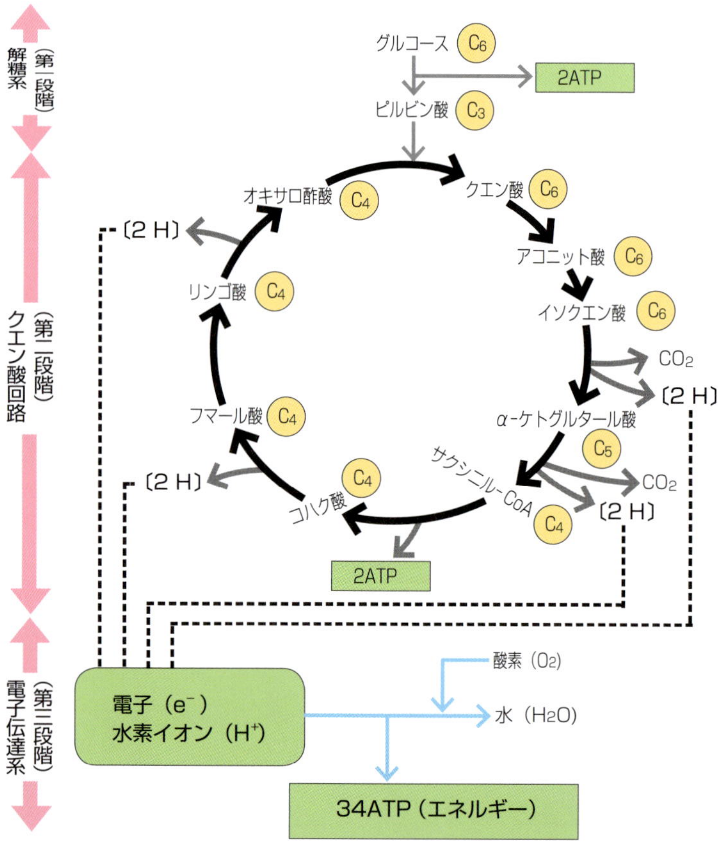

図3-Ⅲ-16　呼吸での3段階の反応

全体として38ATPが生産されるというが，最近，もう少しATP生産量が少ないという主張もある。

オキサロ酢酸（oxaloacetic acid）と結合してクエン酸（citric acid）になる。この反応を起点にしてクエン酸回路が始まる（図3-Ⅲ-16)。クエン酸回路が1回転すると，オキサロ酢酸が再生される。

この回路の反応によって，式のように，2個のピルビン酸は6個の水と反応して，6個の酸素と10個の水素に分解され，2個のATPができる。

$$2C_3H_4O_3 + 6H_2O \rightarrow 6CO_2 + 10[2H]\ (+2ATP)$$

（ピルビン酸）（水）（二酸化炭素）（水素）（エネルギー）

❸電子伝達系

解糖系やクエン酸回路でつくられた水素（[2H]）は，電子（e^-）と水素イオン（プロトン：H^+）に分かれる。電子はミトコンドリア内膜のシトクロム（cytochrome，細胞色素のことで、チトクロムともいう）によって伝達される。

この電子の伝達過程で発生したエネルギーによって，水素イオンはマトリクス内へ流れ込むが，このとき34個のATPが合成される（これを酸化的リン酸化反応という）。最後に電子とプロトンは酸素と結合して水になる。

$$12\,[2H] + 6O_2 \rightarrow 12H_2O\ (+34\ ATP)$$

（水素）（酸素）（水）（エネルギー）

3 光合成速度と呼吸速度

個葉では，葉面積当たりの光合成速度の高い植物は，呼吸速度も高い傾向がある。これは，光合成と呼吸にかかわる器官が共通していることが多く，単位面積当たりの光合成・呼吸にかかわる器官量が多い植物ほど高いためである。

光合成速度の高い植物（イネ，ヒマワリ，ケヤマハンノキ，ユーカリの一種など）では，葉の表裏に気孔が発達しており，さらに細胞間隙も発達しているために，強光下でCO_2の拡散供給速度が比較的高い。ただし，投影面積当たり呼吸速度は他の植物と大差はない。

多くの作物や落葉広葉樹では，窒素が十分ある環境では葉の柵状組織が間伸びし，海綿状組織には空隙が多くなる。このため，面積当たりの光合成・呼吸速度は高くなるが，徒長的な成長を示すことが多い。しかし，葉の構造がもろくなり，寿命は短くなる。さらに，タンニンなどの防御物質の量が少ないことが多く，病虫害の被害も受けやすい。

4 光合成産物の転流と蓄積

光合成作用によって生産された光合成産物は，主にスクロースとして，葉から維管束の師管を通って各器官に移動され，細胞質や細胞壁の原料になったり，呼吸作用によってそれらを合成するエネルギー（ATP）生産に利用される。さらに，スクロースは果実や根などに重合され，スターチ（デンプン）（注9）として蓄積・貯蔵され，収穫対象になる。

〈注9〉
スクロースが葉緑体にたくさん貯まると，光合成反応が抑制されるが，スターチ（デンプン）に合成されると分子数はそれほど増えないため，貯まりすぎて光合成反応が止まることは少ない。これが，貯蔵物質であるデンプンのすぐれた点である。

1 光合成産物の転流とシンクとソース

植物体内で，栄養素や光合成産物，代謝産物が，ある組織（器官）から他の組織（器官）に運搬されることを転流という。光合成（カルビン回路）でつくられたトリオースリン酸（PGAL）（図 3 - Ⅲ - 16 参照）は細胞質に移動し，スクロースが合成されて師管を通り，他の器官に転流する。そして，葉の光合成活動をソース，光合成産物を受け入れる器官をシンクとよぶ（図 3 - Ⅲ - 17）。

光合成産物は，生産された葉に近い場所のシンク器官（たとえば，若葉，花，果実など）へ多く転流する。たとえば，上位の葉では果実などへ，下位の葉では根などへ多く転流する。葉は光合成器官であるが，成長しているときはシンクであり，葉が面積で約 80% 完全展葉し成熟してからはソースに変わる。また，成熟した葉同士での光合成産物の移動はきわめて少なく，葉の成長に利用されたものの一部は呼吸の材料になる。

ここで強調したいのは，光合成活動は、葉による生産だけでなく，生産物を受け取る各器官間とのさまざまな情報の交換など，相互の関係を通じて行なわれている点である。

2 転流の仕組み

光合成産物はトリオースリン酸となって，葉緑体から細胞質へ運び出される。光合成作用を行なっている昼は，カルビン回路でできたトリオースリン酸がそのまま運び出される。しかし，夜は，昼にトリオースリン酸から合成されて蓄積したデンプンが分解され，トリオースリン酸になって運び出される（図 3 - Ⅲ - 18）。

トリオースリン酸は細胞質で FBPase（フルクトース -1,6- 二リン酸ホスファターゼ）や SPS（ショ糖リン酸合成酵素）等の酵素の働きでスクロース（注 10）になり，茎の師管を通って各器官に運ばれる。

〈注 10〉
転流時の糖は主にスクロースであるが，植物の科ごとに特徴がある。バラ科（リンゴ，モモ，ナシ）ではソルビトール，ウリ科（メロン，キュウリ）ではラフィノースとスタキオース，セリ科（セロシ，パセリ）ではマンニトールである。

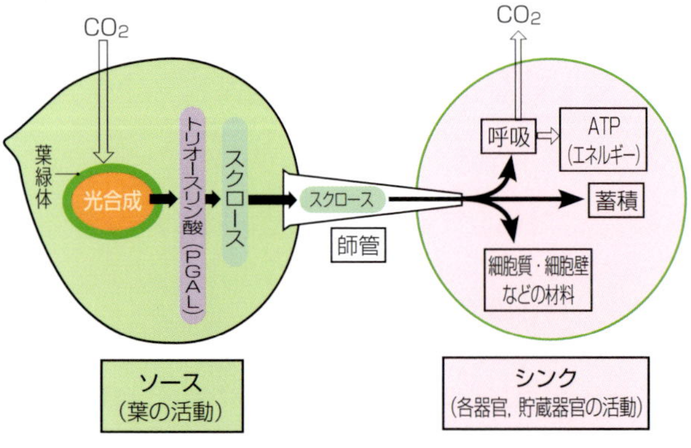

図 3 - Ⅲ - 17　光合成作用におけるソースとシンクの概念
（藤田，1991 より改作）

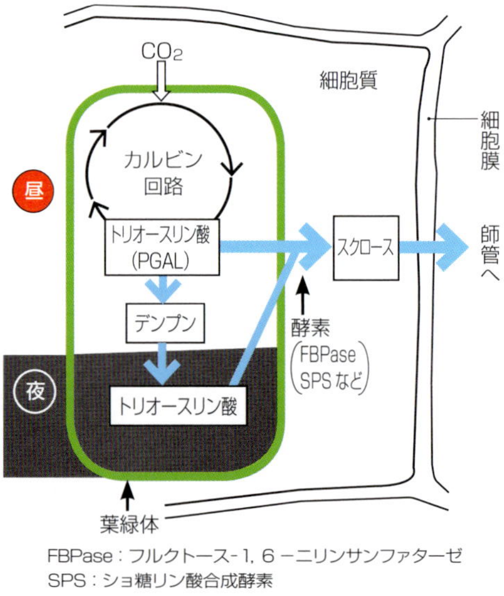

図 3 - Ⅲ - 18　昼と夜の光合成産物が運び出される仕組みの違い

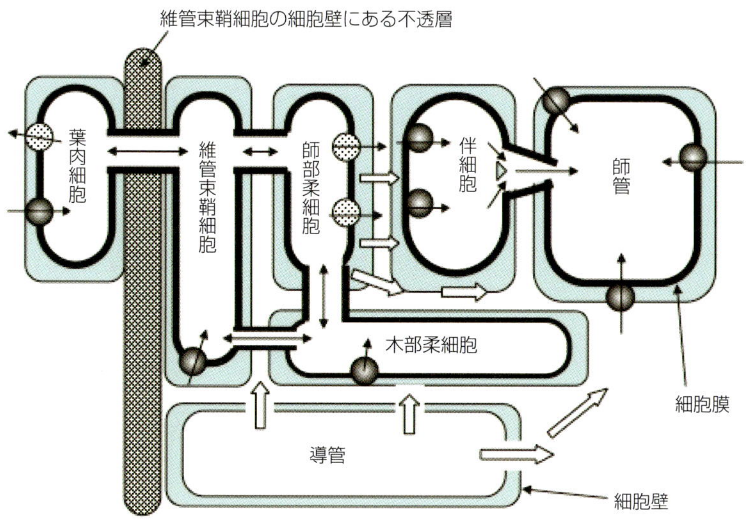

図3-Ⅲ-19　葉の維管束周辺における物質移行のモデル図

：細胞膜を内から外への移動　：外から内への移動
：シンプラスト移動　：アポプラスト移動
細胞壁：細胞と細胞のつながりは原形質連絡

3 師部ローディング

❶師部ローディングとアンローディング

ソースとシンクは師管を通して行なわれている。水分や無機栄養の輸送をになう道管は，死んだ細胞であり，上向きの一方向の輸送しか行なわないが，師管の細胞は生きた細胞であり，双方向への輸送を行なっている。たとえば，落葉果樹では，葉が成長する春は根から貯蔵されているデンプンなどが輸送される。

師部細胞は,隣接する伴細胞(companion cell)と原形質連絡(plasmodesmata)によってつながっており，伴細胞を経由して糖（スクロース）を葉肉細胞から受け取り輸送している（図3-Ⅲ-19)。

ソースで生産された糖を師管に入れなければならないが，葉の師管内の糖の濃度は葉肉細胞の濃度より高い。このため，葉で生産された糖を，濃度勾配に逆らって師管へと送り出すには，特別な仕組みが必要である。この仕組みを師部ローディング（phloem loading，積み込み）とよぶ。

それに対して，移動された糖が，師部から出てシンクに入る仕組みをアンローディング（unloading，積み降ろし）とよぶ。

❷師部ローディング2つの型

植物体内での物質の移動には,細胞質中を移動するシンプラスト(symplast)経路と,細胞間隙などを移動するアポプラスト（apoplast）経路がある（3章Ⅰ-3-2参照)。師部ローディングも，この2つの経路の組み合わせで行なわれている。大きく，原形質連絡が多いⅠ型（open type）と，原形質連絡が少ないⅡ型（close type）に分けられるが，その中間型も多い。

多くの植物はII型である。この型は，原形質連絡が少ないためスクロースなどは一度，細胞外へ出た後に再度，濃度勾配にさからった能動輸送によって伴細胞や師管へ取り込まれる（アポプラスト・ローディング）。

I型は，葉肉細胞・師部柔細胞－伴細胞の間が密接な原形質連絡でつながっているため，葉肉細胞から師管まで原形質連絡によって移動できる（シンプラスト・ローディング）。ウリ科の植物（カボチャなど）や園芸種コリウス（和名：錦紫蘇）などのシソ科植物がこの型である。

4 アンローディングとシンク力

❶アンローディング

師部からシンクへのアンローディングは，以下の式のように，濃度勾配にしたがって糖濃度の低いシンク組織へ移動する。

圧ポテンシャル（ψp）＝水ポテンシャル（ψw）－浸透ポテンシャル（ψs）

ソース組織（葉）の（師管に糖が蓄積すると浸透ポテンシャルが低下し，葉へ水が流入し，圧ポテンシャル（＝膨圧）が上がり，葉は“張り”を取りもどす（図3-Ⅲ-20）。そして，ソースからシンクへ向かって糖の“流れ”（マスフロー）が生じ，師部からシンクへ糖をアンローディングすると，浸透ポテンシャルが大きくなって水が出て，圧ポテンシャルは低下する。このくり返しで，糖が転流される。ポテンシャルについては3章Ⅰ-2-3参照のこと。

❷シンク力と光合成速度

光合成生産が活発であれば十分に師部ローディングができるので，アンローディングを活発にすることによって圧力差を大きくし，糖のマスフローを大きくできる。つまり，シンク力をより高めることで，シンク組織により多くの糖を集積することができるのである。

なお，葉に糖が集積すると光合成関連遺伝子の発現は抑制される。こ

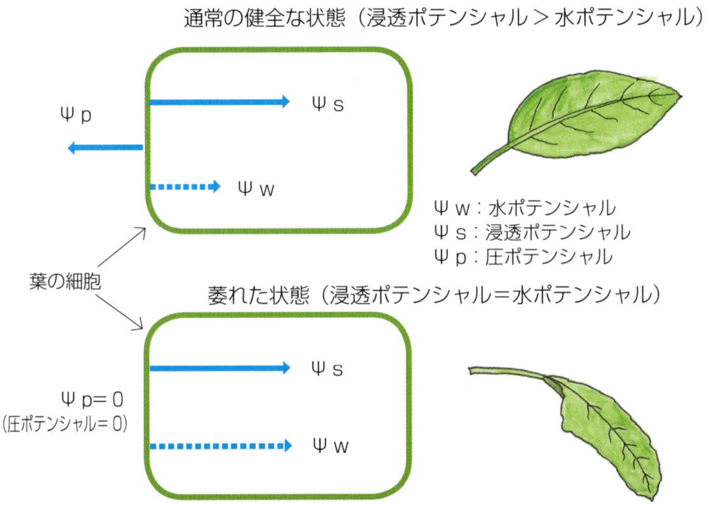

図3-Ⅲ-20　水ポテンシャルと葉の状態

れを防ぐためにも，シンク能の改善が高い光合成速度を維持することになる。

❸シンク力の維持

植物の光合成作用は，窒素やリンなどのミネラルが不足すると強く制限される。たとえば，窒素不足になると光合成速度は低下するが，それにもまして葉や茎などの活動も低下するので，光合成産物が利用されずデンプンなどが集積する。そのため，光合成速度が低下する。つまり，ソース力よりシンク力が低下するのである。したがって，高い生産力を実現するには，植物の養分吸収を高める肥培管理によってシンク力を高く維持することが大切になる。なお，リンは葉緑体から光合成産物を転流させ，DNAの構成成分であり代謝に不可欠であるが，資源として日本では今後とも不足するミネラルである。

シンク力は多くの植物ホルモンによって制御されている。たとえば，若返りホルモンとされるサイトカイニンは，細胞分裂を促してシンク器官を大きくすることによってシンク強度を高める。

また，果実が大きくなることはシンク強度を高めることにつながる。これには，細胞分裂によって細胞数が増加すること，1つの細胞が肥大伸張することによってその容積が大きくなることがあげられる。

5 ソースとシンクの単位

ソースとシンクは1つの単位として考えることができる。

たとえば，トウモロコシでは収穫部位の雌穂がシンクであるが，その周辺の葉が光合成産物を送るソースになる。ダイズやトマトでも，収穫する子実や果実（シンク）に対するソースは，近接した数枚の葉のみであり，それ以外の葉から光合成産物を送ることはない。ソースとそれに近接したシンクが1つの単位になっており，この単位が積み重なって1株の植物が構成されている（図3-Ⅲ-21）。

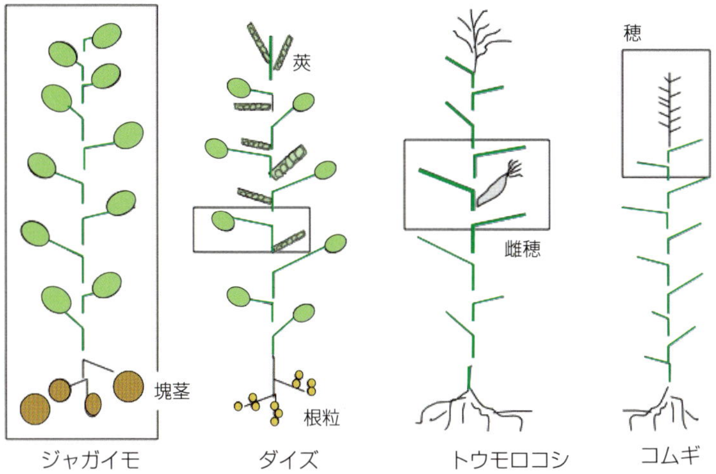

図3-Ⅲ-21　ソース/シンクの単位　（藤田，2001より改作）
四角で囲った部分が1つの単位になる

なお，ジャガイモやサツマイモでは，植物体全体が1つの単位になっており，こうした植物も多い。

6 光合成産物の蓄積

光合成産物の蓄積はシンクで行なわれるが，蓄積部位によって，蓄積される糖の形態が違う。

シンクが果実や肥大根など収穫する部位の場合は，主に細胞内のアミロプラストにデンプンとして蓄積されるが，他の物質と反応しにくい形態になっている。リンゴなどのバラ科果樹ではソルビトール，アスパラガスではフルクタン，キクイモではイヌリン，コンニャクではマンナンなど，植物の種類によって違う。これは，液胞にはいろいろな物質が含まれており，それらと一番反応しにくい形態が，種類ごとに選択されたとものと考えられる。

一方，根や茎などの栄養器官がシンクの場合は，細胞壁を構成するセルロースやヘミセルロースなどの多糖類として蓄積される。

なお，植物の光合成産物を蓄積する能力は遺伝要因だけではなく，栄養条件や光条件などの環境要因によって左右される。

第4章

環境制御と管理

I 栽培環境とその制御

〈注 1〉
ここでは①を中心に解説し，②は第 2，3 章の関連項目，③は本章Ⅱ以下で解説しているので，そちらを参照されたい。

1 園芸作物の栽培と栽培環境

作物に影響を与えるとともに，作物からも影響を受ける，作物以外の環境要因のことを栽培環境という。栽培環境を左右する環境要因は，①温度，光，湿度，風雨など作物の地上部に影響するもの，②土壌の養分，水分，pH，土壌微生物など作物の根に影響するもの，③病原菌，害虫，雑草など作物の地上部と地下部の両方に影響するもの，とがある（注 1）（図 4 - Ⅰ - 1）。

作物栽培に最も適しているのは，気候や土地など，その作物の原産地に近い環境である。しかし，生産や消費の拡大とともに，不適地での栽培や適期以外の時期にも収穫できるよう，栽培環境の制御と栽培法が工夫されてきた（表 4 - Ⅰ - 1）。また，それに合わせた品種の開発もあり，現在では多くの園芸作物で周年栽培が可能になっている。

2 温度環境とその制御

1 園芸作物の成長と温度環境

作物にとって温度は非常に重要で，芽生え，定植，受粉，結実，果実肥大など，成長過程に大きく影響する（表 4 - Ⅰ -2，3）。

果実を収穫する作物では，花粉など生殖細胞をつくる減数分裂期の温度はとくに重要で，生産量を大きく左右する。また，受粉の時期に低温が続くと花粉の形成がさまたげられたり，訪花昆虫の活動にも影響し，受粉率が大幅に低下してしまう。果実が成熟する時期の温度は，果実の大きさ，糖度などの品質に大きく影響する。

2 気温の変動と制御

南北に長い日本列島では，年間の温度や季節変動が地域によって大きく異なるので，その地域に合った作物や作期を選んだり，栽培環境を制御して栽培しなければならない。

東北・北海道の寒冷地や山間部の高冷地では，凍霜害や冷害が発生しやすいので，対策は重要である。果樹やチャでは，寒冷紗（かんれいしゃ）などで保護したり，放射冷却を防ぐため，防霜ファンで上方の暖かい空気と地表付近の冷気を入れ替える送風が行なわれている。また，葉菜類では作物を直接被覆資材で覆う「べたがけ」が，凍霜害の防止や保温の目的で行なわれている。

昼間，太陽の熱で暖められて上がった地温も，夜間には放熱によって低下するので，とくに気温の低い季節には凍霜害が発生しやすい（図 4 - Ⅰ - 2）。これを防ぐには，夜間だけ，熱源である長波長を逃がさない被覆資材で覆うのが有効である。 作物にスプリンクラーなどで連続的に散水して，

表４－Ⅰ－１　環境要素と成長への影響

環境要素		成長への影響	制御と対策
大気環境	日射量	日射量不足による光合成低下，強光による障害	補光，遮光シートや不織布などによる覆い
	日　長	花芽分化，開花を左右	補光，電照，遮光による日長制御，開花促進剤，開花抑制剤
	温　度	低温障害，高温障害，晩霜害	施設栽培（温室，ハウス，トンネル，べたがけ，マルチ）による温度調節，育苗による低温回避，霜対策（送風ファン，燃焼）
	降水量	不足による干害，多雨による湿害と病害発生の助長	灌水や灌漑，雨よけ施設
	湿　度	施設栽培での湿度不足による生育不良，過湿による軟弱生育と病害発生の助長	霧状散水や灌水による加湿，換気
	風	落葉，落果，倒伏，塩害（潮風），体内水分の消耗（乾熱風）	防風林，防風垣，防風ネット
土壌環境	養　分	養分の過不足による成長不良	適正施肥
	土壌水分	乾燥や過湿（排水不良）による成長不良	灌水，暗渠や明渠による排水，土壌改良（土壌の団粒化）
	土壌空気	酸素欠乏による生育不良	土壌改良（土壌の団粒化），耕耘
	土壌 pH	酸性化や高アルカリ化による生育不良	石灰質資材による酸性の中和，pH 低下剤などの利用
	土壌微生物	病害微生物による病害，根粒菌など共生微生物による生育促進	土壌消毒，太陽熱処理，輪作，コンパニオンプランツ（マリーゴールド，ネギ，ニラなど）の混植や輪作
	土壌動物	土壌改良（ミミズ），根の加害（センチュウ），根の切断（モグラ），食害（ネズミ）	堆肥などの施用（ミミズの増殖），ネット，殺鼠剤などによる防除
生物環境	病原菌	病害	耕種的防除，殺菌剤，ウイルスフリー化，耐病性育種
	害　虫	食害，吸汁害，病気の伝播	耕種的防除，物理的防除，殺虫剤，フェロモン，天敵昆虫
	鳥　獣	食害	ネット（防鳥，防御），柵（電気，防御），爆発音，超音波
	雑　草	光や養水分の競合，病害虫の繁殖源	手取り，刈り取り，耕運・すき込み，マルチ，アレロパシー植物の利用，除草剤

注）　土壌微生物，土壌動物も生物環境要素の１つであるが，ここでは土壌環境要素に入れた

表４－Ⅰ－２　野菜の発芽と生育に適した温度

野菜名	発芽適温	生育適温
高い温度を好み，寒さに弱い野菜		
ナス	20～25℃	22～30℃
トウガラシ	30～35℃	25～30℃
ピーマン	30～35℃	25～30℃
ダイズ	25～30℃	18～28℃
サツマイモ	25～30℃	22～30℃
サトイモ	25～35℃	25～30℃
ショウガ	25～30℃	20～30℃
中程度の温度を好む野菜		
トマト	15～27℃	21～26℃
キュウリ	25～30℃	18～25℃
カボチャ	20～25℃	20～25℃
スイカ	25～30℃	25～30℃
インゲンマメ	20℃	15～25℃
アスパラガス	20～30℃	15～25℃
低い温度を好み，暑さに弱い野菜		
キャベツ	15～30℃	15～20℃
ハクサイ	20℃	15～20℃
レタス	15～20℃	15～20℃
ニンジン	15～25℃	16～20℃
ジャガイモ	－	15～24℃
ダイコン	15～35℃	15～20℃
タマネギ	18℃	15～20℃
ネギ	15～30℃	15～20℃
ホウレンソウ	15～20℃	15～20℃

表４－Ⅰ－３　果樹の生育温度

比較的低い温度を好む果樹	リンゴ，セイヨウナシ，オウトウ
中程度の温度を好む果樹	モモ，ブドウ，ナシ，カキ，ウメ，クリ
比較的高い温度を好む果樹	カンキツ類，ビワ

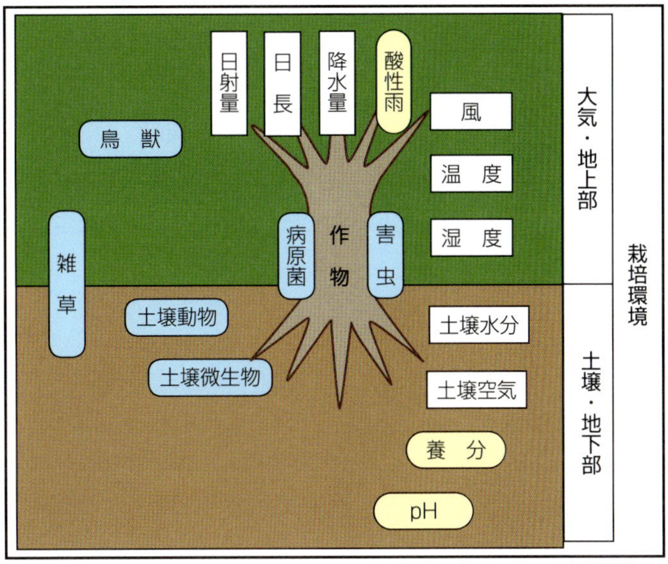

作物を除く周囲が栽培環境。生物環境の要素 ，物理環境の要素 ，化学環境の要素 の代表的なものを記入してある。

図４－Ⅰ－１　栽培環境の概念図

（西尾道徳他『作物の生育と環境』農文協，2000，p.8 より引用）

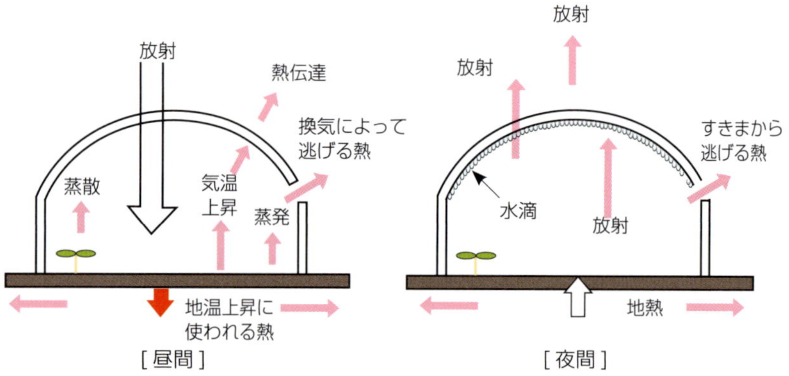

図 4-Ⅰ-2　施設の熱の出入り
白い矢印は入る熱，色つきの矢印は失われる熱。
（池田英男，川越英夫編『新版 野菜栽培の基礎』農文協，2005，p.65 より引用）

表面の水を凍らせ植物の体温を 0℃に維持して凍結を防ぐ方法もある。

一方，夏季の高温も問題で，施設栽培では遮光，強制換気のほかに空調による冷房もあるが，コストがかかるため水の蒸発熱を利用した冷房も行なわれている。施設栽培で空気を暖めるには，それほど熱量を必要としないので，冬季の暖房よりもむしろ，夏季の冷房にコストがかかる。

3　光および日長環境とその制御

1　園芸作物の成長と光，日長

光の重要な役割として，光合成を左右する日射量と，開花や芽生えの時期を調節する日長とがある。そのほか，果実の着色や，赤外線（波長 0.7 μm ～ 1mm）による熱源効果，紫外線（波長 10 ～ 400 nm）による訪花昆虫の活動や微生物への影響など，光は作物の成長に多様な役割をはたしている。

光合成には光の強度が重要であるが，日長では光合成の 1/10 ～ 1/100 程度の強さでよい。また，それぞれが要求する光の波長は異なっており，日長を感知するのはフィトクロムで赤色光と遠赤色光である（第 2 章Ⅳ-2-1 参照）。

秋から春にかけて，日射量が不足して光合成に支障をきたす地域の施設栽培では，補光が行なわれている。また，日長を調節して開花を制御する電照栽培はキク，イチゴ，トルコギキョウなどで実用化されている（第 2 章Ⅳ-2-3 参照）。

果実の着色では，リンゴやモモでは地面にアルミ製のフィルムなどを敷いて，むらなく日光を当てて色つきをよくすることが行なわれている。

2　光質（波長）の影響

❶光質と作物の成長

施設栽培では，被覆資材による透過光の違いに注意が必要である。

ナスの果色やバラ，プリムラ，キキョウなどの花弁の着色には，アントシアニン色素の合成を促進する紫外線が必要なので，その波長を通す被覆資材が求められる。また，近紫外線（380 ～ 200 nm）は植物の成長にも影響し，ホウレンソウ，ニラ，レタスなど一部の葉菜では，近紫外線がないほうが成長がよい。

赤外線などの長波は熱を生じるので，太陽光で温室やハウス内を暖めることができるが，逆に夜間はハウス外への放射によって熱を失うので，波長を透過する被覆資材を用いると保温しづらくなる。そのため，外張りは長波を通す資材を使い，夜間の保温のための内張りは長波反射性の高い資材を使うなど，保温性を高める工夫がされている。

❷近紫外線と昆虫の行動，病原菌

近紫外線は昆虫の行動や細菌の繁殖にも影響し，ミツバチは340nm付近の近紫外線がないと行動が不活発になるので，イチゴやメロンなどミツバチを使って交配を行なう場合は近紫外線が必要になる。ミナミキイロアザミウマ，オンシツコナジラミ，ワタアブラムシなどの害虫も近紫外線がないと活動が抑えられる。

病原菌でも灰色かび病や菌核病，萎ちょう病などの糸状菌は，近紫外線がないと胞子や菌核の形成が抑制されるので，近紫外線部を除去した，紫外線カットフィルムの防除効果が認められている。

❸被覆資材と光の透過

被覆資材として用いられるガラスやプラスチック樹脂は，種類によって光の波長の透過率が異なっており，目的によって使い分ける必要がある。ガラスは，可視光と近紫外線の境界付近から透過率が低下し，300nm以下の波長はほとんど透過しない。長波長も他の被覆資材より透過しづらい。

塩化ビニールのフィルムは，ガラスよりも短い波長を透過し，300nmでもかなり透過する。長波長もポリエチレンフィルムの次に透過しやすい。ポリエチレンフィルムは透過できる波長領域が最も広く，長波長は最も透過しやすく，短波長は200nm近くまで透過する。

4 風雨環境とその制御

露地栽培では，風雨の影響も大きい。日本は梅雨や台風での雨や強風による被害が大きい。海岸地帯では，台風による海水の飛散による塩害で枯れることも多い。防風林や防風ネット被覆，散水で付着した塩分の洗い流しなど行なっているが，効果は限定的である。

高冷地や冷涼地を中心に，ハウスの天井部分だけビニールで覆って雨を防ぐ雨よけ栽培が，夏秋期のトマトやホウレンソウ栽培で行なわれている。雨よけ栽培のねらいは，雨によって感染しやすい病気の防除と，雨に当たって果実が吸水して裂果するのを防ぐためである。果樹では，雨に当たって裂果するオウトウ（第2章図2-V-15）で行なわれている。

5 施設栽培

1 施設栽培と作期の拡大

❶施設栽培とは

施設栽培は塩化ビニール（ポリエチレン）やアクリル樹脂，ガラスなどで被覆した環境で作物を栽培することで，植物工場から温室，プラスチッ

表4-Ⅰ-4　用途別主な被覆資材

用　途	資　材
ガラス温室	ガラス
プラスチックハウス（外張り）	軟質フィルム（農ビ，農ポリ，農酢ビ，農PO，他） 硬質フィルム（ポリエステルフィルム，フッ素フィルム，他） 硬質板（ガラス繊維強化ポリエステル板，同アクリル板，他）
トンネル	軟質フィルム 不織布（ポリエステル，ポリビニールアルコール，他） 寒冷紗（ポリビニールアルコール，ポリエステル，ポリエチレン，他）
マルチ	軟質フィルム 反射フィルム（軟質フィルムと同じ。アルミをサンドイッチ状にはさみ込んだり，混合，蒸着している） 生分解フィルム（植物繊維やデンプンが原料。土壌微生物などで容易に分解する）
べたがけ	不織布，寒冷紗，他

注）1．農ビ：農業用塩化ビニールフィルム，農ポリ：農業用ポリエチレンフィルム，
　　農酢ビ：農業用エチレン酢酸ビニル合成フィルム，農PO：農業用ポリオレフィン系特殊フィルム
　2．マルチ用のフィルムには，透明，黒色，着色系，除草剤混入，反射，赤外線，二層，通気性のあるものなどがある

クハウス，トンネル，‘べたがけ’までさまざまなものがある。

施設栽培は，気象の影響を受けにくく，かつ人為的に温度，湿度などを制御できることが特徴で，栽培時期（作期）の拡大や病害虫，気象変動から作物を保護し，生産性や品質を向上することを目的に行なわれている。

❷施設利用と作期の拡大

施設利用によって作期が広がり，周年栽培される園芸作物も多くなっている。促成栽培は，露地栽培より早く収穫する栽培法で，苗を温床で育成したり，生育期間はトンネルやプラスチックハウス内で育てて生育を早める。半促成栽培は，生育の前半を施設内で育て，その後露地で栽培する方法で，促成栽培と露地栽培の中間の時期に収穫するタイプである。

抑制栽培は，露地栽培より遅く収穫する栽培である。寒冷地や高冷地などの冷涼な気候を利用して，温暖な地域より遅く収穫する栽培と，西南暖地などの温暖な気候を利用して晩秋まで収穫する栽培がある。生育後半の低温の時期に，プラスチックハウスを利用して，晩秋から早春まで収穫する栽培もある。

❸被覆資材

被覆資材には，表4-Ⅰ-4のようなものがある。軟質フィルムでは塩化ビニールフィルム（農ビ）とポリエチレンフィルム（農ポリ）がよく使われる。農ポリは，光の紫外部と赤外部の両方の波長ともよく透過するが，保温性が劣っている。硬質フィルムは硬く耐久性があるが，曲面に張るのがむずかしいので，屋根型のハウスでの利用が多い。

図4-Ⅰ-3　レタス（左の畦はサニーレタス）の マルチ栽培
白色フィルム，右奥は黒色フィルムを使用。
（写真提供：赤松富仁氏）

2　マルチ栽培

土壌の表面を，稲わらやプラスチックフィルムで覆って栽培することをいう（図4-Ⅰ-3）。地温の上昇や保温，土壌水分の保持，土壌を膨軟に保つ，などの効果がある。また，土壌の跳ね上がりが抑えられるので，土壌伝染する病害虫の抑制や，黒色のフィルムは雑草の発生をおさえる効果もある。

最近では，公害問題や省力化から，土壌にすき込んで分解

する生分解性フィルムも使用されている。また，ウイルスを伝播するアブラムシは紫外線を嫌うため光を反射する銀色のフィルムを用いたり，雑草を抑制するため除草剤を混入したフィルムを使用する場合もある。

3 べたがけとトンネル栽培

べたがけは，寒冷紗や不織布（ふしょくふ）などで直接作物を覆うことである。風害や低温を防いだり，害虫の侵入を防ぐ効果もある。簡単な支柱を利用して，作物から浮かせて覆う方法もあり，「浮きがけ」とよばれる（図 4-Ⅰ-4)。

トンネルは，アーチ状のパイプや竹の両端を土にさして骨格をつくり，プラスチック資材で被覆したものである。主な目的は保温で，初期の生育促進や凍霜害防止，遮光，風雨からの保護，病害虫防除にも効果がある。また，ダイコンなど低温感応性野菜の春どり栽培で，脱春化（注 2）による抽だいの防止にも利用されている（図 4-Ⅰ-5)。

〈注 2〉
低温による春化で花成が誘導されたあとに，一定期間高温にあうと春化の効果が失われることを脱春化というが，この場合はトンネルで日中高温にすることで脱春化させて，抽だいを防いでいる。

4 プラスチックハウスと温室

❶構造と特徴

農ビや農ポリ，アクリル板，ガラスなどで外気と遮断し，中で人が作業できるようにつくられているのが，プラスチックハウスや温室であり，ここでの栽培をさして施設栽培ということも多い。

温室やプラスチックハウスの構造は，外部骨格に固定する資材（外張り）と随時取り外しのできる資材（内張り）とで構成されている。外張りがガラスのものを温室，プラスチックのものをプラスチックハウスとよぶが，プラスチックハウスは略して単にハウスとよばれることが多い（本書でも以下，ハウスという)。

また，冬季など気温の低い時期に，暖房機などで加温するタイプと，加温しない無加温のタイプがある。温室はほとんどが加温するタイプであるが，ハウスは無加温のタイプも多く，果菜類の半促成栽培や葉菜類や根菜類などの栽培に利用されている。

ハウスには，曲線加工した鋼管を中央部でつなぎ左右の端を地中にさし込んで固定するだけの，丸屋根型のパイプハウスから，鉄骨を利用した平

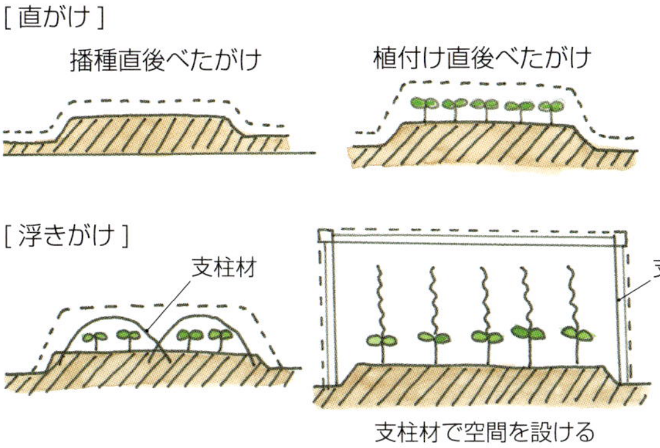

図 4-Ⅰ-4　べたがけの「直がけ」と「浮きがけ」

図 4-Ⅰ-5　春どりダイコンのトンネル栽培
（写真提供：皆川健次郎氏）

図 4 - I - 6　パイプハウスでのイチゴ栽培
トンネルは支柱のみでフィルははずされている。（写真提供：岩下守氏）

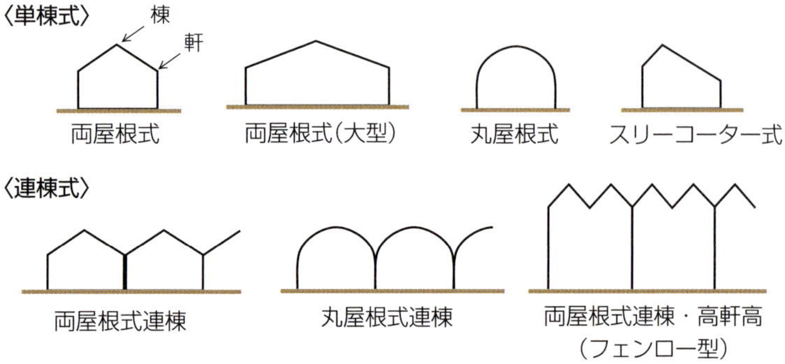

図 4 - I - 7　ハウス・温室の形状による分類

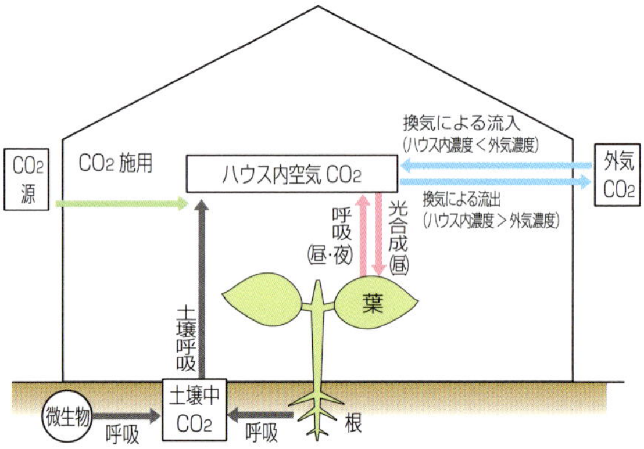

図 4 - I - 8　施設内における二酸化炭素（CO_2）の出入り
（池田英男，川越英夫編『新版 野菜栽培の基礎』農文協，2005，p.66 より引用）

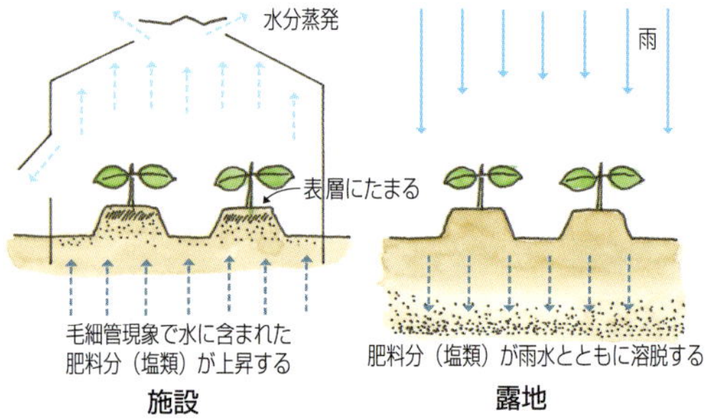

図 4 - I - 9　塩類集積の様子
（池田英男，川越英夫編『新版 野菜栽培の基礎』農文協，2005，p.68 より引用）

屋根式の大型ハウスまである。前者は，簡便で費用がかからないのでハウス栽培面積の増加に大きく寄与している。また，しだいに大型化するなかで，連棟式のものも普及するようになった（図 4 - I -6，7）。大型化したハウスでは，果樹も栽培されている。

❷栽培環境の特徴

外気から遮断された空間なので，気温や地温が高めになるだけでなく，空気の対流，二酸化炭素の量，湿度などの栽培環境が露地とは大きく異なってくる。保温のため換気回数が少なくなる厳寒期には，二酸化炭素の濃度が低下し光合成速度は極端に低下しやすいので，二酸化炭素施肥（CO_2 enrichment）も行なわれている（図 4 - I -8）。

土壌水分は，降雨がなく灌水に依存しているので低くなりやすい。土壌中の肥料養分も，露地では降雨によって地下に流亡するが，ハウスでは降雨がないので土壌水分は地表から蒸発し，それによって肥料養分も地表面に移動・蓄積する塩類集積が問題になっている（図 4 - I -9）。また，訪花昆虫がいないため，人工受粉を行なったり，受粉用の昆虫を施設内に放す必要がある。

施設栽培はこうした点に留意して，栽培環境を制御する必要がある。

5 育苗施設

古くから，春の定植時期を早めるために，有機物を微生物が分解するときに発生する発酵熱を利用した温床で，育苗が行なわれていた。その後，地中に配線した電熱線で加温したり，暖房したハウス内で育苗されている。

最近は，小型の鉢穴が何個もあいているセルトレイを利用した「セル成形苗」(セル苗とかプラグ苗ともよばれる)(図4-I-10)が多くなっている。狭い面積で多数の育苗が可能で，省力化や軽量化とともに，定植の機械化も容易に行なえる。今では，多くの野菜や花卉の育苗に利用されている。

図4-I-10
レタスのセル成型苗
(写真提供：赤松富仁氏)

6 養液栽培と植物工場

1 養液栽培

❶養液栽培の特徴

ハウスや温室での栽培が普及するとともに，土壌を使わず，肥料を水に溶かした培養液を用いた栽培が発達してきた。これが養液栽培で，以前は水耕栽培ともよばれていた。土壌のかわりに，礫，砂，軽石，ピートモス，ロックウール等の培地を使う「固形培地耕」と，培地を使用しない「水耕」や「噴霧耕」がある（図4-I-11)。

図4-I-11　サラダナの養液栽培
(写真提供：川城英夫氏)

養液栽培は、養液や培地の滅菌処理がしやすく，不足した無機成分などもただちに補給できるので，連作障害を防ぐことができるメリットがある。反面，いったん病原菌が侵入すると一気に蔓延するという欠点もあり，

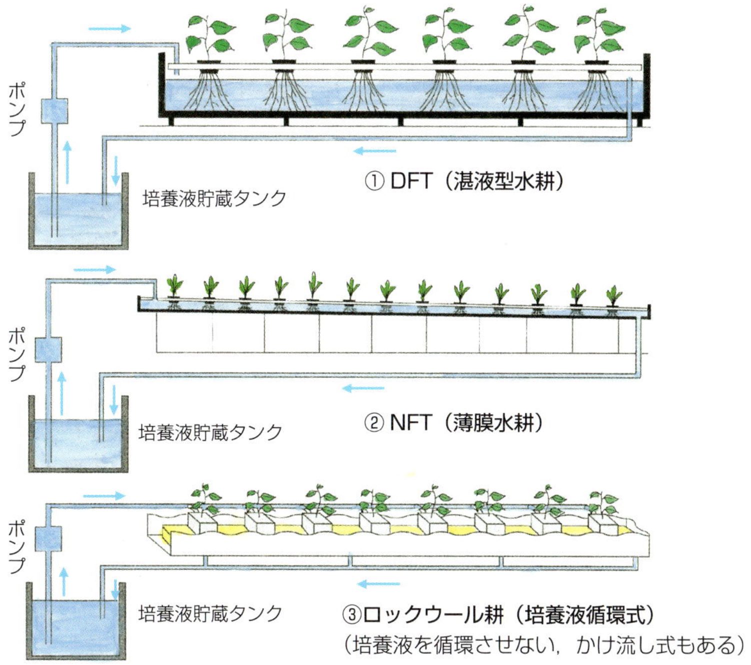

図4-I-12　養液栽培の代表的な方式（模式図）
(池田英男，川越英夫編『新版 野菜栽培の基礎』農文協，2005，p.71 より引用）

〈注 3〉
玄武岩や鉄炉スラグなどを溶解して繊維化し，圧縮熱処理で成型したもので，イオンの溶出や吸着をほとんどしない。97%が空隙なので通気性，保水性にすぐれており，無菌，均質，安定性，軽さを備えている。

注意が必要である。

❷代表的な養液栽培方式（図 4 - Ⅰ - 12）

NFT（nutrient film technique，薄膜水耕）：浅い水深の培養液で行なう，培地を使わない水耕である。培養液をベッドとタンクの間を循環させる循環式で，根はベッドの培養液中にマット状に成長する。サラダナ，ミツバ，ネギなどの葉菜類やイチゴ，トマト，キュウリなどの果菜類で利用されている。

DFT（deep flow technique，湛液型水耕）：深い水深の培養液で栽培する方式で，NFT と同様に循環式で，培地を使わない水耕である。

ロックウール耕：固形培地耕の代表的な方式であり，マットやブロックにしたロックウール（岩綿）（注 3）の培地に根を張らせて栽培する。作物に吸収されなかった余剰培養液を，そのまま廃棄するかけ流し式が多い。この栽培によって養液栽培への関心が高まり，養液栽培が伸びる結果になった。

2 植物工場

❶植物工場とは

図 4 - Ⅰ - 13　植物工場内部の例

栽培環境をすべて人工的に制御して作物を栽培する，いわば工場で製造するように農作物を生産する施設栽培システムを植物工場という。植物工場には，①閉鎖環境で太陽光を用いず栽培する「完全人工光型」，②温室などで，太陽光と人工光を併用して栽培する「太陽光利用型」がある。

植物工場の利点は天候に左右されず，寒冷地，砂漠を問わずどこでもつくれ，しかも連作障害や病害虫の発生が少ないことである。管理の自動化，計画生産ができ，栽培がマニュアル化されているので，農業の経験がなくても栽培可能である。欠点としては大きな初期投資が必要なこと，電気代などのランニングコストが高い，栽培できる作物の種類が少ないことなどがある。実際，オランダでは，人工光を補光に利用した花卉栽培以外，植物工場の開発がほとんど中止されている。

❷植物工場の可能性

日本では近年，植物工場への関心が高まり，現在 20 カ所以上ある。最近は，ランニングコストが低い LED などの光源を使用した植物工場も開発されている。また，都会のビルの地下室やスーパーの建物の側面，レストランの地下室でも栽培されている。フロアーの一部や地下などの植物工場で，従業員が無菌に近い服装で出入りして無農薬栽培した葉菜類を，サラダなどで提供するレストランも出てきている（図 4 - Ⅰ - 13）。

移動可能なコンテナ式の植物工場もあり，中東諸国に輸出されて，海水を真水にしたものを水源に，野菜栽培などが行なわれている。また，数カ月，海上を航行するタンカーなどで，乗組員の野菜不足を解消するため船の地下コンテナで野菜を栽培している例もある。

食品としても，栽培条件や施肥など自在に変えられるため，栄養分や機能性成分を高めたり，食味を変えることも可能である。

Ⅱ 病気，害虫，雑草とその制御

1 病気の防除と防御機構

1 園芸作物の病気と防除

病害の原因になる病原体と主な病気を表 4-Ⅱ-1 に，また主な防除方法を表 4-Ⅱ-2 に示した。現代では，減農薬が課題になっているが，必要以上に農薬を散布しないためには，病害診断をしっかり行ない，適切な農薬選びと適期防除が大切になる。また，耕種的防除や生物的防除，物理的防除をうまく併用して，総合的に作物を病害から守ることが重要である。

殺菌剤の大部分は病原菌の代謝阻害を作用機作にしているが，耐性菌の出現が問題になっている。抵抗性誘導剤（注 1）は耐性菌が出現しにくいために注目されているが，予防的に使用されるもので，治療効果は低い。生物農薬は「環境に優しい」が，効果が安定しないという欠点がある。

〈注 1〉
病原菌への植物自身の抵抗性を高めて病害を抑制する農薬。病原菌に直接作用しないので耐性菌が出にくく，環境負荷も少ない。

表 4-Ⅱ-1 病害の原因になる微生物

微 生 物	特　徴	主な病気
糸状菌	菌糸をつくるカビの一種で，胞子で繁殖する。病気の 80%以上は，糸状菌によって起こされているといわれている	疫病，べと病，菌核病，うどんこ病，根こぶ病，紋羽病など多数
細菌（バクテリア）	菌糸にはならず，細胞が 1 個 1 個ばらばらで生活している。病気の種類は比較的少ないが，被害が大きい	青枯れ病，かいよう病，軟腐病，他
ウイルス	寄生していないときは無生物のように変化しないが，寄生すると生物のように寄生する。病気の種類は少ないが，防除に有効な薬剤はない。アブラムシなどが媒介する	モザイク病，萎縮病，他
ファイトプラズマ	ウイルスに近い特殊な細菌で，以前はマイコプラズマ様微生物とよばれていた。ヨコバイやウンカが媒介する	天狗巣病症状（萎縮や叢状症状），奇形，他

表 4-Ⅱ-2 主な防除方法（害虫も含む）

区　分	主な防除方法
耕種的防除	○抵抗性品種の利用 ○栽培管理の改善（適切な施肥，輪作・混作，圃場衛生など栽培環境の改善，栽植密度の改善，他） ○障壁植物（バンカープランツ）の利用（害虫）
生物的防除	○土着天敵の利用（害虫） ○対抗植物の利用（センチュウに対するマリーゴールド，他）（害虫）
物理的防除	○果実への袋かけ ○ネットや寒冷紗の利用（園全体，施設の入り口，うね被覆，他） ○アルミ蒸着フィルムなどのマルチ（アブラムシなど有翅害虫） ○光の利用（黄色蛍光灯などの防ガ灯，紫外線カットフィルム，他） ○むしろやわら巻き（越冬害虫の誘殺） ○粗皮削り（越冬病害虫の防除） ○熱利用（温湯による種子消毒，土壌消毒，他）
農薬による防除	○化学農薬（殺菌剤，殺虫剤，他）の利用＝化学的防除法 ○天敵農薬の利用（チリカブリダニ剤，コレマンアブラバチ剤，他）（害虫） ○微生物農薬の利用（バーティシリウム・レカニ剤，バチルス・ズブチリス剤，BT 剤，弱毒ウイルス製剤，他） ○フェロモン剤の利用（雌雄の交信かく乱で交尾を阻害）（害虫）

注）1．「害虫」は主に害虫防除に利用
2．農薬防除には，化学農薬だけでなく農薬取締法で農薬として登録の必要なものを入れた
3．天敵農薬，微生物農薬をあわせて「生物農薬」といい，生物的防除の一種でもある
4．BT 剤はバチルス・チューリンゲンシス菌の結晶タンパク，胞子を利用した殺虫剤

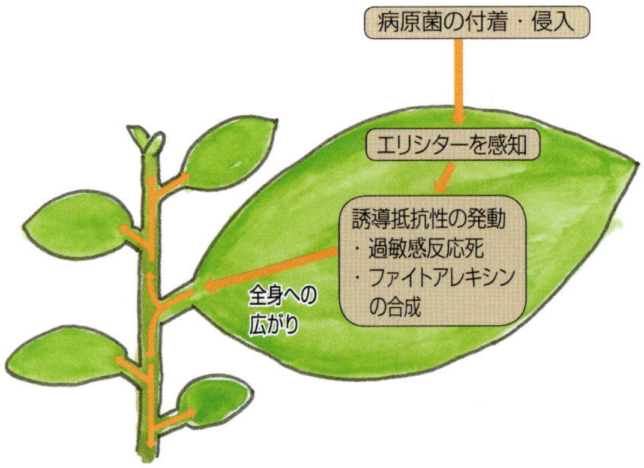

図4-Ⅱ-1　誘導抵抗性と全身獲得抵抗性の発動

2 病原菌の侵入と防御機構

❶静的抵抗性と誘導抵抗性

植物は病原菌の侵入・感染に対して，いくつかの防御機構を準備している。第一段階は，病原菌が細胞に侵入しないように，菌糸の伸張を阻止することである。第二段階は，侵入しても病気が起きないように,それ以上の拡大を防ぐことである。

植物によっては，細胞壁が最初から肥厚していたり,潜在的に抗菌物質を持っている場合がある。このように，病原菌への感染とは関係なく，あらかじめ持っている抵抗性を静的抵抗性という。

一方，病原菌が感染した後に発動される抵抗性を，誘導（動的）抵抗性という。誘導抵抗性が感染組織から植物体全体に広がることを，全身獲得抵抗性（SAR, systemic acquired resistance）という（図4-Ⅱ-1)。全身獲得抵抗性は，感染組織とその周辺に蓄積するサリチル酸（SA）とその誘導体によって起きることがわかっている。

〈注2〉
生理的に制御された細胞の自死で，生物が生命活動を維持するための積極的な死である。細胞分化や癌の制御などにも密接に関係している。

❷過敏感反応死とファイトアレキシンの合成

誘導抵抗性のなかでも，菌の伸張をくい止めるためにとくに重要で効果的な現象が，過敏感反応死（HR, hypersensitive reaction）とファイトアレキシンの合成である。

過敏感反応死は，病原菌の菌糸が細胞内に侵入すると，侵入された細胞がすみやかに壊死（自死）して，病原菌の菌糸を封じこめてしまう現象である（図4-Ⅱ-2)。動物細胞のアポトーシス（apoptosis）(注2) と同様の現象であると考えられている。過敏感反応死を起こした細胞の周辺では，ファイトアレキシンが合成・蓄積し，感染関連タンパク質（PR, pathogenesis-related protein）などの遺伝子の発現を誘導する。

ファイトアレキシンは，病原菌の感染後につくられる菌糸の生育を阻害する低分子の抗菌物質の総称である。宿主特異的で，特定の植物に特定の抗菌物質がつくられる。代表的なものに，エンドウのピサチン，ジャガイモのリシチン，サツマイモのイポメアマロンなどがある。

感染関連タンパク質の中には，キチナーゼやグルカナーゼなどが含まれる。これらは，糸状菌の細胞壁を分解することができるため，効果的な抵抗性であると考えられている。

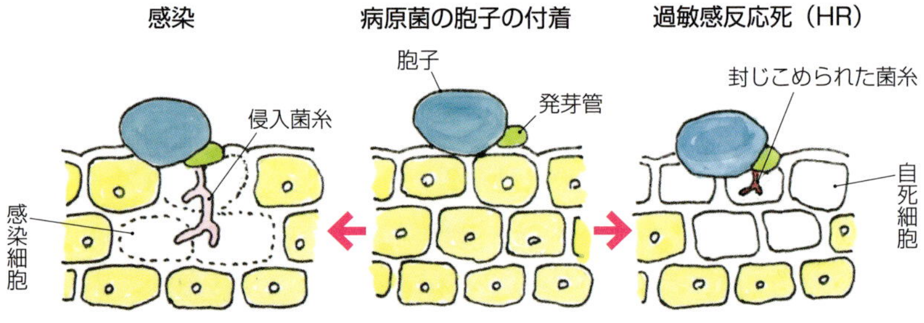

図4-Ⅱ-2　病原菌に対する感染と過敏感反応死（HR）

❸植物による病原菌の認識

植物は防御機構を発動するために，どのように病原菌を認識するのであろうか。過敏感反応死やファイトアレキシンの合成など，誘導抵抗性を引き起こす物質はエリシターと総称される。

エリシターは病原菌自身が出す場合と，自然界にある物質がその機能を発揮する場合がある。その物質は，多糖類，キチン，キトサン，タンパク質など生物由来のものや，紫外線や金属など非生物的なものまで多種多様である。なお，病原菌の細胞が共通に持っている物質でエリシターとして機能するものは，病原体関連分子パターン（PAMPs，pathogen-associated molecular paterns）とよばれる。

病原体関連分子パターンは，もともと病原菌が植物に感染するためにつくっていたものだが，病原菌から防御するために植物が認識できるようになったともいえる。

植物の病原菌に対する防御機構は，植物の抵抗性遺伝子の産物（タンパク質）と，エリシターとの相互作用が引き金となり，その後に細胞内で情報伝達が起きて活性化される。

3 ウイルス感染と防御機構

❶ウイルス病の特徴

ウイルス病は植物の病気全体の１割に満たない。しかし，発生地域の農業に壊滅的な被害をもたらすこともしばしばである。

ウイルスは核酸とタンパク質のみで構成され，感染細胞内でのみ増殖するため，有効で薬害のない農薬の開発はきわめてむずかしい。したがって，ウイルス防除は，感染個体の抜き取りやアブラムシなどの媒介昆虫の駆除などによって行なわれている。植物ウイルスに効果がある，抗ウイルス剤の開発が待たれる。

❷弱毒ウイルスとウイルスフリー苗の利用

日本では、あらかじめ，病徴をほとんど出さない弱毒ウイルス（注3）を感染させた苗を植え，強毒ウイルスの感染をまぬがれる方法がいくつかの作物で効果を上げている（注4）。これは、あるウイルスに感染すると近縁のウイルスが感染できない，交叉免疫（干渉効果）とよばれる現象を利用した防除法であり，人間のワクチン接種と同じ考え方である。

また，栄養繁殖作物では，茎頂培養によってウイルスフリーの苗をつくり，農家に配布・栽培してもらう方法が効果的である。この場合，圃場でのウイルス再感染に注意する必要があり，媒介昆虫からの隔離を徹底しなければならない。

〈注3〉
交叉免疫効果が高く，病徴もほとんど出さないウイルスで，微生物農薬に分類されている。

〈注4〉
トマトでは何十年も利用されており，弱毒ウイルスを感染させたトマトもふつうに市販されている。

❸ウイルスへの防御機構

植物は，ウイルスに対する二大防御機構を備えている。1つは，抵抗性遺伝子（R gene）である。いくつかのウイルス抵抗性遺伝子が同定されているが，病原菌への抵抗性遺伝子とのタンパク質構造の類似が指摘されている。しかし，ウイルスは容易に変化するため，抵抗性遺伝子の抵抗性をすりぬける系統も頻繁に出現する。また，キュウリモザイクウイルス

(CMV)(注5)のように，有効な抵抗性遺伝子がほとんど見つからないウイルスも存在する。

もう1つの防御機構は，20年ほど前に発見されたRNAサイレンシング機構である。これは，細胞に侵入してきた外来RNA（主にウイルス）や細胞中に異常に転写された内在性遺伝子のメッセンジャーRNA（mRNA）(注6)を分解するために，植物が進化させたシステムである。この機構がウイルス抵抗性システムとしても働いている（図4-Ⅱ-3）。

植物細胞中には2本鎖RNA（dsRNA）がほとんどないため，植物はこれを指標として感染ウイルスを特異期に発見・認識し，攻撃するのである。

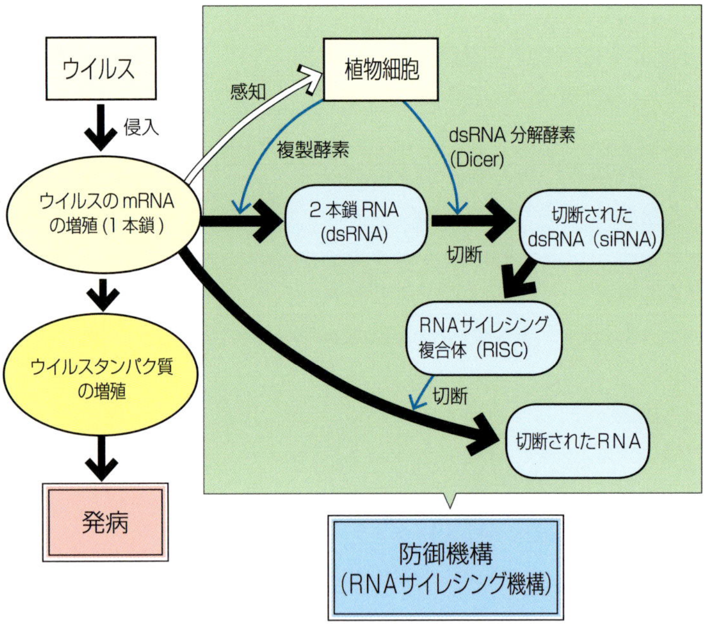

図4-Ⅱ-3　RNAサイレシング機構によるウイルスの防御

〈注5〉
キュウリモザイクウイルス(CMV)は，1000種以上の植物に感染することができる。

〈注6〉
DNAの遺伝子の情報（塩基配列）を写し取った1本鎖RNAで，この情報によってタンパク質が合成される。

〈注7〉
ELISA（enzyme-linked immunosolvent assay）法が代表的な方法である。

〈注8〉
これは俗称で，PCR(polymerase chain reaction）法によるDNAの検出や，RT-PCR（reverse transcription PCR）法によるRNAの検出のことである。また，病原菌のリボゾームDNA遺伝子のITS（internal transcribed spacer）領域の塩基配列（病原菌の属に特異的である）をPCR法で増幅して同定する方法もある。

〈注9〉
すでに，ナガイモのウイルス検出を目的に，北海道（清里町）の生産現場で実用化されている。

前述した，ウイルスの交叉免疫や茎頂がウイルスフリーとなるメカニズムも，このRNAサイレンシング機構の働きであると考えられている。われわれは，この機構が発見される以前からウイルス防除に応用していたことになる。

4 新しい病原体の診断方法＝DNAアレイ法

❶ DNAアレイ法の開発

植物病原体（病原菌，ウイルス）の高感度検出法として，血清学的診断法(注7)と遺伝子診断法(注8)の2つがよく利用されているが，最近，DNAアレイ法が考案され注目されている。DNAアレイ法は，ELISA法やPCR法の欠点を補う形で開発されたものであり，遺伝子診断法の1つである。

従来の方法に比べて，簡便で迅速に病原体の診断ができるので，効率的で安価である。しかも，複数の病原体を同時に検出できるという汎用性があり，ウイルスと糸状菌（細菌）の両方の診断に使うことができる。そのため，混合感染することが多いウイルス病の診断では，とくに効果的である。

農業現場でも利用できるように工夫されているので，今後の病原体の診断に有力な武器になると思われる(注9)。

❷ DNAアレイによる検出方法

植物病原体検出用のDNAアレイとは，リトマス紙状のナイロンの短冊に，病原体の遺伝子を小さなスポットとしてはりつけたものである。病気の植物（病原体を含む組織）から抽出した核酸に，ウイルス陽性反応時に

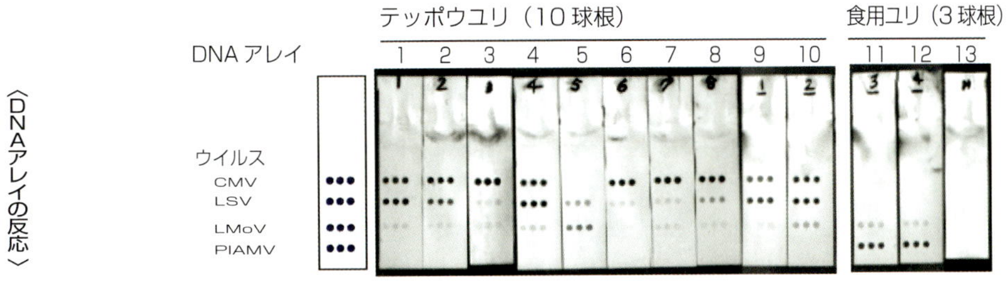

〈陽性（+），陰性（−）の判定〉

	1	2	3	4	5	6	7	8	9	10	11	12	13
キュウリモザイクウイルス (CMV)	+	+	+	+	−	+	+	+	+	+	−	−	−
ユリ潜在ウイルス (LSV)	+	+	+	+	+	+	+	+	+	+	−	−	−
ユリモットルウイルス (LMoV)	+	+	+	+	+	−	+	+	+	+	+	+	−
オオバコモザイクウイルス (PlAMV)	−	−	−	−	−	−	−	−	−	−	+	+	−

図 4-Ⅱ-4　DNA アレイによるユリ球根のウイルス検出
ユリ球根から核酸を抽出してラベル（発色反応する酵素）を入れ，あらかじめつくってあったユリウイルス用の DNA アレイに反応させた。アレイ上の黒い点がウイルス陽性のシグナル。

発色する“ラベル”を入れ（プローブという），DNA アレイと反応させ肉眼で検出する。抽出した核酸の病原体由来の遺伝子と，アレイの病原体遺伝子とが適合すると（“ハイブリダイゼーション”という），ラベルの酵素反応によって発色する。

この検出法は，DNA アレイの短冊をマイクロチューブにさすだけなので，だれでも行なえる方法であり，肉眼で感染ウイルスや病原菌を容易に同定することができる。図 4-Ⅱ-4 に，ユリの球根に感染していた複数のウイルスを DNA アレイによって同時検出した例を示した。

2 害虫の防除と防御機構

1 園芸作物と害虫の防除

❶害虫の防除

植物体に寄生して，吸汁や食害、病菌の伝播などで作物に被害を与える，昆虫，ダニ類，センチュウ類などを害虫という。防除は，害虫の個体数や行動を人為的に制御し，収量や品質低下による経済的被害を許容範囲内に低減する目的で行なわれる。防除法としては，物理的防除法，化学農薬を用いる化学的防除法（chemical control），天敵生物を利用する生物的防除法などがある（表 4-Ⅱ-2 参照）。

化学農薬には表 4-Ⅱ-3 に示したタイプがあり，防除効果が高いので多

表 4-Ⅱ-3　殺虫剤のタイプと特徴

タイプ	特　徴
消化中毒剤	摂食によって害虫体内に取り込まれ，中毒症状を起こす
接触剤	散布などにより薬剤が害虫体表に付着・吸収されて体内に入る
燻蒸剤	薬剤を気化させて，害虫の呼吸器系から吸収させる
浸透移行性剤	薬剤を植物に散布，あるいは土にまいて，いったん植物体内に取り込ませ，これを摂食した昆虫に殺虫効果を発揮する

用されている。一方で，その多用が土着天敵（注10）などの生物相を貧困化させ、害虫の発生を増加させたり（リサージェンスという），薬剤耐性害虫を出現させている例も多い。

❷総合的有害生物管理（IPM）と天敵利用

20世紀後半，化学農薬に過度に依存する防除法を改め，多様な方法を組み合わせて，環境負荷を低減しつつ害虫の個体数を制御しようという，総合的有害生物管理（integrated pest management: IPM）の概念が生まれた（図4-Ⅱ-5）。そして，天敵を利用した生物的防除（biological control）の重要性が認識され，実用化されている。天敵の主なものは天敵昆虫と昆虫病原微生物で，圃場に導入して害虫の個体数を減少させる（注11）（図4-Ⅱ-6）。

とくに外国からの侵入害虫の場合は，侵入先に天敵がいないので大きな被害になりやすいが，侵入害虫の原産地から有力天敵昆虫を導入する方法が有効である。しかし，外来昆虫は他の生物にも影響を与える可能性があり，環境への影響を十分に考慮する必要がある。

また，圃場での持続的な防除効果を期待する場合は，天敵生物が周辺環境のなかで十分育てられ，作物に効果的に供給される必要がある。そのためには，栽培体系の検討や，植生を含めた周辺環境の整備が大切である。

IPMの確立には，生産環境の総合的なデザインのなかで，植物が本来持っている防御機構を最大限に引き出すことが重要である。

〈注10〉
地域に生息している昆虫やその他生物で、害虫の天敵となるもの。農薬取締法で特定農薬に指定されている。

〈注11〉
これらの天敵を製品化したものが天敵農薬で，農薬取締法によって農薬として登録されている。

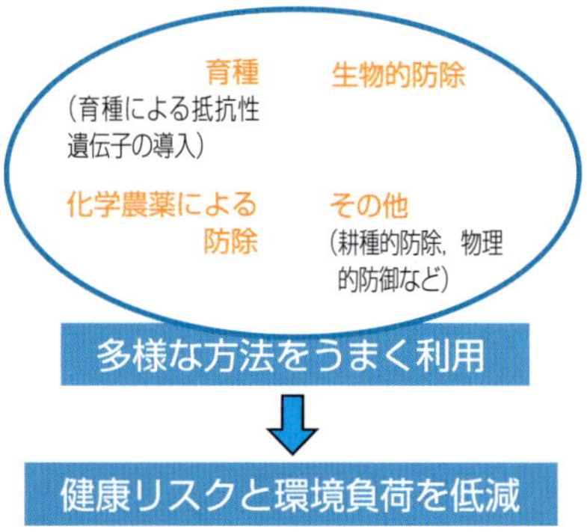

図4-Ⅱ-5
総合的有害生物管理（IPM）の考え方

2 害虫に対する防御機構

❶直接的防御反応と間接的防御反応

植物には，害虫に対する直接的防御反応と間接的防御反応が備わっている。害虫の食害を受けた植物は，水分や栄養分の流出や病原体の侵入を防ぐため，食害部の修復や生体防御関連タンパク質の生産など，直接的防御反応が誘導される。さらに，未食害時にはほとんど放出しない香り成分（植食者誘導性の植物揮発性物質（herbivore-induced plant volatiles: HIPV））を放出し，食害した害虫の天敵を誘引することがわかってきた。これは，害虫に対する植物の間接的防御反応である（図4-Ⅱ-

①ハダニを捕食するチリカブリダニの成虫

②ミナミキイロアザミウマの幼虫（奥）をねらうナミヒメハナカメムシの成虫

③ナナホシテントウ成虫

④アブラムシを捕食するナナホシテントウの幼虫

図4-Ⅱ-6　天敵の例（写真提供：赤松富仁氏）

7)。

❷植食者誘導性の植物揮発性物質（HIPV）による防御

HIPVは，ハダニの食害を受けたマメ科植物が，ハダニの天敵であるチリカブリダニを誘引する物質を放出することが実験的に示され，認識されるようになった。その後，コマユバチやヒメコバチなどの寄生蜂，ハナカメムシ，ナナホシテントウなどの捕食性昆虫についても確認されている（図4-Ⅱ-8）。

化学物質によって生物の行動が制御される例はこれまでにも知られており，生物個体間で情報として機能する化学物質のことを情報化学物質（infochemicals）または信号化学物質（semiochemicals）とよぶ。これには，同種個体間で作用するフェロモン（pheromone）と異種個体間で作用するアレロケミカルス（allelochemicals）の2種類があり，HIPVは後者の一種と理解されている。

❸ HIPVの特徴

HIPVは，植物を機械的に傷つけても放出されない。害虫の唾液に含まれる成分が，「防除応答の引き金」＝エリシター（elicitor）として作用して初めて放出される（注12）。同一の害虫でも食害する植物の種類が異なれ

〈注12〉
これまでに，脂肪酸とアミノ酸の複合体であるボリシチンや酵素類（β-グルコシダーゼなど）などが，HIPVを誘導するエリシターとして同定されている。

防御反応
- 直接的防御反応
  食害・物理的損傷→抗害虫性タンパク質の産生，食害部の修復など
- 間接的防御反応
  食害→害虫の唾液成分（エリシター）→揮発性物質（HIPV）による加害虫の天敵誘引

図4-Ⅱ-7　害虫に対する植物の防御反応

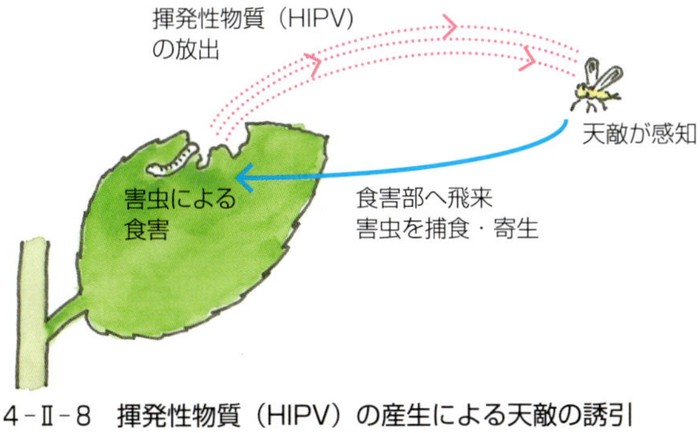

図4-Ⅱ-8　揮発性物質（HIPV）の産生による天敵の誘引

HIPVの防除への利用

同種個体間で作用するフェロモンは，すでに害虫防除（大量誘殺，雌雄の交信撹乱など）に利用されているが，近年，HIPVの生物的防除への応用が試みられている。

たとえば，ジャスモン酸を処理したトマト，タバコ，トウモロコシなどでは，害虫（ヨトウムシ）への天敵寄生蜂の誘引率や寄生率が上昇すると報告されている。また，天敵誘引成分の合成品を用いた生物的防除が，タバコ栽培やハウス栽培のミズナで試みられ，タバコガやコナガの防除に有効であると報告されている。さらに，天敵誘引成分の合成に関わる酵素などの遺伝子を植物に導入し，食害時の天敵誘引性を向上させる研究がシロイヌナズナやトウモロコシで行なわれている。

〈注 13〉
植物ホルモンのジャスモン酸(jasmonic acid) やエチレン，サリチル酸などが，シグナル伝達物質としてHIPV の産生にかかわっていると考えられている。

ば，エリシターとして機能する唾液成分は異なる。植物は，害虫との長いかかわりのなかで，害虫が自らの生命活動のためにつくる多様な成分のなかから，特定の成分をエリシターとして利用するようになったと推測される（注 13）。

また，植物で産生される HIPV の成分は一種類ではない。食害を受けた害虫の種類によって特有の組成（ブレンド）を持つ HIPV を放出し，特異的に加害害虫の天敵を誘引することが知られている。

3 雑草の生態と防除

1 雑草と被害

耕地など人間によって撹乱された場所に生育して，栽培植物に害を与える植物が雑草である。雑草はその生活様式（生活環），生育地点，繁殖型，生育型，発生時期などの生態的な視点から分類されている（表 4 - Ⅱ - 4，図 4 - Ⅱ - 9）。

雑草は作物より短期間で発芽，成長，繁殖して，作物と光や養水分を競合することで加害する。雑草の生育速度と養分吸収能力は作物より大きいので，生育阻害と収量低下の原因になる（表 4 - Ⅱ -5）。収穫物に雑草種子が混入し，品質を低下させる被害もある。さらに，管理作業の支障になったり，病虫害の発生源となることも自覚したい。

表 4 - Ⅱ - 4　代表的な畑雑草

生活環	科	代表的な雑草
1 年生	イネ科雑草	イヌビエ，スズメノテッポウ，スズメノカタビラ，メヒシバなど
	広葉雑草	シロザ，アカザ，ハコベ，スカシタゴボウ，スベリヒユ， オオイヌタデ，オニノゲシ，オオイヌノフグリ，ツユクサなど
多年生	イネ科雑草	シバムギ，コムカグサなど
	広葉雑草	セイヨウタンポポ，エゾノギシギシ，ヒメスイバなど

注）1. 雑草分野では，双子葉植物と広い葉身を持つ一部の単子葉植物（コナギとツユクサなど）をあわせて広葉と総称している
2. 水田雑草は省略した

図 4 - Ⅱ - 9　畑地雑草の例
（西尾道徳他『作物の生育と環境』農文協，2000，p.177 より引用）

表 4 - Ⅱ - 5
雑草害による減収

作　物	減収率(%)
イネ	36
コムギ	68
ラッカセイ	37
トウモロコシ	11
ダイズ	12
ショウズ	27
サツマイモ	10
サイトウ	40

手除草圃場の収量に対する減収割合

表4-Ⅱ-6　雑草の種子生産量

雑　草	種子数 / 個体
シロザ	284,000
イヌタデ	37,000
ハコベ	19,000
スカシタゴボウ	157,000
イネビエ	28,000
エノコログサ	9,000
メヒシバ	17,000
ツユクサ	3,000

（北海道農業試験場，1969）

表4-Ⅱ-7　除草剤のタイプ

土壌処理剤		土壌表面に施用して出芽前の雑草種子，幼芽や幼根，生育初期の根系から殺草要素を吸収させて枯殺する
茎葉処理剤		出芽後の雑草の茎葉に処理して，殺草要素を茎葉に接触させるか，吸収させることで枯殺する
	接触型	除草剤に接触した植物組織のみを枯死させる。最も速く作用するが，多年性雑草には効果が小さい
	吸収移行型	全草型ともいい，茎葉から雑草の体内に移行して枯死させるので，接触型より多くの雑草に効果がある

2 雑草の繁殖

❶種子繁殖と休眠

雑草の種子は，多産性，早熟性，発芽可能期間が長いことに特徴がある（表4-Ⅱ-6）。大部分の雑草種子の発芽可能な深度は1～3cmで，大きめの種子はやや深いところからでも発芽する。

多くの植物と同じで，種子は成熟直後に休眠に入り，その後発芽する。しかし，乾燥が長く続いたり，種子が地中深く埋没するなど，発芽できない環境では，発芽に好適な環境になるまで休眠を継続する（二次休眠，環境休眠という）。ナズナ，ハコベ，アオビユ，スベリヒユなどの種子は，25年以上も土中で生存するといわれており，埋土種子は将来の雑草害の原因である（注14）。

〈注14〉
完全に死滅させるには土壌消毒しかない。土壌消毒は土壌病害虫とともに雑草防除効果も目的に行なわれる。

❷栄養繁殖

栄養繁殖体となる器官は，地下茎や地表のほふく茎，根である。地下茎や根を切断されても，適当な温度や水分があれば，頂芽優勢で抑制されていた腋芽や不定芽がすぐに成長する。

3 雑草の防除

❶薬剤による防除

除草剤や生育抑制剤を利用した化学的防除である。除草剤は，主に光合成経路や生理代謝を阻害して植物を枯死させる。処理方法から茎葉処理剤と土壌処理剤に分けられ，茎葉処理剤は作用様式から接触型と移行型に分けられる（表4-Ⅱ-7）。

また，イネ科雑草と広葉雑草のいずれかに効果がある選択性のものと，両方に効果がある非選択性のものがある。

❷農薬以外の防除法

物理的防除　機械による耕起や，手作業や道具による土壌表面の撹乱，有色フィルムや敷わらなどのマルチがある。施設土壌では，ポリエチレンフィルムで地表面を被覆し，太陽熱を利用した防除も試みられており，55℃以上の温度での6時間以上の処理で効果が確認されている。

生物的防除　被覆植物（緑肥作物など）や作物を活用して，畝間の相対照度（注15）を10％以下に下げ，雑草の成長を低下させる。この方法では，被覆植物が成長して畝間の相対照度が10％以下になるまでは除草作業が

〈注15〉
作物群落上の照度を100とした場合の，地表面や測定場所での照度の割合。

〈注 16〉
秋まきムギは春～夏に播種すると出穂しないが，茎葉が成長して地表面を被覆・遮光し，とくに一年生雑草を抑制する。夏の暑さで自然枯死するので，収穫作業の障害にならない。

図 4-Ⅱ-10
オオムギでリビングマルチしたダイズ栽培

図 4-Ⅱ-11
スイカにネギを混植し土壌病害を防除
（写真提供：成田保三郎氏）

図 4-Ⅱ-12
水田畦畔のヒガンバナ
（写真提供：藤井義晴氏）

必要になる。

ダイズや野菜では，畝間にムギ類やクローバを同時に播種して，生きた生物によるマルチ（リビングマルチという）（注 16）をして雑草を抑制する方法も行なわれている（図 4-Ⅱ-10）。

4 コンパニオンプランツとバンカープランツ

1 コンパニオンプランツ

コンパニオンプランツとは，混植することで主作物の生育を助長したり，病害虫の発生や被害を低下させる植物である。混植した植物が特定の物質を放出して，近くの生物の増殖や生育に影響を与えることを利用している。広義のアレロパシー現象（次項参照）であるが，まだまだ不明な点が多い。以下，その例を紹介する。

❶ネギやニラの混植

ネギやニラの根圏にはバークホルデリア・グラジオリー（*Burkholderia gladioli*），シュードモナス・フローレッセンス（*Pseudomonas fluorescens*）など拮抗菌とよばれる微生物が生息している。これが抗生物質（ピロールニトルリン）を生産し，ウリ類のつる割病（フザリウム菌）やトマトの根腐萎ちょう病などの土壌伝染性の病原菌を抑制するので，混植するとこれらの病害を抑えることができる。

対象作物と根圏が一致していることが効果を上げるポイントで，ネギはウリ科作物（キュウリ，ユウガオ，スイカ，カボチャ，メロンなど），ニラはナス科作物（トマト，ナス，ピーマン，ジャガイモなど）との混植が効果的である（図 4-Ⅱ-11）。

❷ヒガンバナによる土壌動物忌避

ヒガンバナの球根（鱗茎）には，リコリン（Lycorine）という猛毒のアルカロイド（神経毒）が含まれており，水田畦畔や圃場周囲にネズミやモグラ対策で栽培されてきた。稲刈り時に真っ赤に咲くヒガンバナは，黄金色の稲穂に映えて美しく，畦畔の強化，景観形成，雑草抑制，非常食糧（水にさらしてアルカロイドを抜いて利用）という多面的な機能を持つ（図 4-Ⅱ-12）。

2 バンカープランツ

❶バンカープランツとは

バンカープランツは，害虫を誘引したり圃場への侵入を妨害するなど，害虫の作物への飛来を物理的に低下させる，土着天敵を温存・繁殖させるための住みかにする，などを目的に圃場の周囲で栽培して，病害虫の被害を防ぐ植物であり，天敵温存植物ともよばれている。

バンカープランツは，①主作物と害虫の食餌として共通しない，②主作物と光や栄養面で競合しないか少ない，③伸長能力の高いイネ科緑肥作物（ライムギやソルゴー等）は，緑肥作物生育後に主作物を遮光しないなど，生育時期などの適合性を考慮する，④雑草化しない，などを留意して選択する。

❷縁取り植物

作業用通路と作物の間に，短期間に成長するエンバクなどを栽培して雑草侵入を阻害する。景観を考慮して，コスモス，ヒマワリなども利用される。

❸障壁作物による農薬飛散防止

2006年以降の「ポジティブリスト制」導入で，登録農薬使用が厳格に義務付けられている。しかし，散布した農薬が、対象以外の作物にも飛散（ドリフトという）する場合がある。これを回避する障壁をつくるため，異なる作物と作物の間に高く伸長するバンカープランツを植える（図4-Ⅱ-13）。

図4-Ⅱ-13
ソルゴーを障壁作物に利用した野菜畑

❹害虫侵入の障壁，土着天敵の住みか

ナスなどの野菜圃場の周囲に，ムギ類やソルゴーなどの伸長性のあるバンカープランツを栽培すると，障壁になりアブラムシ類やアザミウマの侵入が防げる。種類によっては，アブラムシの土着天敵（テントウムシやクサカゲロウ，ヒラタアブ（ハナアブ）など）が増殖して被害を軽減する。

❺おとり植物

カーネーションを食害する重要害虫のクロウリハムシは，カーネーションの仲間であるダイアンサス属の *D. pungens* をより好んで食害する。この植物をカーネーション栽培のハウスの開口部に置くと，クロウリハムシの被害が減少する。こうした利用をおとり植物（trap plant）という。

5 アレロパシー作用とその利用

1 アレロパシー作用とは

アレロパシー作用は他感作用ともよばれ，植物が放出する化学物質（他感物質（allelochemicals））が，他の植物に何らかの作用や変化を引き起こす現象である。阻害作用として現われることが多いが，促進作用もある。

他感物質は，あらゆる植物に対してアレロパシー作用を示すわけではなく，特定の植物に対して効果を発揮する特異性がある。したがって，雑草を抑制するが作物には害を与えないという特異性のある植物は，雑草防除に利用できる。

アレロパシーの作用経路は，①葉などから揮発性物質として揮散（volatilization），②生葉あるいは植物体残渣や落葉等から雨や霧滴などによる溶脱（leaching）、③根など地下部からの滲出（exudation），などである。根からの滲出と葉からの溶脱は雑草抑制や共栄作用に，落葉や残渣からの溶脱はマルチによる生育阻害に，揮発性物質は昆虫の摂取阻害などに作用していると考えられる。

2 アレロパシーの検定

植物間の相互作用には，光や養水分の競合が大きく関与するため，それらとアレロパシーとの識別は困難である。したがって，根から出る物質を

表 4-Ⅱ-8　アレロパシー植物の例

植物名（科）	他感物質	他感作用
ヘアリーベッチ（マメ科）	シアナミド (Cyanamide)：石灰窒素の有効成分であり，殺草や殺菌の効果を発揮する	春先〜初夏に圃場を全面被覆して雑草を完璧に抑制し，開花後一斉に枯れる。果樹園の草生栽培や，後作に各種園芸作物の栽培が可能。緑肥としての効果もある
ムギ類（イネ科）	コムギ稈：バニリン酸，プロトカテキュ酸，フェルラ酸 ライムギ稈：β-フェニル乳酸，β-ヒドロ酪酸	コムギ稈：ヒルガオ科の雑草マメアサガオを抑制 ライムギ稈：シロザやブタクサを抑制
ソバ類（タデ科）	ルチン，没食子酸，カテキン，およびファゴミン等の特有のアルカロイド	ソバの雑草抑制作用は，早い生育による日陰効果と養分吸収力によるが，ソバとダッタンソバ（ニガソバ）に強い他感作用がある
シロガラシ（アブラナ科）	カラシ油（イソチアネート）	植物の生育を阻害するが，微生物への抗菌作用もあり，土壌病害軽減の資材として可能性がある
ムクナ（マメ科）	アミノ酸 L-3,4-ジヒドロキシフェニルアラニン (L-DOPA)	キク科やナデシコ科雑草の生育阻害
ソライロアサガオ (*Ipomoea tricolor*)（ヒルガオ科）	トリコロリンA	周囲の雑草抑制，サトウキビの被覆作物
アワ，ヒエ，キビなど雑穀（イネ科）		雑草抑制
ヤムビーン（マメ科）	ロテノン	雑草抑制や殺虫

検定するプラントボックス法（注17）や，葉から出る物質を検出するサンドイッチ法（注18）などの検定方法が考案され，アレロパシーの強弱を推定している。

前述のようにアレロパシーは作用・被作用に特異性があるが，検定ではどこでも入手可能なレタス種子を使用している。

3 園芸作物への利用

アレロパシー作用の高い園芸作物は少ないので，栽培体系に、表 4-Ⅱ-8 に示したアレロパシー作用のある植物を導入する。他感物質による，雑草や病害虫抑制効果が期待できる（図 4-Ⅱ-14）。

さらに，アレロパシー植物の機能や他感物質を解析することで，安全性の高い農薬の開発が期待される。

図 4-Ⅱ-14
ヘアリーベッチの早生栽培で雑草を抑制しているブドウ園
（写真提供：藤井義晴氏）

〈注 17〉
生きた植物根からの他感物質の放出を調べる方法。根をセルロース透析膜やナイロンメッシュで覆って，組織培養用プラントボックスの片隅に設置し，寒天を充満させる。検定用のレタス種子を 10㎜間隔で寒天上に播き，5日間培養して幼根長，胚軸長から他感物質放出を推定する。

〈注 18〉
枯葉からの他感物質放出を検出する方法。組織培養用マルチディッシュに寒天を入れ，次いで落葉の断片を入れ，さらに寒天を加えて，落葉を浮かせた状態で寒天をゲル化させる。検定用のレタス種子をまいて幼根，胚軸長から他感物質放出を推定する。

第5章

園芸作物の繁殖と改良

I 園芸作物の繁殖

1 園芸作物の繁殖様式

1 種子繁殖と栄養繁殖

栄養繁殖は，植物体の栄養組織や器官の一部を用いて繁殖する方法で，受精の過程を経ない。栄養繁殖は，種子繁殖に比べて繁殖効率は劣る。

多くの野菜は，播種後１年ないし２年で種子が採取できるので，種子繁殖を利用して形質のそろった系統が得やすく，交雑種子の生産が確立している品種も少なくない。そのため，野菜では種子繁殖が普及している。

一方，多くの果樹や一部の花卉は，個体によって遺伝的性質が多様なので，種子繁殖では次世代に遺伝子が分離し，形質のそろいがわるい。そのため，種子から育てた苗の利用はほとんどなく，形質の同一性が保たれる栄養繁殖が広く行なわれている（表５-Ⅰ-1）。

2 栄養繁殖の利用

栄養繁殖のなかで，とくに接ぎ木は果樹の苗木生産を特徴づける技術である。台木の選び方で，穂木の成長調節や耐病性の改善が可能なこともあり，高木性果樹の苗のほとんどがこの方法で生産されている。

野菜や花卉のなかには，雑種性が強かったり稔実の悪い種類があり，これらは，株分け，挿し木，取り木などの栄養繁殖による苗の生産が普及し

表５-Ⅰ-１　園芸作物の繁殖方法と特徴

繁殖方法		利点	欠点	主な用途
種子繁殖		・技術的に容易 ・同時に大量増殖が可能 ・寿命が長い（とくに果樹）	・親と同じ形質のものが得られない ・果樹や花木では，開花・結実までに長年月かかる	・多くの野菜，花卉の繁殖 ・果樹台木の繁殖 ・交雑実生の育成
栄養繁殖	接ぎ木	・親と同じ形質のものが得られる ・種子・挿し木繁殖が困難な作物の繁殖が可能 ・種子・挿し木繁殖より生育が旺盛で，台木によって果樹や花木では開花・結実時期が促進される ・台木の選択で特別な性質を付与できる（表５-Ⅰ-２参照）	・接ぎ木不親和がある ・接ぎ木技術の習得が必要 ・ウイルス伝搬の危険がある	・果樹苗木の繁殖 ・病害虫防除 ・品種更新（高接ぎ） ・果樹などの樹勢回復（根接ぎ） ・果樹の矮化栽培
	挿し木（挿し芽，挿し葉）	・親と同じ形質のものが得られる ・増殖率が高い ・技術的に簡単 ・大きな苗が得られる	・挿し木が困難な作物がある ・根が浅いので，寿命が短い	・苗の繁殖：イチジク，ブドウ，灌木性果樹，キク（挿芽），バラなど ・果樹台木の繁殖
	取り木	・親と同じ形質のものが得られる ・挿し木，接ぎ木が困難な作物の繁殖が可能 ・齢が進んだ苗が得られる ・確実な方法である	・増殖率が低い	・果樹台木の繁殖
	株分け（分球）	・親と同じ形質のものが得られる ・その年の開花・結実が可能である苗が得られる ・確実な方法である	・増殖率が低い ・ウイルス伝搬の危険がある	・株分け繁殖：灌木性果樹，宿根性花卉 ・分球繁殖：ユリ，チューリップ，ニンニクなど ・種イモ繁殖：ジャガイモ，コンニャク，サトイモなど

ている。ウリ科やナス科の野菜では，病害防除や成長調節を目的に，接ぎ木による苗の生産が行なわれている。

イモ類や球根類は，種子をつくらない場合やつくっても数が少ないことが多い。そのため，イモや球根などの貯蔵器官による栄養繁殖が普及している。貯蔵器官は栄養に富むため，種子苗に比べてはるかに旺盛に生育する。

〈注 1〉
動物では，細胞の分化全能性は発生とともに失われ，幹細胞のような未分化な状態の細胞のみが全能性を維持している。

3 生育と再分化能力

栄養繁殖では，成熟した組織や器官を繁殖の素材として利用する。それが可能なのは，植物では頂芽や茎の形成層組織などに，個体を構成するどの細胞にも再生する能力（分化全能性（totipotency））が維持されているからである（注1）。

2 栄養繁殖

1 接ぎ木法

❶接ぎ木の方法と目的

開花結実させる部分である穂木（scion）を，根のついている台木（rootstock）に接いで，1つの植物体とする繁殖方法である（図5-Ⅰ-1）。穂木の繁殖がこの方法の目的である。なお，穂木と同種の台木を共台とよぶ。穂木の違いで，枝接ぎと芽接ぎに大別される。

接ぎ木の最大の利点は，穂木に台木の持つすぐれた性質が付与されることであり，繁殖以外にも表5-Ⅰ-2のような目的で行なわれている。なお，

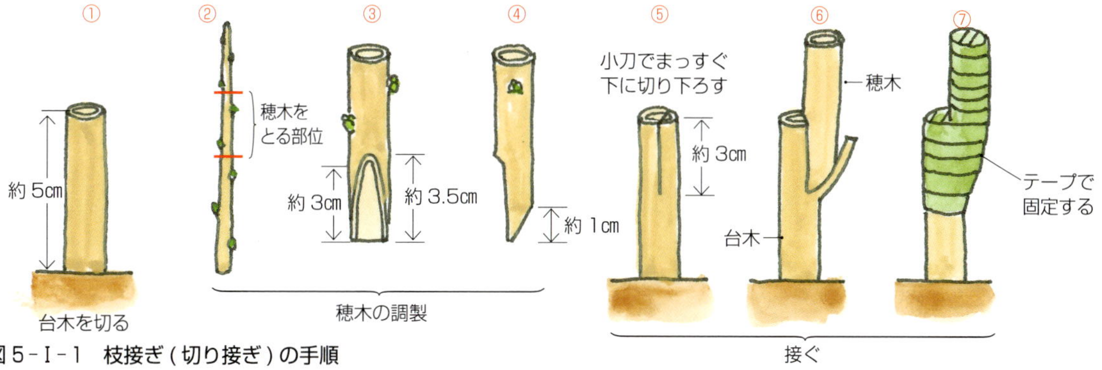

図5-Ⅰ-1　枝接ぎ（切り接ぎ）の手順

表5-Ⅰ-2　繁殖目的以外の接木利用の例

目的	作物	主な目的	主な台木の種類と方法
病害虫対策	ブドウ	ブドウネアブラムシ（フィロキセラ）（*Daktulosphaira vitifoliae*）	抵抗性のないヨーロッパ種を，抵抗性のあるアメリカ種に接ぎ木
	カンキツ	ウイルスフリー化	茎頂接ぎ木（穂木：茎頂部，台木：芽生えの皮層）
	キュウリ	つる割病抵抗性	カボチャ
	スイカ	つる割病抵抗性	ユウガオ，カボチャ
	メロン	つる割病抵抗性	台木用メロン（共台）
	トマト	青枯病，根腐萎凋病抵抗性	トマト
	ナス	青枯病，半身萎凋病抵抗性	ナス
品質向上	キュウリ	ブルーム発生の抑制	カボチャ（ブルームレス台木）
成長調節	リンゴ	矮化	矮性台木（M系台木，CG系台木など）

繁殖が目的の場合も，結実量の増大，品質向上，気候・風土への適合などを考慮して台木が選ばれている。

高接ぎは台木の高い位置に接ぎ木をする方法で，結果として成熟した樹に接ぐことになり，短期間で結実する。品種更新や枝の若返りなどのほか，新品種の果実品質の検定などにも利用されている。

❷不親和

接ぎ木では，しばしば不親和とよばれる現象が起きる。不親和の程度は，生産に影響しないものから，穂木の成長が著しくわるくなる場合までさまざまである。原因は，穂木と台木の維管束の非結合，穂木と台木の栄養要求の違い，成長のアンバランス，台木による有害物質の生成（注2），癒傷組織（カルス）の異常形成などがある。果菜類では，不親和による品質低下がしばしば生産の障害となる。

〈注2〉
アーモンドの台木にモモを接ぎ木すると，台木がつくるプルナシン（prunasin）が穂木に移行し，加水分解されてシアン化合物になり，穂木の生育を阻害する例が知られている。

台木と穂木は，遺伝的に近縁であるほど親和性が高く，属の間では例外を除いて親和性はなく，科の間では接ぎ木はほとんど不可能であるといわれている。

2 挿し木法

挿し木は，枝（茎），根，葉など植物の一部を切り離し（挿し穂），用土を入れた容器（挿し床）に挿し，不定根を発根させて植物を再生する方法である（図5-Ⅰ-2，3）。果樹や一部の花卉の繁殖法として利用されている。挿し木は，技術的に容易で，栄養繁殖法のなかでは効率はよいが，リンゴやサクラの‘ソメイヨシノ’など発根が困難な種類には適さない。

挿し木でつくられた苗は親の形質を受け継ぎ，齢の進んだ母植物から挿し穂を

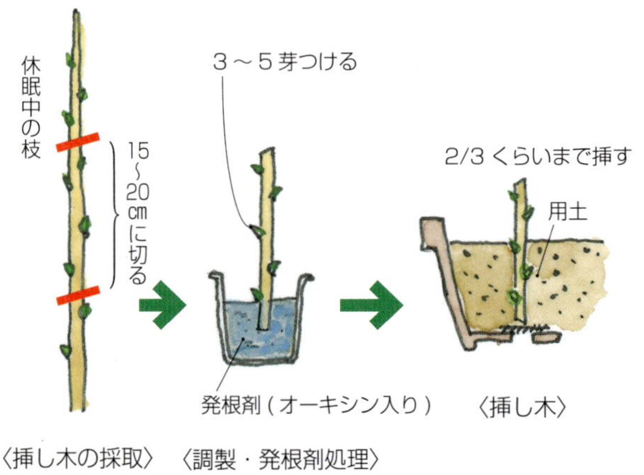

図5-Ⅰ-2　果樹の休眠挿しの方法

〈葉挿し〉
（ペペロミア，セントポーリアなど）
充実した成葉をとり，葉柄を2～3㎝つけて挿す
〈芽挿し〉（キクなど）
葉をつけた芽をとり，2～3葉残して基部の葉を切除し，1～2節挿す
〈緑枝挿し〉（ツバキなど）
当年枝をとり，2～3葉残して基部の葉を切除する。葉が大きければ先端を切る。下部は鋭い刃もので斜めに切り，先端を切り返す

図5-Ⅰ-3　各種の挿し木の方法
（樋口春三編『農学基礎セミナー 新版 草花栽培の基礎』農文協，2004）

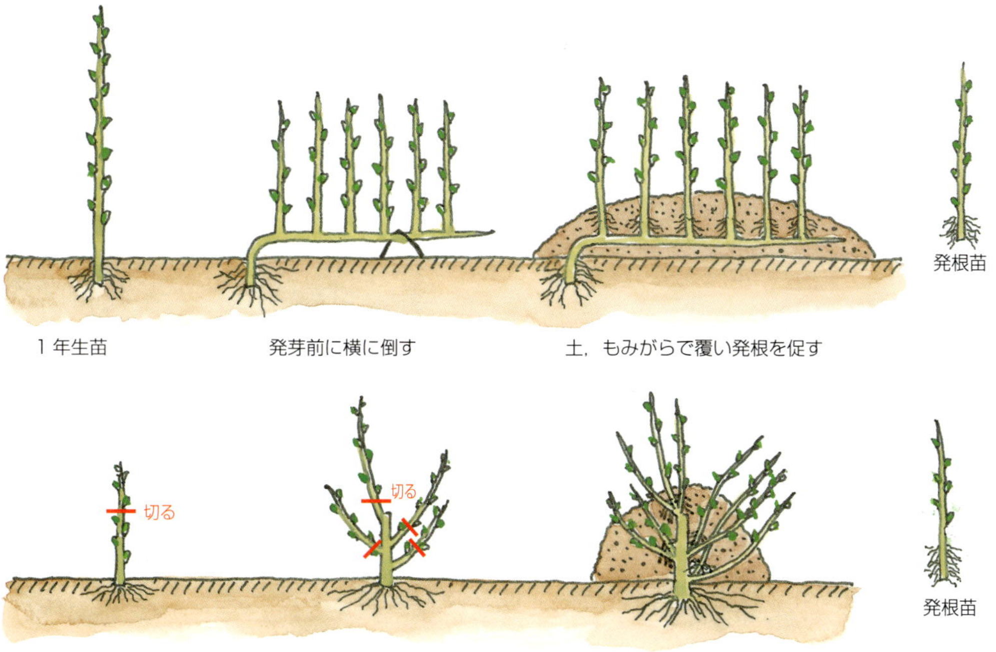

図5-Ⅰ-4　取り木の方法
圧条法(上)，盛り土法(下)によるリンゴ矮性台木の繁殖

得て苗をつくるので，結実までの期間を短縮することができる。しかし，不定根は貧弱で弱いため，接ぎ木苗より寿命が短い傾向にある。

果樹の挿し木には，休眠中の枝を使う休眠枝挿しと，新しく伸びた枝（新梢）を6～7月に採取して使う新梢挿しがある。

前者はイチジク，オウトウ，マルバカイドウ（リンゴの台木）など，後者はブルーベリーなどの低木性の果樹や，キウイフルーツで行なわれている。

サツマイモでは，種イモを土で覆い萌芽させ，25～30㎝に伸びた芽を切り取った苗を畑に挿して栽培する方法で繁殖が行なわれている。

〈注3〉
木の幹から形成層の外側の部分を環状にはぎ取ること。

3 取り木法

植物体の一部に発根を促す処理を行ない，発根させてから切り取って苗とする繁殖方法である。圧条法（trench layering）や盛り土法（mould layering）がある（図5-Ⅰ-4）。

母植物から発根させるので，確実な繁殖方法であるが効率は悪い。挿し木が困難な，リンゴ台木の繁殖などに利用される。

枝に環状はく皮（注3）を行ない，ミズゴケなどで覆って発根させて取り木する，高取り法もある（図5-Ⅰ-5）。

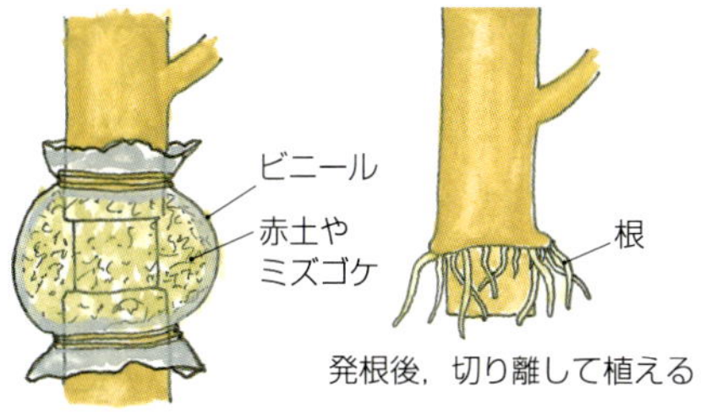

赤土やミズゴケで切除部を覆い，ビニールを巻き，ひもで固定して乾燥を防ぐ

図5-Ⅰ-5　高取り法

4▌株分け法

複数の茎と根を分割して増やす方法で，花卉の宿根草，観葉植物，花木，ラン類などで行なわれている。野菜では，ニラやアサツキは分球のほか，茎葉をつけている鱗茎の株分けによっても繁殖できる。

果樹では，地下部から発生した、根をつけた新しい枝（ひこばえ，root sucker）を切り離す方法で，ブルーベリーなどの灌木性の果樹類で行なわれている。株分け法は安全で確実な方法であるが，繁殖効率は低い。

5▌分球法

株分け法のうち，鱗茎や球根などを分割して繁殖するのを分球法という。花卉ではダリア，チューリップ，グラジオラス，野菜ではニンニク，ラッキョウ，サトイモ，コンニャクなどで行なわれている。

野菜や花卉では，むかご，塊根や鱗片葉などによる繁殖が行なわれているが，これも分球に分類される。

6▌ウイルスフリー化

❶栄養繁殖とウイルス

多くのウイルスは，種子を経た次世代に伝染しないが，栄養繁殖では伝染する。ウイルスに汚染した苗が感染源となり，時間の経過とともに感染が拡大するので，栄養繁殖では，苗を生産する過程でウイルスを除去する，ウイルスフリー化が必要である。

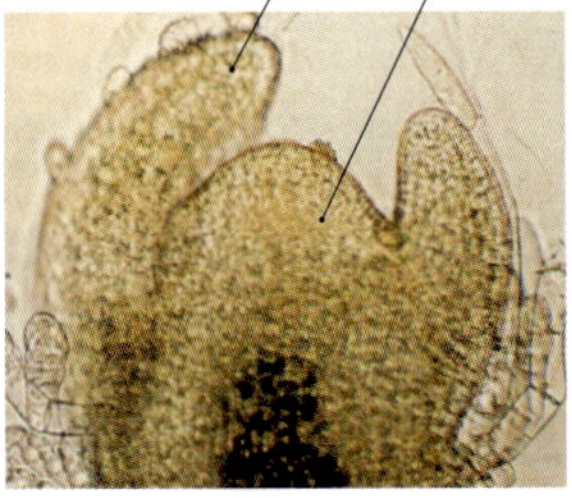

図5-Ⅰ-6　茎頂分裂組織

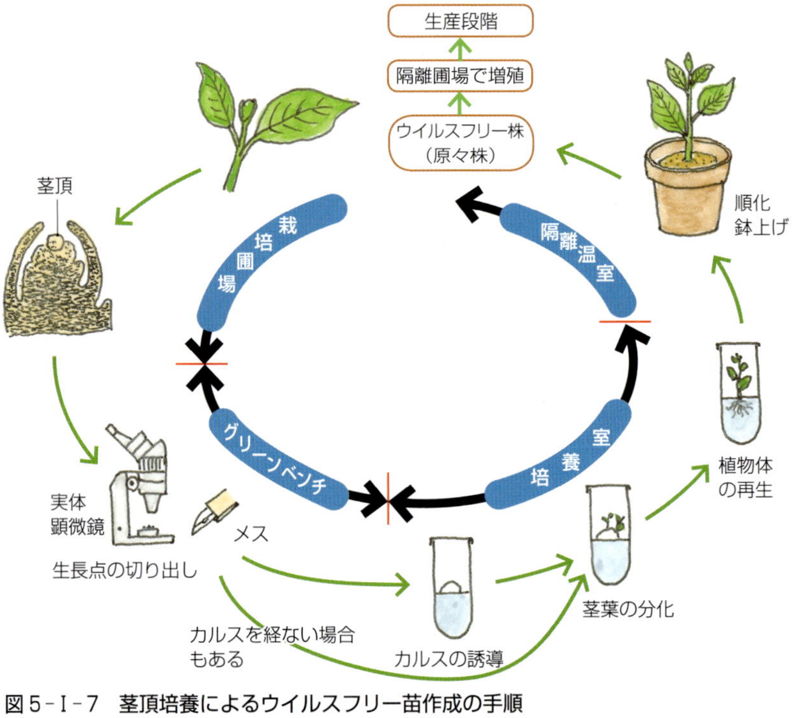

図5-Ⅰ-7　茎頂培養によるウイルスフリー苗作成の手順

茎頂（ほとんどウイルスが感染していない）を無菌的に切り出し，試験管内で培養して全植物体を再生し，ウイルスフリー株（原々株）をつくる。原々株を隔離圃場で増殖し生産段階に移す。

ウイルスフリー苗の生産には，茎頂（図５-Ⅰ-6）など細胞分裂を活発に行なっている組織の周辺部位を，無菌培養によって成長させる方法（茎頂培養法）（図５-Ⅰ-7），熱処理（注4）を行なった茎を接ぎ木する方法などがある。また，カンキツでは，珠心胚（第２章Ⅴ-3-2参照）がウイルスに感染していないことが知られており，珠心胚由来の実生を用いる方法が行なわれている。このようにして育成された無病植物（苗）をウイルスフリー植物（苗）とよぶ。

❷茎頂培養の利用

主要な果樹では，茎頂培養法でウイルスフリー苗が生産されている。また，多年生の野菜であるイチゴや，分球による繁殖が一般的であるニンニクなどでも，茎頂培養でウイルスを除去した苗が利用されている（図５-Ⅰ-8）。

茎頂培養でウイルスフリー化した苗は，定芽の分げつや不定芽（癒傷組織から発生する芽）を発生するので，同時に繁殖技術としても利用できる。

茎頂培養では成長を促すため，オーキシンやサイトカイニンなどの成長調節物質（growth regulator）を加える場合が多いが，それによって，培養変異（注5）（体細胞変異，somaclonal variation）が生じやすくなるといわれている。

3 組織培養による繁殖

1 組織培養とは

表面を殺菌した植物体から組織の一部を切り取り，無菌条件で成長させて植物を再生する方法を組織培養とよぶ（図５-Ⅰ-9）。

切り取った組織（explant）は，寒天固化培地（注6）上ではカルス（callus）（注7）をつくり，液体培地中では単体の細胞（遊離細胞）や細胞塊として成長する。カルスは適当な培養条件に移すと茎葉（adventitous shoot）や不定根（adventitious root）を分化するので，完全な植物体を得ることができる。

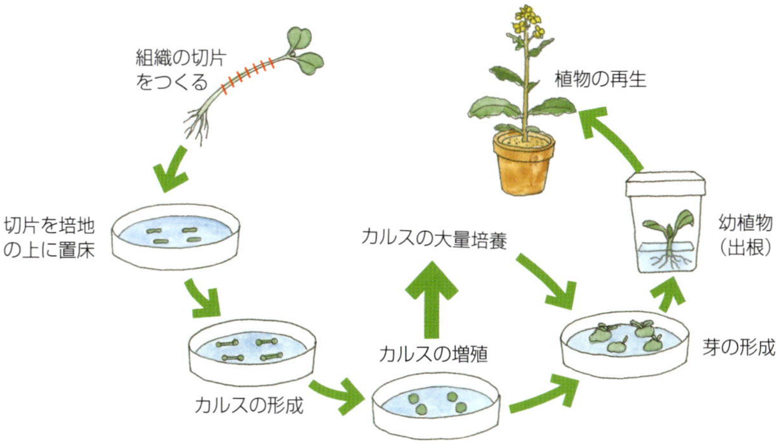

図５-Ⅰ-9　組織培養による植物の再生

〈注4〉
茎を，生育限界の高温（38℃）で数週間から数カ月間熱処理し，その間に成長した茎の先端を刃物で切り取り，ウィルスフリーの台木に接ぎ木する。

図５-Ⅰ-8
ウイルスフリー苗（左）と感染苗（右）の成長の違い
（写真提供：青森県産業技術センター野菜研究所）

〈注5〉
組織培養や細胞培養の過程で，染色体や遺伝子に生じる突然変異。

〈注6〉
寒天を約1.5％の濃度で加えて固化させた固形培地のこと。寒天固形培地とか，単に寒天培地とよぶことも多い。種類や用途によって処方し，さまざまな植物細胞や微生物の培養に利用されている。

〈注7〉
培養中にできる植物細胞の塊。もともとは植物の傷口にできる癒傷組織のことをカルスとよんだ。

〈注 8〉
受精卵由来の胚（接合子胚）ではなく，体細胞や花粉から発生する胚のことで，接合子胚に似た形態変化を経て植物に生長する。

前述のように，植物細胞は分化全能性（totipotency）を持っており，ニンジンで不定胚（adventive embryo）(注 8) の形成が発見されて以来，多くの植物で体細胞由来の胚形成（somatic embryogenesis）が確認されている。

2 組織培養による変異

カルスは，新しい培地に植え継ぐ（subculture）ことによって何代も成長しつづけるので，当初はほぼ永久にカルスから植物が得られると信じられた。しかし，植物への分化能力は，カルスの齢（培養を始めてからの期間や継代の回数）が関係していることが明らかになり，長期間の培養を続けると，再生（regeneration）しなくなることがわかってきた。さらに，組織培養によって得られた植物に，遺伝的な変異（somaclonal variation）が生じやすいことが指摘され，カルスを利用した種苗生産には限界があるといわれるようになった。

復元した植物の遺伝的変異には，染色体の倍数化（ポリプロイディー化）をはじめ，遺伝子の欠損を含む多様な変異があり，遺伝子の発現状態の変異（エピジェニック（epigenic））として現われることもある。

変異は，カルスや培養細胞だけでなく，茎頂培養でも起き，それによってキメラ性（第 2 章Ⅱ-6-5 参照）の消失や，茎頂分裂組織の成長層の逆転が起きる。その結果，組織を採取した植物でみられた形質が発現しなくなったり，逆に隠れていた性質が発現したりする。

このような培養変異は種苗生産にとっては不都合であるが，変異した細胞を培養して，親とは別の形質の植物を得ることができるので，貴重な変異源として利用することもできる。

植物工場での組織培養苗の利用

組織培養技術の開発初期から，組織培養で生産された苗を人工環境（植物工場）での栽培に利用することが推奨されてきたが，それは採種用作物が必要ないからである。とくに，生産過程で種子が得られない，茎葉や花を利用する作物で有利に活用できると期待される。

Ⅱ 品種の成り立ちと改良

栽培を始めるには，まず品種を選択する。栽培地の気象や栽培する季節などの条件に合った品種を選ばなければ十分な生産をあげることができないし，付加価値の高い品種を選択できれば高い収益が期待できるからである。品種が決まれば，その品種に合った栽培管理が求められる。 このように，品種の選択は生産の過程で重要な位置をしめている。言い換えると，いろいろな条件にきめ細かく対応した品種や，消費者の期待に応えられる，付加価値の高い品種を生産者が利用し続けることが，農業の発展に不可欠である。

1 品種と育種

1 品種とは何か

栽培植物で新しい品種を育成することを育種（breeding）という。品種改良といってもよい。それでは，品種（cultivar）とはなんであろうか。

栽培植物の品種は「種苗法」などの法律によって厳密に定義されている(注1)。その要点を以下に整理した。

○農業上重要な形質によって他の品種と区別できること
○農業上重要な形質が分離しないこと
○くり返し増殖させた後もそれらの形質が変化しないこと
○種子や苗を増殖して配布（販売）できること
○出願の前に販売されていないこと

これらの条件を満たしたものについて，育成者は新しい品種名をつけて登録申請し，認可されたものだけが品種として認められる（条件を満たしていない場合は認可されない）。

品種の登録者は一定の期間法律による保護を受け(注2)，登録者以外の者が無断で増殖したり販売することはできない。工業製品の特許の概念に似ているが，品種は生物なので，形質を変化させることなくくり返し増殖できることが条件として加わる。このように，品種とは人為分類の1つであり，「科・属・種」と分類する科学分類（生物分類）とはまったく異なる分類である(注3)。

種苗法などが整備される前に成立していた品種は在来品種（local variety）(注4)といい，現在の品種と区別される。在来品種は現在の品種と同等の条件を満たしていると考えられるが，法の保護は受けない。

2 育種の方法

育種の方法には主に，交雑育種，遺伝子組み換えを利用した育種，突然変異育種がある（図5-Ⅱ-1）。

交雑育種（cross breeding または hybridization breeding）では，はじ

〈注1〉
農水省のホームページ(http://www.hinsyu.maff.go.jp/) を参照。

〈注2〉
2005(平成17)年以降に登録された品種については25年間（永年性植物は30年間）保護を受ける。

〈注3〉
品種になった個体とならなかった個体を生物学的に区別する根拠はどこにもない。後述のように(169ページ)，種間交雑で新しい品種を育成することもあるが，この場合も種の分類と品種の分類が一致しない。

〈注4〉
カブ／ツケナ（津田カブ、中島菜，温海カブ）やカキ（西条，御所，次郎）など，明治以前から栽培されてきた植物に在来品種は多い。在来品種を維持するための努力が各地で行なわれている。

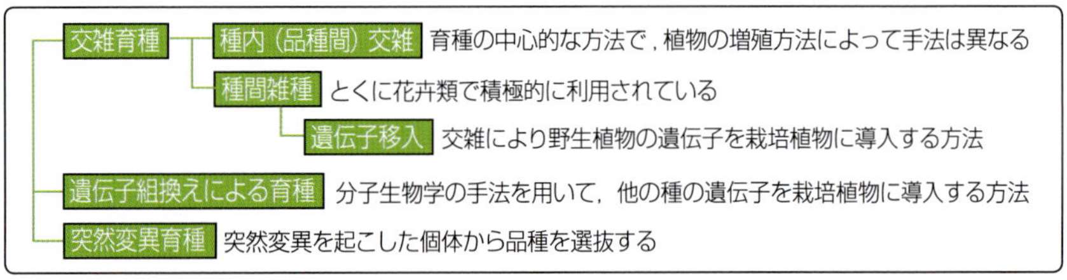

交雑育種
種内（品種間）交雑
育種の中心的な方法で，植物の増殖方法によって手法は異なる
種間雑種
とくに花卉類で積極的に利用されている
遺伝子移入
交雑により野生植物の遺伝子を栽培植物に導入する方法
遺伝子組換えによる育種
分子生物学の手法を用いて，他の種の遺伝子を栽培植物に導入する方法
突然変異育種
突然変異を起こした個体から品種を選抜する

図 5-Ⅱ-1　さまざまな育種法

めに交雑を行なっていろいろな形質を分離した個体の集団を育成し（通常 100 から数百個体），そのなかからすぐれたものを選抜して品種とする。育種の基本は交雑育種であり，一部の交雑がむずかしい植物（サトイモや温州ミカンなど）を除けば，栽培植物の育種の中心的な方法であり、今後も変わらないと考えられる。

遺伝子組み換えを利用する育種は，最近のバイオテクノロジー技術を応用した育種法である。外来の遺伝子を導入して形質の変異をつくり，そこからよいものを選抜する。

突然変異育種は，突然変異を起こした個体の中からすぐれたものを選抜して品種とする方法である。自然に起こる突然変異を利用する場合と，人為的に突然変異を誘導する場合がある。

2 交雑育種

1 繁殖方法と育種

交雑育種の方法は，繁殖方法によって大きく異なる。繁殖方法は，大きく種子繁殖と栄養繁殖とに分けられる（詳しくは第 5 章Ⅰを参照）。なおここでいう繁殖方法とは，植物を営利栽培するときに用いる繁殖方法であり，栄養繁殖で増殖する植物の多くも，交雑によって種子をつくり，種子繁殖できることに注意したい（栄養繁殖性植物の育種も交雑育種が基本である）。

種子繁殖は種子を用いて繁殖する方法で，播種から数カ月で収穫物を得られることが種子で繁殖するための条件である。増殖率が高く，育種に必要な年数も栄養繁殖と比べ比較的短くてすむ。

栄養繁殖は，種子から育てると収穫物を得るまでに数年かかる場合に用いられる繁殖方法で、栄養体で繁殖する。栄養繁殖は増殖率が低いことが問題で，後から述べるように育種に必要な年数も長い。

2 種子繁殖性植物の自殖性と他殖性

種子繁殖する栽培植物には，自殖性と他殖性がある。雌雄同花で自家不和合性がないか弱い植物は，自家受粉する確率が高いため，自殖性（イネ，インゲン他）となる。しかし，雌雄異花（トウモロコシ他），雌雄異株（しゆういしゅ）（ホウレンソウ，アスパラガス他），雌雄異熟（注 5）（タマネギ，ニンジン他），自家不和合性（第 2 章Ⅳ-8-5 参照）（キャベツ，リンゴ他），異形花型自家不和合性（注 6）（プリムラ，ソバ他）などで自家受粉がさまたげられて

〈注 5〉
ほとんどが雄ずい先熟で，花粉の飛散が終わるころに雌ずいが成熟する。

〈注 6〉
短花柱花をつける個体と長花柱花をつける個体が分離し，短花柱花同士（長花柱花同士）は受粉しにくい。

いる植物は，他家受粉する可能性が高いため，他殖性となる。自殖性植物と他殖性植物では育種の方法が異なる。

種子繁殖では，種子間の遺伝的な違いをできるだけ小さくし，少なくとも農業上重要な形質については分離しないことが，品種の必須条件である。

3 自殖性植物の育種法1：系統育種法

❶系統育種法

園芸植物では，インゲンなどのマメ類が自殖性である。系統育種法（pedigree method）は自殖性植物の育種法で，交雑して雑種第一代（first filial generation, F_1, 以下，第n世代をF_nと記載する）を得たら，その後自殖をくり返して，遺伝的に固定を進めながら選抜を行ない，有望な品種を得る方法である。

遺伝的な固定とは、ほとんどの遺伝子の対立遺伝子がホモ接合になっている状態で，純系ともいい，自家受粉すれば子は親と同じ形質を示す（形質が分離しない）。

❷遺伝子の固定

自殖をくり返すと，なぜ固定が進むのか考えてみよう。交雑に用いた両親（P）が純系であれば，第n世代の遺伝子の構成は，平均で$1/(2^{n-1})$がヘテロ接合，残りの$1-1/(2^{n-1})$がホモ接合となる。したがって，自殖をくり返すことによってホモ接合の割合が高まり，F_{11}世代ではヘテロ接合の遺伝子座は計算上およそ0.1%になる（図5-Ⅱ-2）。すなわち，ほとんどホモ接合になっており，遺伝子的に固定されている。

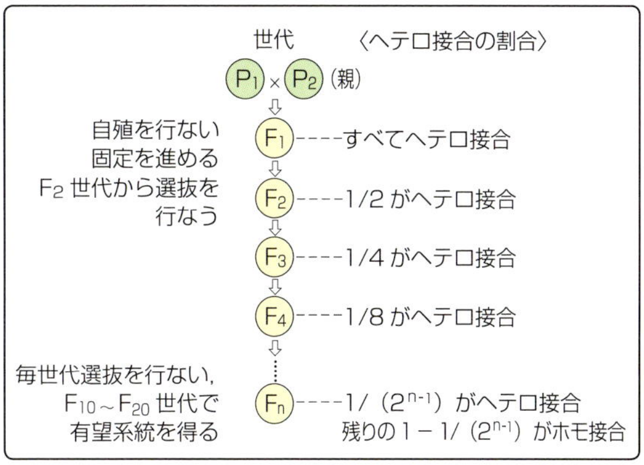

図5-Ⅱ-2　系統育種法

実際には，ホモ接合になりにくい遺伝子座もあるので，十分に世代を進めたら，少なくとも主要な形質については分離しないことを確かめる必要がある。

❸系統育種の問題点

系統育種法の問題点は，初期世代はヘテロ接合の割合が高いため，選抜した形質が次世代にも同じように現れる保証がないこと，1年1作の植物ではF_{10}世代目を得るのに10年かかること，などがあげられる。

前者の解決策として，初期世代では生育が明らかに劣る個体を除去する程度の選抜にとどめ，ある程度固定が進んでから（F_5世代あたりから）本格的な選抜を始めることが行なわれている。

4 自殖性植物の育種法2：集団育種法

系統育種法の欠点を補うために考えられたのが，集団育種法（mass method of breeding または bulk method）である。交雑してF_1を得たら，その後数世代は選抜をいっさい行なわず，自殖をくり返し世代だけを進める。ある程度固定が進んだ世代（5～6世代くらい）になってから選抜を始め，有望な固定系統を得る方法である（図5-Ⅱ-3）。

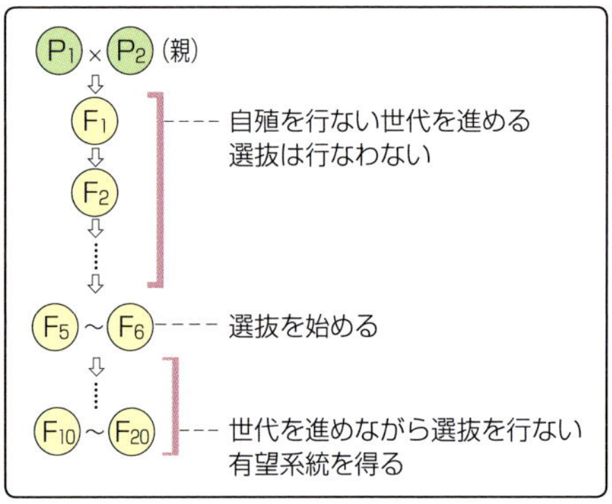

図5－Ⅱ－3　集団育種法ではある程度世代が進んでから選抜を始める

通常は，F_6世代あたりまでは温室などで栽培して，世代交代を早める（世代促進、accelerated generation advance）（注7）。世代促進がむずかしい植物では，集団育種法を用いるメリットは少ない。

世代を進めるときは，1個体から1粒の自殖種子をとり，次の世代に進める。これは，世代を進めている間に意図しない選抜（淘汰）がかからないための配慮である（一粒系統法，single seed decent method）（注8）。

〈注7〉
イネは，温室で栽培すると年に3作できる（3世代進められる）ので，世代促進を2年行なうと6世代進めることになり，4年短縮できる。

〈注8〉
たとえば，F_2を400個体で始めたら，世代促進が終わったときも400個体であることが望ましい。

5 他殖性植物の育種法

❶ F_1雑種品種

マメ類を除けば，種子繁殖する野菜のほとんどが他殖性であり，一部の地方野菜を除けば，F_1雑種を品種として利用している。F_1雑種品種（F_1 hybrid variety）は，純系の子房親と純系の花粉親を育成し，両者を交雑して得られる種子であり，この種子を生産に用いる。

F_1雑種品種は，純系（ホモ接合体）の親同士を交雑してつくるので，遺伝的にヘテロ接合体であるが，F_1個体の間では遺伝子構成は同じなので，同じ形質のものが得られる（分離しない）。品種登録は，子房親や花粉親でなく，交雑によってできたF_1雑種について行なう。

F_1雑種にすると雑種強勢（heterosis）が起こり有利である。また，F_1雑種品種から自家採種（F_2）すると形質が分離して，親（F_1）と同じ形質のものが得られないので，栽培者は毎年種子を購入しなければならず，品種育成者の利益が保護される。

❷雑種強勢

草丈や収量などの量的形質（注9）が，ホモ接合体の両親よりヘテロ接合体のF_1雑種のほうがすぐれる現象を雑種強勢といい，一般に，強健で多収になるのでメリットが大きい。トウモロコシやアブラナ科野菜など，他殖性の植物に多く認められる。

ただし，F_1にすれば必ず雑種強勢が起こるわけではなく，たとえば自殖性植物のイネは，インディカイネでは顕著に起こる（中国でハイブリッドライスとして利用）が，ジャポニカイネではほとんど起こらない。

❸純系親の育成

純系の子房親と花粉親を育成する方法は，自殖性の植物を育種する方法（系統育種法と集団育種法）に準ずる。このとき問題になるのは，他殖性の植物から，どのように自殖種子を得るかである。

他殖性植物を自殖させる方法は植物によってさまざまである。たとえばトウモロコシのように雌雄異花の場合は，袋かけを行ない他家の花粉が受粉しないようにして人工交雑を行なう。アブラナ科野菜は自家不和合性があり他殖するが，開花前は自家不和合性が弱い。この性質を利用して，開花前に人工受粉を行ない自殖種子を得る（蕾受粉）。

雌雄異株でどうしても自殖できない植物や，自殖をくり返すと近交弱勢（inbreeding depression）（注10）が起こり純系が得られない植物は，常に

〈注9〉
複数の遺伝子に支配されている形質。収量や到花日数など，農業上重要な形質の多くが量的形質である。

〈注10〉
自殖を続けると草丈や収量などの量的形質が小さくなったり種子稔性が低下したりする現象。

集団で維持してヘテロ接合性を保ちながら，主要な形質は分離しないよう選抜によって均一化をはかる（集団選抜法，mass selection）。そして，最後に2つの異なる集団の間で交雑を行ない，F_1 種子を得る。アブラナ科の地方野菜や，リンドウなどでこの方法がとられている。

❹組み合わせ能力

純系の子房親と花粉親の育成では，自殖性植物の育成と同じように，それぞれの形質を評価して選抜するが，加えて，子房親と花粉親をランダムに交雑して F_1 個体をつくり，すぐれた F_1 雑種をつくることができるかどうかも評価する（図5-Ⅱ-4）。すぐれた F_1 雑種をつくる子房親と花粉親の形質を組み合わせ能力（combining ability）といい，雑種強勢にはこの形質の評価が重要になる。

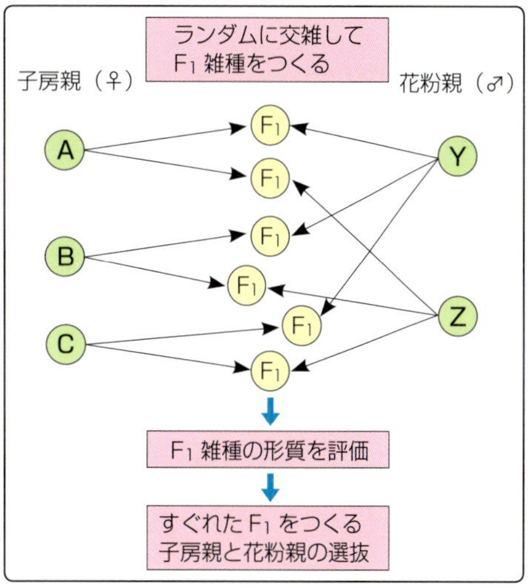

図5-Ⅱ-4　組み合わせ能力の検定法

6 栄養繁殖性植物の育種法

❶育種の方法

果樹と多くの花卉類（注11），野菜のイモ類などが栄養繁殖性である。栄養繁殖性植物は，すぐれた形質を持つ個体が得られたらそれを栄養繁殖で増殖すればいいので，遺伝的に純系にする必要はない。したがって，交雑育種の方法は単純で，交雑して F_1 をつくり（両親がヘテロ接合体なので，F_1 でいろいろな形質を持つ個体が分離する），そこからすぐれた個体を選抜し，栄養繁殖で増殖して品種にする。

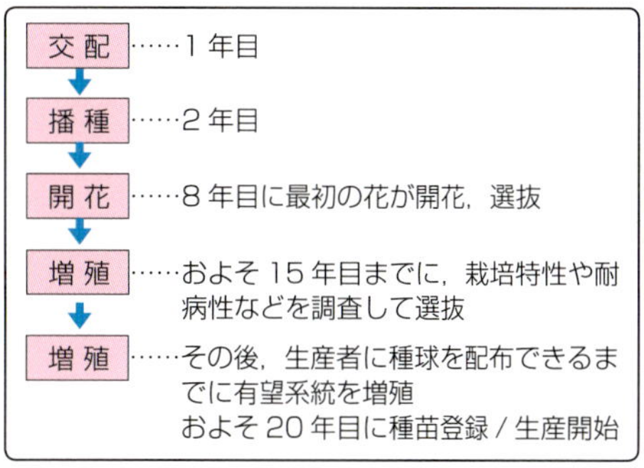

図5-Ⅱ-5　チューリップ育種の概念図
種子から育てると開花までにおよそ7年かかる。

❷長い育種年限と短縮の工夫

ところが栄養繁殖性植物の育種は，時間がとてもかかる。種子から育てると開花までに時間がかかり（1年以内に開花するものは種子繁殖されている），加えて増殖率が悪いためである。すぐれた個体が選抜できても，生産者に配布できるまでに苗木や球根を増殖するのにさらに時間がかかる。たとえば，チューリップは1品種を育種するのにおよそ20年かかる（図5-Ⅱ-5）し，リンゴの‘ふじ’は交雑から品種登録まで23年かかった。

そのため，育種年限を短縮する工夫が行なわれている。たとえば果樹では，交雑して得られた F_1 の実生を成木に高接ぎすると，苗で植えるより短期間で開花・結実する。また組織培養技術を応用して試験管内（*in vitro*）で増殖を促進する試みも行なわれている。

〈注11〉
切り花として需要の多い花卉の多くが栄養繁殖性である。
キク：挿し芽，バラ：挿し木，接ぎ木，カーネーション：挿し芽，ユリ：球根
なお，タマネギは球根を収穫するが，種子繁殖（他殖）である。

7 種間雑種の育種への利用

❶種間雑種の魅力

交雑育種では，交雑に用いる両親が遺伝的に異なっていればいるほど，後代でさまざまな形質が分離する（このことを「変異の幅が大きい」という）。たとえば，地元の品種同士で交雑を行なうよりも，外国の品種との間で交雑を行なったほうが変異の幅が大きくなる。これは，遠縁の組み合

遠縁
- 受粉しても受精しない（大部分がこれに該当する）
- 受精しても胚や胚乳が発達しない
- F1（雑種第一代）に稔性がない
- 開花期間がずれているため受粉する機会がない
- 受粉の手段が異なるため受粉できない（訪花昆虫が異なる，など）
- 生育場所が異なるため受粉する機会がない＊

近縁

＊生育場所が異なっていても形態に違いが認められない場合は同種とみなされる

図５-Ⅱ-６　高等植物での生殖隔離の例

図５-Ⅱ-７　日本の固有種の例とそれらの種間交雑で育種されたオリエンタルハイブリッドユリ
日本固有種：カノコユリ（A），タモトユリ（B），サクユリ（C），オリエンタルハイブリッドユリ‘ビビアナ’（D）

わせほど、対立遺伝子の違いが大きいからである。

異なる種の間で交雑（種間交雑）を行なうと，対立遺伝子の違いはさらに大きくなるので，変異の幅はさらに大きくなる。とてもすぐれたものからそうでないものまで，多様な形質を持つ個体ができるので，新しい形質を導入したいとき，種間雑種（interspecific hybrid）の利用はたいへん魅力である。

❷種間交雑の方法

では，どのようにして種間雑種をつくるのか。そもそも種が異なれば，何らかの生殖隔離（図５-Ⅱ-６）が働き，交雑しない。これが種を分ける根拠である。ところが比較的近縁な場合（たとえば図５-Ⅱ-６の下の３つが原因の場合）は，開花調節や人工交雑によって種間雑種の種子が得られる。

園芸植物の育種では種間雑種を積極的に利用しており，園芸植物の育種の，最大の特徴の１つである。なかでも花卉類では種間雑種を利用した育種の比重が高く，キク（イエギク），バラ，カーネーション，ユリなど主要な品目で利用されている。果樹では，カンキツ類の育種はもっぱら種間交雑で進められている。

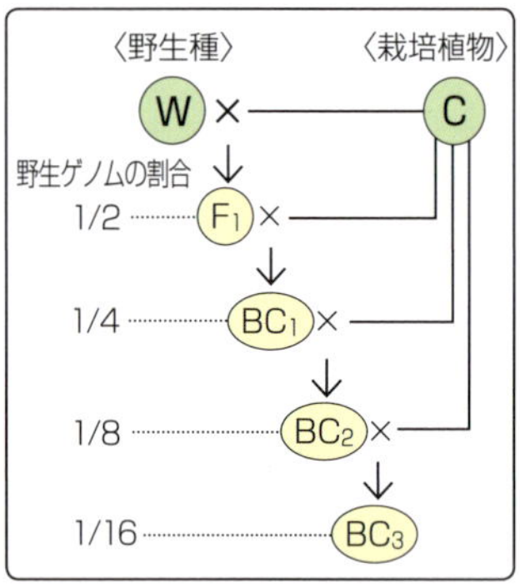

図５-Ⅱ-８　戻し交配による遺伝子移入
野生種（W）に栽培植物（C）を交配してできるF1に，栽培種の戻し交配と選抜をくり返すと野生種のゲノムの割合が減るので，栽培種の形質を維持しながら，野生種の有用形質のみ導入できる。

❸種間交雑の例

バラ（*Rosa hybrida*）では，*R. gallica*，*R. moschata* などヨーロッパや中近東に自生する原種のバラから種間交雑で育種された品種群（オールドローズ）がまず成立した。次いで19世紀以降，種間交雑で中国原産のコウジンバラ（*R. chinensis*）が持つ四季咲の性質をオールドローズに取り入れた品種群（モダンローズ）が育成された。

ユリ（*Lilium*）のなかで最もポピュラーなオリエンタルハイブリッドユ

リは，ヤマユリ（*L. auratum*），サクユリ（*L. auratum* var. *platyphyllum*）カノコユリ（*L. speciosum*），タモトユリ（*L. nobilissimum*）などの種間交雑に由来しているが，これらの原種のユリはすべてわが国の固有種である（図5-Ⅱ-7）。またスカシユリ（アジアティックハイブリッドユリ）はオニユリ（*L. lancifolium*）、マツバユリ（*L. cernuum*）などのユリに由来する種間雑種であり，これらの種は日本を含む東アジアに自生している。

カンキツ類の多くは種子ができない（注12）が，種間交雑を行なうと，組み合わせによっては交雑種子が得られる。‘清見’は温州ミカンの‘宮川早生’とトロビタオレンジの種間雑種で，さらに‘清見’を子房親に用いた種間交雑が盛んに行なわれている（たとえば，‘清見’×‘ポンカン’から‘はるみ’が育成された）。

〈注12〉
ときどき種子ができるが，これは不定胚由来の種子（アポミクシス）で，交雑由来の種子ではない（育てると親と同じ表現型になる）。

〈注13〉
トマト（*Solanum lycopersicum*）は種内の遺伝的な多様性が小さく，新しい形質を獲得するために，遺伝子移入が積極的に利用されてきた。たとえばトマトの葉かび病抵抗性遺伝子 *Cf4* と *Cf9* は，近縁野生種の *S. habrochaites* と *S. pimpinellifolium* から遺伝子移入された。

8 遺伝子移入

種間雑種では，種子の稔生がしばしば低下する。これは生殖隔離が働いた結果と考えられるが，種子繁殖性の植物では不都合である（栄養繁殖では問題にならない）。また，栽培種と野生種を交雑すると，多くの場合，果実など収穫物の大きさは両者の中間になる。これでは，野生種の有用な形質を導入しても，栽培品種として利用できない。

このような種間雑種の問題点を補うために行なわれているのが遺伝子移入（introgression）であり，栽培植物に野生種の耐病性遺伝子を導入するなどの目的で行なわれている。

方法は，野生種と栽培植物の交雑で得られた F_1 雑種に，栽培植物を交雑する（戻し交雑という），そして，野生種から栽培植物に導入したい形質を選抜しながら，種子稔性が回復するまで（または果実が十分に大きくなるまで）戻し交雑をくり返す（図5-Ⅱ-8）。その結果，導入したい野生種の遺伝子が，栽培植物に導入される。つまり，栽培植物の形質を維持しながら，野生種の有用な形質のみ導入されたことになる（注13）。

図5-Ⅱ-9
未熟胚培養で遠縁交雑したユリ
A：未熟胚から一度カルスができ，その後再分化している
B：試験管から出す直前の状態

9 遠縁の組み合わせによる種間雑種の作出

種間雑種の利用では，いかにして雑種を得るのかが最大の課題となる。遠縁の組み合わせでは受精しなかったり，受精しても胚や胚乳が発達せず，種子が得られないことが多い。これらを克服するために，以下のような方法が開発されている。

未熟胚培養（embryo rescue）：胚や胚乳の発達が子房の中で停止する場合に行なう。発達が停止する前に胚を無菌的に取り出し，無機塩類，糖，植物ホルモンの入った培地の上で発達を促し，雑種の植物を得る（図5-Ⅱ-9）。この技術の発達によって，種間雑種がつくれる範囲が格段に広がった。

花柱切断法：花柱内での花粉管の伸長が悪く受精しない場合は，花柱を短く切り詰めて受粉を行ない，受精させる方法である（図5-Ⅱ-10）。

試験管内受精：無菌的に取り出した花粉と胚のうを，培地の上で受精させる方法も研究されている。

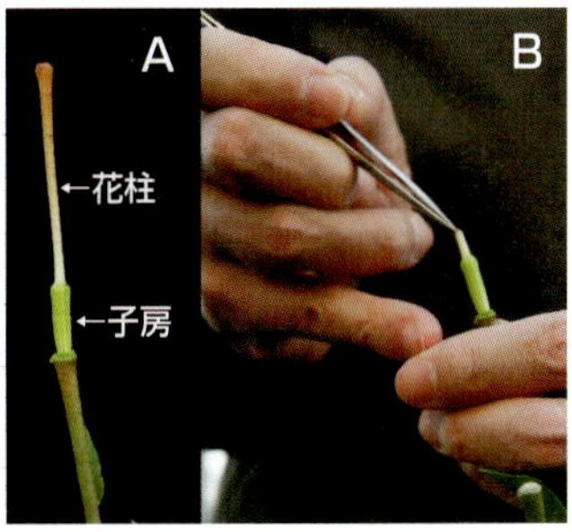

図5-Ⅱ-10
スカシユリの花柱切断法による受粉
A：花弁と雄ずいを除いて，花柱と子房を露出する
B：花柱を短く切断して，花柱溝に花粉を押し込み受粉させる

3 遺伝子組換えによる育種

1 遺伝子組換えとは

どうやっても交雑できない種から新しい形質（遺伝子）を導入するためには，遺伝子組換え技術を用いるしか方法はない。

①目的の形質を支配している遺伝子を特定して単離する（遺伝子の単離），②適当なベクターを用いて，単離した遺伝子を改良したい植物に導入する（植物の形質転換），③導入した遺伝子の転写量が十分で，目的の形質をよく発現している形質転換体を選抜する（選抜），④導入した遺伝子によってもたらされた形質以外は，形質転換していない個体と同じであることを確認する（安全性の評価），などの段階を経て遺伝子組換え植物は育種される。

2 遺伝子組換えによる育種の過程

❶遺伝子の単離

遺伝子組換えによる育種にとって最も重要なのは，有用な遺伝子を特定して単離することである。耐虫性遺伝子や除草剤抵抗性遺伝子がすでに実用化している。植物の改良に役立つ遺伝子の数をもっと増やすことが，この育種法を発展させるための鍵である。

❷植物の形質転換（遺伝子の導入）

導入したい遺伝子（外来遺伝子）を，改良したい植物に導入（形質転換）する。形質転換の方法はいくつかあるが，最も一般的なのはアグロバクテリウム（*Agrobacterium tumefaciens*）を用いる方法である（図5-Ⅱ-11）。アグロバクテリウムは，主にバラ科の植物に根頭がんしゅ病を起こす病原細菌であるが，形質転換に用いるときは，病気の原因になる遺伝子をすべて取り除いて用いる。

アグロバクテリウムが持っているTi-プラスミドに外来遺伝子を組み込んで，植物に接種して形質転換させる。当初は，アグロバクテリウムが感染する植物が限定されていたが，現在では単子葉植物も含めかなり広範な植物種に感染できるようになった。多くの場合，葉の断片（リーフディスク）やカルスに接種するので，そこから植物体を再分化させる培養方法が開発されていないと，形質転換植物は得られない。

❸選抜

外来遺伝子は，植物ゲノムのいろいろな場所に挿入されるので（挿入される位置を制御することは今のところできない），同じ遺伝子を導入しても，その遺伝子が発現するタイミングや発現量は，形質転換した個体ごとにばらばらである。したがって，遺伝子組換えを利用した育種でも選抜はとても大切で，遺伝子の転写量が十分で、かつ後の世代でも発現が安定している形質転換個体を選抜しなければならない。

❹安全性の評価

最後に，選抜した形質転換植物の安全性評価を行なう。導入した遺伝子によってもたらされた形質以外は，形質転換していない個体と同じである

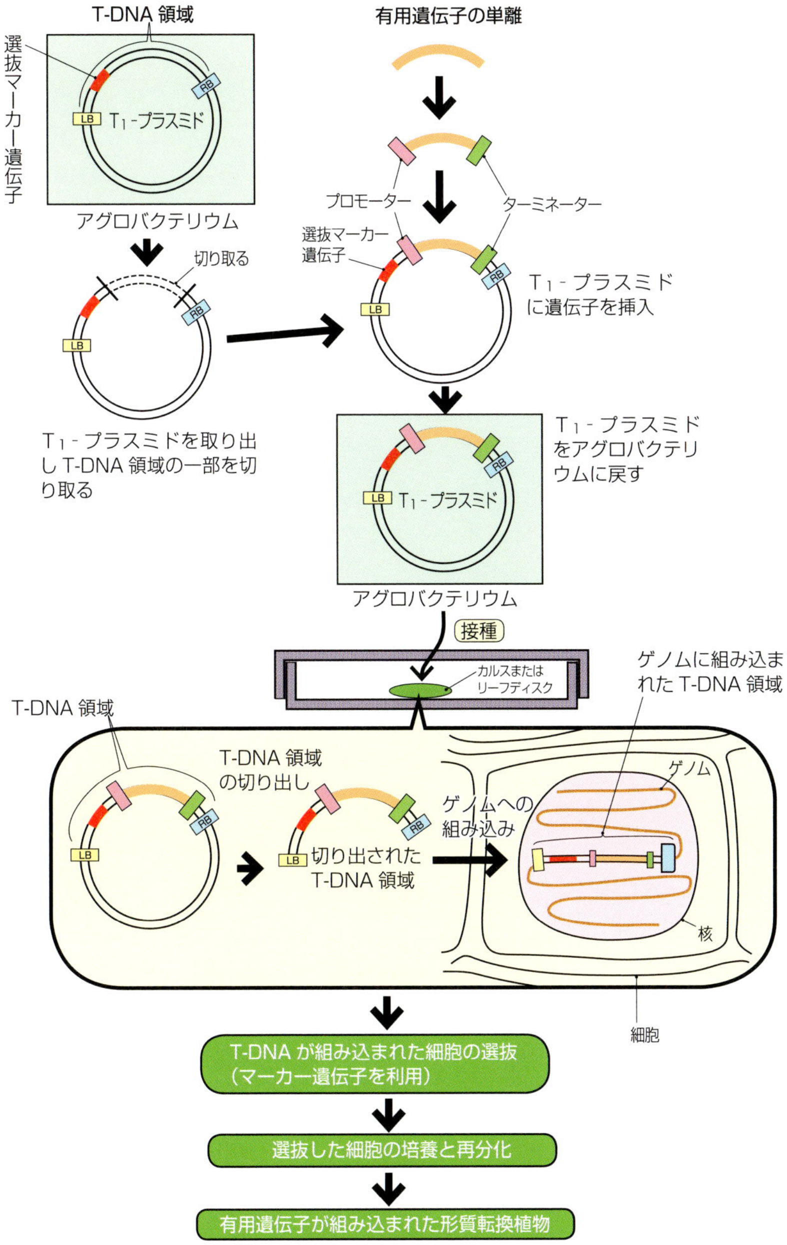

図 5-Ⅱ-11　アグロバクテリウムを用いた植物の形質転換

①導入したい遺伝子（有用遺伝子）に，②適当なプロモーターとターミネーターを連結し，③ Ti-プラスミドに挿入する。④ Ti-プラスミドをアグロバクテリウムにもどして，⑤植物のカルスまたはリーフディスクに接種する。⑥ Ti-プラスミドが持っている能力により，LB と RB にはさまれた T-DNA 領域が Ti-プラスミドから切り出され，植物のゲノムに組み込まれる。⑦ T-DNA は選抜マーカー遺伝子（抗生物質抵抗性遺伝子や除草剤抵抗性遺伝子）を持っているので，この遺伝子を利用して T-DNA が組み込まれた細胞を選抜して，遺伝子組換え植物体を再分化させる。

ことを確認することで，形質転換植物の安全性が既存の栽培植物と同程度であることを示し，安全性を相対的に評価する。

なお，環境への安全性の評価は「遺伝子組換え生物等の使用等の規制による生物の多様性の確保に関する法律」にもとづき，人間に対する安全性は，厚生労働省が定めた審査基準にしたがって行なわれる。安全性の評価が終わると育成者は品種として登録する。形質転換から安全性の評価の過程は，拡散を防ぐため，隔離された施設で行なわれている。

3 必要な合意形成

遺伝子組換えによる育種は新しい方法なので，この方法で育種された品種を実際に使用する生産者や消費者に，十分理解してもらい合意を得ることが大切である（パブリックアクセプタンス public acceptance)。この新しい育種方法では，遺伝子組換え技術を用いて異なる種の遺伝子を導入する。このうち種をまたがって遺伝子をやりとりすることは，種間雑種や遺伝子移入ですでに十分な実績があるが，あまり知られていないことなので十分に説明する必要がある。

わが国では，ペチュニアやパンジーから取り出した遺伝子をカーネーションやバラに導入することで、花弁のアントシアニン生合成経路を改変し，青い花色のカーネーションやバラが育種されている。

4 突然変異を利用した育種

1 突然変異と育種への利用

❶突然変異とは

遺伝子は親から子へ，子から孫へと正確に伝わる。ところがまれに遺伝子が変化して，それまでなかった形質が新しく現われることがある。これが突然変異（mutation）である。

突然変異が起こるメカニズムには，ゲノムのDNA鎖が複製するときにごくまれに起こるエラーや，紫外線や放射線が原因でDNA分子に生じた損傷がもとになって起こる場合，さらに、転移因子（transposable element）が転移して，遺伝子の内部やその周辺に挿入／切り出し（insertion / excision）されることによって起こる場合がある。

転移因子は，ゲノム上の位置を変えることができるDNA鎖で，トランスポゾンともいう。転移因子には，転写と逆転写の過程を経るクラスI

転移因子と易変性の形質

転移因子の多くは，ふだんは転移せずにじっとしているが，クラスII転移因子のなかには転移する頻度の高いものがある。この場合はしばしば易変性の形質の原因になる。有名な例はアサガオの花弁やトウモロコシの子実に現われる色素の斑入りで，これは転移する頻度の高い転移因子が，色素を生合成する遺伝子の内部で挿入／切り出しをくり返すことで起こる（挿入した組織では生合成遺伝子が働かないので白くなり，切り出された組織では再び着色する)。易変性の形質は花卉園芸植物では重要な形質である。

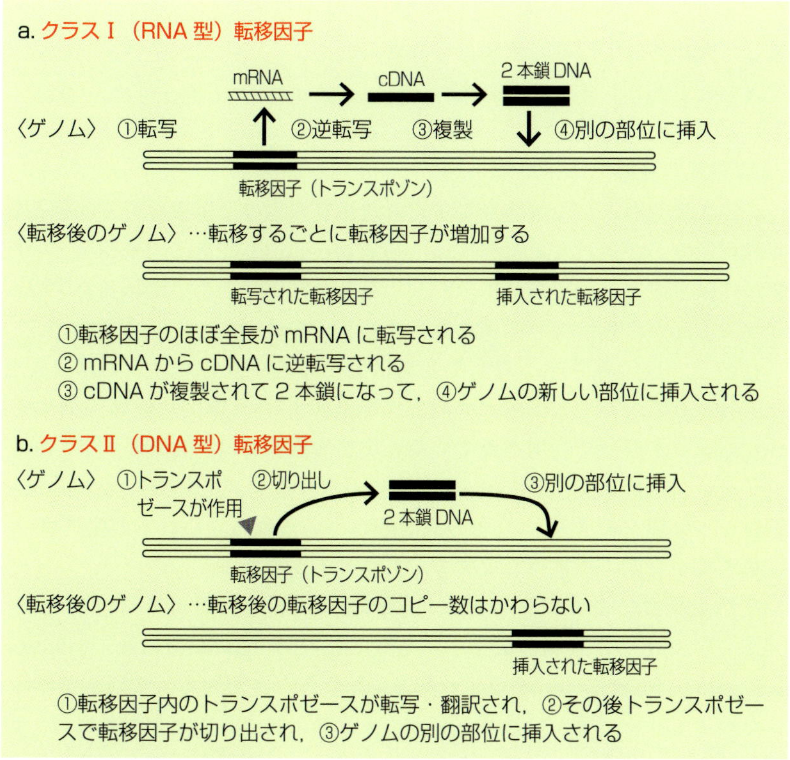
a. クラスⅠ（RNA型）転移因子
mRNA
cDNA
2本鎖DNA
〈ゲノム〉 ①転写
②逆転写
③複製
④別の部位に挿入
転移因子（トランスポゾン）
〈転移後のゲノム〉…転移するごとに転移因子が増加する
転写された転移因子
挿入された転移因子
①転移因子のほぼ全長がmRNAに転写される
②mRNAからcDNAに逆転写される
③cDNAが複製されて2本鎖になって，④ゲノムの新しい部位に挿入される
b. クラスⅡ（DNA型）転移因子
〈ゲノム〉 ①トランスポ ゼースが作用
②切り出し
2本鎖DNA
③別の部位に挿入
転移因子（トランスポゾン）
〈転移後のゲノム〉…転移後の転移因子のコピー数はかわらない
挿入された転移因子
①転移因子内のトランスポゼースが転写・翻訳され，②その後トランスポゼースで転移因子が切り出され，③ゲノムの別の部位に挿入される

図5-Ⅱ-12　転移因子の転移
注）図では表現されていないが，クラスⅠ因子はクラスⅡ因子の何倍も長い

（RNA型）と，DNA断片が直接転移するクラスⅡ（DNA型）がある（図5-Ⅱ-12）。

❷機能を失う突然変異と回復・変化する突然変異

突然変異には，それまで機能していた遺伝子が機能を失う変異（loss-of-function mutation，遺伝的には劣性の遺伝子になる）と，遺伝子の機能が回復したりもとの機能が変化したりする変異（gain-of-function mutation，優性または共優性の遺伝子になる）とがある。転移因子が遺伝子の内部に挿入されるとその遺伝子は機能を失う（loss-of-function mutation）。また，理由はよくわかっていないが，転移因子は遺伝子のイントロンや，プロモーター領域に挿入される確率が高い。転移因子がイントロンから切り出されると，遺伝子は機能を復帰しgain-of-function mutationとなる。プロモーター領域に挿入/切り出されると，遺伝子の発現するタイミングが変わり，新しい形質を獲得することにつながる（gain-of-function mutation）。

❸育種への利用

突然変異の発生率はとても低い。これは，遺伝子が変異する頻度そのものが低いことに加えて，種子繁殖性植物では，花粉や胚のうを分化する成長点で起こった突然変異のみが次の世代に伝わり（遺伝的な突然変異），それ以外の体細胞で起こった突然変異は次の世代に伝わらないからである。

〈注 14〉
'宮川早生' など温州ミカンの品種の多くは枝変わりである。千葉県では，軟X線を用いた人為突然変異を利用してサトイモ品種 'ちば丸' を育成した。

〈注 15〉
黒斑病に強いニホンナシ 'ゴールド二十世紀' などがこの方法で育種されている。

〈注 16〉
可食部が紫色のカリフラワーや，紫色の果実をつけるフレーム・マスカット（ブドウのマスカット・オブ・アレキサンドリアの枝変わり）は転移因子が関与した gain-of-function mutation である。

〈注 17〉
ある植物種では，組織培養を行なうと転移因子の転移が活発になり多くの突然変異が発生することが知られている。

しかし，栄養繁殖性植物では，新しい芽や枝で起こった突然変異を分離し，栄養繁殖で増やして利用できる。このような栄養繁殖性植物の突然変異を枝変わり，または芽条突然変異（bud mutation, sport）という。

2 突然変異育種

突然変異を起こした個体からすぐれた形質のものを選抜して，品種として利用するのが突然変異育種（mutation breeding）である。果樹などで枝変わりはさかんに利用されてきたし，交雑育種ができない温州ミカンやサトイモの品種改良は突然変異に期待するしかない（注 14）。

しかし，自然界で起こる突然変異は発生頻度が低いため，突然変異原（mutagen）を用いて人為的に突然変異を誘導する，人為突然変異（artificial mutation）が育種で利用されている。突然変異原には，コルヒチン，エチルメタンスルホン酸（EMS），メチルニトロソウレア（MNU）などの化学物質や，γ線（≒ X 線）などの放射線が用いられる。これらの変異原は，塩基置換や塩基の小規模な欠失を起こす効果がある（注 15）。

突然変異原によって誘導された突然変異のほとんどは loss-of-function mutation であるが，転移因子が関与する場合は loss-of-function mutation と，gain-of-function mutation の両方が起こることが知られている（注 16）。したがって転移因子が転移する頻度を人為的に高めることができれば，現在よりももっと多様な形質が人為突然変異によって得られると期待される（注 17）。

5 有用な形質の評価と選抜

1 形質の評価と選抜

ここまでは，変異を拡大する方法を中心に育種法を概観してきたが，育種でもう 1 つ重要なのは，さまざまな形質を分離した集団の中から，有用な形質を評価してすぐれた個体を選抜（selection）することである。

選抜の対象となる形質の中には，花や果実の形や色のように 1 から数個体あれば十分に評価できる形質から，収量や品質のように，ある程度まとまった数の個体がないと評価がむずかしい形質もある。また，開花日や収

〈注 18〉
真性抵抗性は，病原菌のレースに特異的な抵抗性遺伝子を植物が持っている場合に抵抗性を示し，レースと抵抗性遺伝子が合わない場合は罹病性になる。圃場抵抗性は，複数の遺伝子に支配された量的形質で，病原菌のレースに関係なく抵抗性を示す。

耐病性の評価と選抜

耐病性の選抜は，真性抵抗性と圃場抵抗性（注 18）で方法は少し異なるが，いずれの場合も病原菌を実際に接種しなければ評価・選抜できない。植物体の一部（葉など）または全体を接種箱（室）内に隔離して，発病に適した温度と湿度を保ちながら菌を接種し，病徴の程度を評価する。

真性抵抗性は，1 個の抵抗性遺伝子によって決まる質的形質であるが，植物の健全さ（たとえば，ひ弱に育っていると抵抗性遺伝子を持っていても罹病する）や接種条件（たとえば，接種する菌濃度が高すぎると抵抗性遺伝子を持っていても罹病する）など，遺伝子型以外の影響を受けやすいので，反復を十分にとって評価する必要がある。

穫日のように，普通に栽培すれば評価できる形質もあれば，耐病性や耐冷性のように，特殊な条件や装置を用いなければ評価できない形質もある。

実際の選抜では，その形質が質的形質（1 個の遺伝子が支配する形質 qualitative trait）なのか量的形質（quantitative trait）なのかを判断しながら，どの世代で評価すれば選抜の効率があがるのかを考えなければならない（注 19）。また，環境の影響を受けやすい形質では，評価に用いる個体数を増やしたり，厳密な条件で栽培したりするなどの工夫が必要になる。このように，選抜の方法は形質ごとにさまざまである（1 例をコラムに示した）。

〈注 19〉
例をあげると，劣性の 1 遺伝子に支配された形質は，一度選抜したら後の世代で再度分離することはない。しかし，優性の 1 遺伝子に支配された形質は，ヘテロ接合であれば次の世代で再び分離するので，再度選抜しなければならない。この場合は，世代が進んでホモ接合の割合が高くなってから選抜したほうが効率がよい。量的形質の場合は関与している遺伝子の数も多く遺伝子間の相互作用（エピスタシス）も働くので，さらに複雑である。

2 DNA マーカー選抜

❶選抜方法と利点

形質（表現型）を評価するかわりに，有用な遺伝子の遺伝子型を判定して選抜を行なうのが DNA マーカー選抜（marker aided selection）である。その形質を支配している遺伝子そのもの，またはその遺伝子と強く連鎖している DNA マーカーを用いて，遺伝子型を判定して選抜する（図 5 - Ⅱ - 13）。DNA マーカーは塩基配列の違いによって遺伝子型を判定するので，環境の影響を受けないし，わずかな DNA があれば解析できるので，発芽直後の幼植物でも判定できる。

たとえば耐病性の選抜は，病原菌を接種して評価しなければならないので，たいへんに手間がかかる。しかし，植物が持っている抵抗性遺伝子が特定されている場合は，その遺伝子を DNA マーカーで判定できるので，少ない個体からでも簡単に選抜できる。イネ品種‘コシヒカリ’のいもち

図 5 - Ⅱ - 13　スカシユリの花色を判定する DNA マーカー
PCR を用いて，花色を支配している遺伝子の優性対立遺伝子を特異的に増幅するマーカーなので，DNA の断片が増幅している (写真では白く見える) 個体の花はすべて赤くなる (15 個体を調査)
注）M は分子量マーカー

‘コシヒカリ BL’の育種

イネいもち病に対して真性抵抗性を示す抵抗性遺伝子には複数あるが，これらの抵抗性遺伝子を 1 個ずつ‘コシヒカリ’に導入した，抵抗性遺伝子だけが異なる多系品種（ライン，‘コシヒカリ BL1 号’，‘同 2 号’など）を数種類育成する（この抵抗性遺伝子の特定に DNA マーカーが利用された）。

実際の栽培では，これらのラインをいもち病のレースの変化に合わせて組み合わせ，混植する（マルチライン）。そのため，抵抗性が強いだけでなく，どれか 1 つが罹病しても他のラインへの拡大が防げるので，被害を最小限にとどめることができる。なお，同じイネ品種の‘ひとめぼれ BL’や‘ササニシキ BL’も育成されている。

病抵抗性の多系品種（'コシヒカリ BL'）の育種（コラム参照）でDNAマーカー選抜は活躍した。果樹でも耐病性に関連したDNAマーカーが開発されている。

❷ DNAマーカーの開発と課題

DNAマーカーを開発するためにはまず，有用な形質を支配している遺伝子，または遺伝子座を特定する必要がある。その上でその遺伝子（座）の遺伝子型を識別できるマーカーを開発する。

園芸植物では、遺伝子（座）が明らかになっている形質はまだそれほど多くなく，DNAマーカーが使用できる場面は限られている。果樹など，育種に時間がかかる植物でDNAマーカーが多数開発できれば，播種1年目の幼植物で早期選抜できるので，育種の効率化に貢献できると期待される。

6 遺伝資源の利用と保全

栽培植物の起源となった野生種や，地方に残っている在来品種は，最近の品種が持っていない遺伝子を維持していることが多い。これまで，こうした遺伝資源（genetic resources）を，栽培植物の起源地などで収集し，新しい育種素材の開発につなげてきた。

最近は，種間雑種や遺伝子移入，遺伝子組み換えなどの育種手法の発達によって，以前は利用できなかった異なる種の遺伝子が栽培植物の改良に利用できるようになってきた。すなわちすべての動植物が遺伝資源になる可能性がでてきており，現在では生物多様性の大きい場所を中心に遺伝資源の調査が行なわれている（注20）。

このように遺伝資源として利用可能な種の範囲が広がると，すべて収集して保存することは不可能になるので，自生地でそのままの状態で保全する視点が必要になる。生物多様性の保全は，地球環境を守るためであることはもちろんであるが，野生植物を自生地で保全することによって，将来にわたって育種素材を確保するためにも大切である。

〈注20〉
日本は大陸から切り離された列島で，南北に長く地形も複雑なため，自生する植物の多様性が大きく固有種も多い。花卉を中心に，多くの日本の自生種（固有種）が栽培植物の成立に大きく関わっている。日本列島に眠る遺伝資源の再評価も大切な課題の1つである。

第6章

園芸作物の利用と機能

1 暮らしと園芸作物の利用

1 食物としての利用

園芸作物のうち，食用となるのは果樹と野菜である（食用とする花卉もあるが，野菜に分類される）。食用部位は根から茎葉，果実，花，種子まであり，主に種子を利用する食用作物に比べて大きな特徴になっている。園芸作物は，副菜やデザートとして利用されることが多いが，栄養的にも私たちの生命活動を支える重要な役割をはたしている。

2 観賞や香りなどの利用

花卉や花木（Ornamental trees），庭木は、観賞したり，手入れを楽しむなどの目的で利用されている。また，ハーブ（香草）類のように，香りを楽しむ園芸作物もある。花卉類は，1970年代以降大きく生産を増やし，近年はやや生産が減少する傾向にあるが，潤いある暮らしや冠婚葬祭に欠かせないものとして，生活にしっかり定着している。

参考までに，花卉の生産額と，果実，野菜の生産量を図6-1に示した。

3 アメニティや「癒やし」としての利用

園芸作物には，経済作物としての栽培のほか，趣味や楽しみとしても利用され,多くの人たちがガーデニングや家庭菜園を楽しんでいる。さらに，園芸作物を育てることによる，「癒やし」や「リラックス感の向上」を福祉や医療に活用しようという動きも活発になっている。

2 園芸作物の栄養価値

1 食品の３つの機能

食品に含まれる栄養素の働き（機能）は，３つの機能に分けられる。

「一次機能」は，人間が生きていくために不可欠な基本栄養素を供給する機能である。「二次機能」は，味や香りなど食生活を豊かにする嗜好性にかかわる機能である。「三次機能」は,生体防御,体調調節,疾病予防など,健康な生命活動にかかわる機能である（表6-1）。

2 園芸作物と３つの機能

❶一次機能

園芸作物が供給源となっている栄養素の代表的なものは，ビタミンAとビタミンCで（表6-2），わが国では摂取量の半分以上が野菜類や果実類からである（図6-2）。このほか，ビタミンB群やカルシウム，鉄などのミネラル類の重要な供給源となっている。

❷二次機能

野菜類は副菜として，果実類はデザートとして食卓を飾り，豊富な色彩や，香り，さらに酸味，甘み，うま味などで嗜好性を満足させ，食生活を豊かなものにしている。

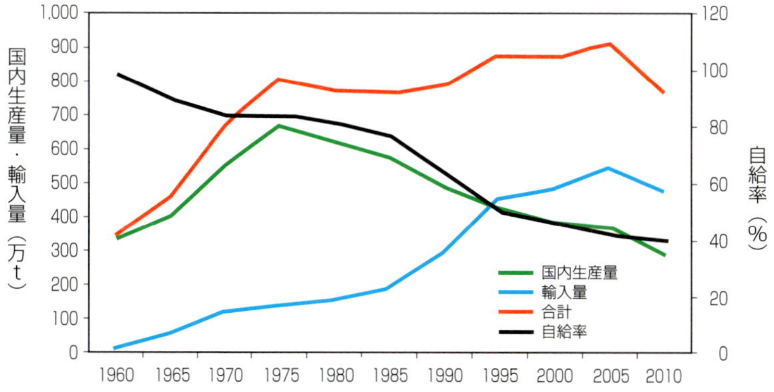

果実の国内生産量・輸入量および自給率の動向　（資料：農水省『食料需給表』より作成）

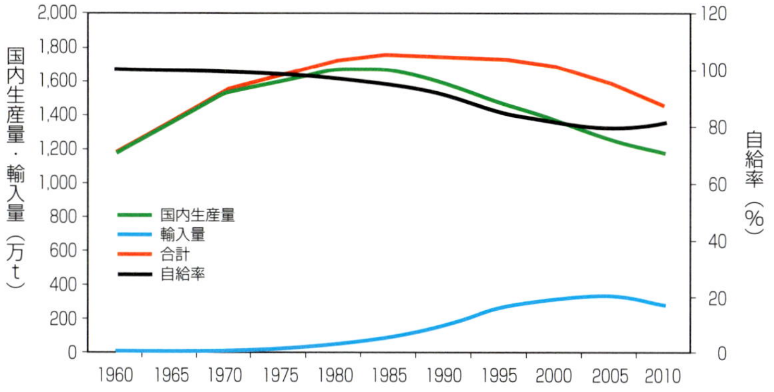

野菜の国内生産量・輸入量および自給率の動向　（資料：農水省『食料需給表』より作成）

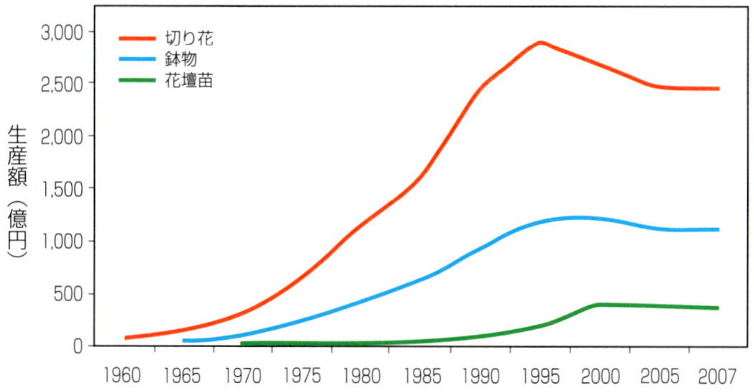

花の生産額　（資料：農水省『花きの生産状況等調査』『花きをめぐる情勢平成 21 年 4 月』より作成）

図 6－1　園芸作物の生産量（生産額）の推移

表 6－1　食品の機能

一次機能	栄養供給	炭水化物，タンパク質，ビタミンなど
二次機能	感覚（嗜好にかかわる）	味，香り，食感
三次機能	体調調節	生体防御・疾病予防・疾病回復・体調リズム調節・老化抑制

❸三次機能

近年，高齢化の進行や，生活習慣病の増加から，三次機能が注目されている。野菜や果実に含まれるビタミンやミネラル，食物繊維は健康の維持

表 6-2　園芸作物はビタミン，ミネラルの重要な供給源

食品名	タンパク質	脂質	炭水化物	無機質					ビタミン							食物繊維
									A		E	K	B1	葉酸	C	
				ナトリウム	カリウム	カルシウム	マグネシウム	鉄	β-カロテン当量	レチノール当量	α-トコフェロール					総量
	g	g	g	mg	mg	mg	mg	mg	μg	μg	mg	μg	mg	μg	mg	g
うんしゅうみかん/じょうのう/普通，生	0.7	0.1	12	1	150	21	11	0.2	1000	84	0.4	0	0.1	22	32	1
りんご/生	0.2	0.1	14.6	Tr	110	3	3	Tr	21	2	0.2	Tr	0.02	5	4	1.5
キャベツ/結球葉，生	1.3	0.2	5.2	5	200	43	14	0.3	50	4	0.1	78	0.04	78	41	1.8
ほうれんそう/葉，生	2.2	0.4	3.1	16	690	49	69	2	4200	350	2.1	270	0.11	210	35	2.8
トマト/果実，生	0.7	0.1	4.7	3	210	7	9	0.2	540	45	0.9	4	0.05	22	15	1
いちご/生	0.9	0.1	8.5	Tr	170	17	13	0.3	18	1	0.4	0	0.03	90	62	1.4
だいこん/根，皮つき，生	0.5	0.1	4.1	19	230	24	10	0.2	0	0	0	Tr	0.02	34	12	1.4
にんじん/根，皮つき，生	0.6	0.1	9.1	24	280	28	10	0.2	9100	760	0.5	3	0.05	28	4	2.7
こめ/めし/精白米	2.5	0.3	46.7	1	29	3	7	0.1	0	0	Tr	0	0.02	3	0	0.3
こむぎ/食パン	9.3	4.4	0.1	500	97	29	20	0.6	2	Tr	0.5	0	0.07	32	0	2.3
さんま/生	18.5	24.6	0.1	130	200	32	28	1.4	0	13	1.3	Tr	0.01	17	Tr	0
ぶた/ロース/脂身つき，生	19.3	19.2	0.2	42	310	4	22	0.3	0	6	0.3	3	0.69	1	1	0

注）詳しくは食品成分表データベース（http://fooddb.jp/history.html）参照　　『五訂増補 日本食品標準成分表』より）

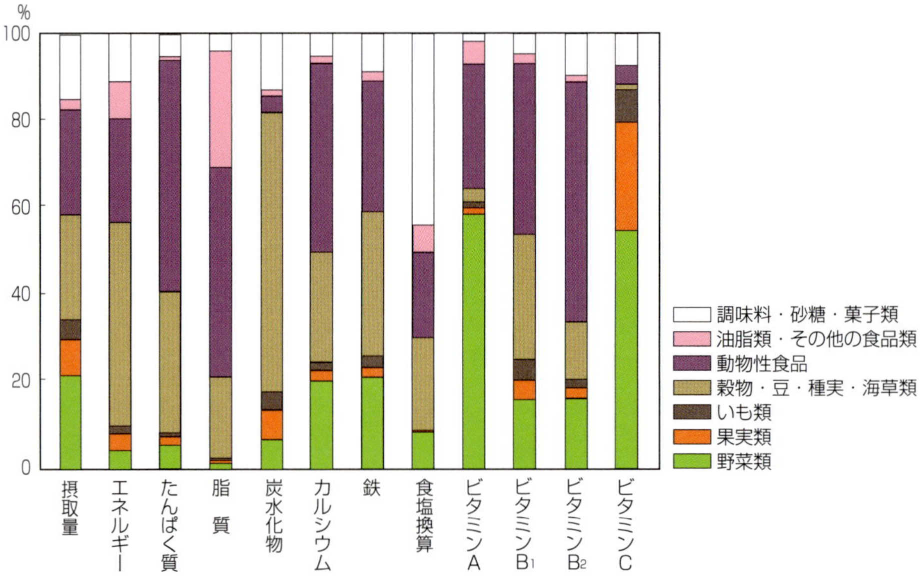

図 6-2　わが国における各摂取栄養素量に占める各食品類 の割合
（2000 年度　国民栄養健康調査（厚生労働省）データより作図）

〈注 1〉
硫黄と窒素を含む化合物で，ガン予防効果があるとされる。

〈注 2〉
硫黄化合物のことで，ユリ科やアブラナ科の野菜に含まれる，強い刺激臭のある成分。

に大きく貢献している。

さらに最近は，カロテノイドやフラボノイド，アントシアニンなど，植物色素の持つ抗酸化活性が，疾病の予防に貢献していることが明らかになってきている。また，アブラナ科野菜に多く含まれているグルコシノレート化合物（注 1）や，その他の含硫化合物（注 2）の一部も，生活習慣病の予防に貢献しているとの研究成果が得られている。

3 注目される「機能性」

1 「機能性」への着目

近年，園芸作物の三次機能のうち，人間に対する生理活性，いわゆる「機能性」が注目されている。園芸作物と人間の健康との関連が，注目を集めるきっかけとなったのは，1960～1980年代にオランダや日本などで行なわれた，大規模な疫学調査の結果である。園芸作物に含まれているフラボノイド類の摂取量の多い人は，虚血性心疾患や動脈硬化，脳血管症などの生活習慣病，ガンのリスクが低いことが報告された。それ以来，園芸作物の「機能性」について，世界中で研究が行なわれるようになった。

その後，活性酸素やフリーラジカルが，老化や生活習慣病の引き金となることが明らかになり，これらを消去する「抗酸化活性」がとくに着目されるようになった。そして，多くの園芸作物に含まれているカロテノイド類や，ポリフェノール化合物のフラボノイド類やフェノールカルボン酸などで強い抗酸化活性物質が多数発見され，これらの物質を含む園芸作物と，その機能性に関する研究がさかんになった。

2 園芸作物の抗酸化能

現在では，さまざまな園芸作物が，機能性食品素材として脚光を浴びるようになっている。

赤ワインに含まれるプロアントシアニンや，チャに含まれるカテキン類は強い抗酸化活性を示し，動脈硬化や心疾患を抑制する。ケルセチンやその配糖体の一種であるルチンは，血管壁の強化，血圧上昇抑制，マウスの直腸粘膜ガンの増殖抑制，およびアポトーシス（第4章Ⅱ-1-2）の注記参照）の誘導などの生理活性を持っていることなどが明らかになってきている。

また，園芸作物に含まれているファイトケミカル（phytochemical）（注3）と動脈硬化との関係が注目されている。低比重リポタンパク（LDL）（注4）が，活性酸素やフリーラジカルなどで酸化修飾を受けることが，アテローム型動脈硬化の原因になることが明らかになってきた。LDLの主な抗酸化物質はビタミンE（α-トコフェロール）とビタミンC（アスコルビン酸）であるが，ネギ属の野菜，アスパラガス，ブドウ種子などの抽出物や，クロロゲン酸やカフェ酸などのファイトケミカルが，LDLの酸化修飾を抑制することが報告されている。

〈注3〉
通常の身体機能維持には必要とされないが，健康によい影響を与える植物由来の化学物質。

〈注4〉
おもにコレステロールを運ぶ蛋白で，これで運ばれるコレステロールをLDLコレステロールといい，増加すると動脈硬化や血栓症を促進するので「悪玉コレステロール」ともよばれている。

3 品目や部位で異なる機能性成分含量

機能性成分の含量は，園芸作物の種類や部位によって大きく異なる。たとえば，フラボノイド化合物の一種であるルチンは，グリーンアスパラガスに大へん多く含まれているが，ホワイトアスパラガスには少ない。また，アスパラガスの若茎の根本より先端，髄より表皮に多く含まれている（図6-3）。リンゴやブルーベリーなどの果実に，豊富に含まれているポリフェノール化合物は，果肉よりも表皮に多く含まれている。

4 機能性向上の試み

❶栽培技術による機能性向上

たとえば，植物色素のフラボノイド類は，光条件の制御で，含量を制御できることが明らかになっている。このように，明らかになった抗酸化物質の性質を栽培技術に応用し，収穫物の抗酸化活性を高め，商品力のアップやブランド化に結びつけようという試みが始まっている。

たとえば，カイワレダイコンや芽出し野菜（スプラウト）は，出荷前の数日間強い光（人工光）を当てて，フラボノイドの含量を増加させるとか（図6-4），肥料養液にGABA（γ-アミノ酪酸（注5）などの機能性成分を混ぜて吸収させる，などの技術が実用化間近となっている。

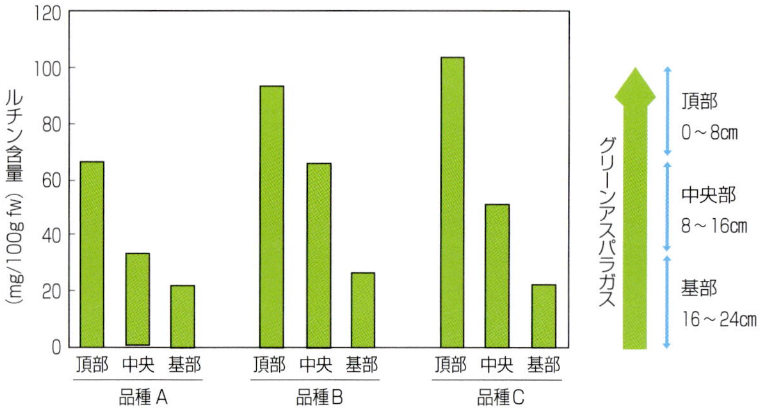

図6-3　グリーンアスパラガス若茎中のルチン含量の部位間差

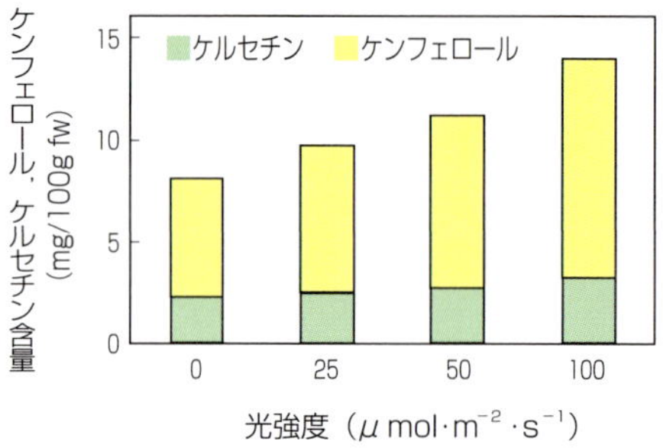

図6-4
ブロッコリースプラウトのフラボノイド（ケルセチン，ケンフェロール）含量におよぼす光強度の影響
（前川ら，2006）

〈注5〉
抑制性の神経伝達物質であり，高血圧，糖尿病などに効果があるとされている。

❷育種による機能性向上

機能性成分を多く含む系統の選抜育種，いわゆる「機能性育種」も始まっている。タマネギに含まれるケルセチン配糖体（抗炎症作用・抗酸化作用がある）は，品種間で含量に差があるが，含量を指標に交配と選抜をくり返して，含量の高い品種が育成されている。最近では，ニンジンのβ-カロテンやトマトのリコピン，さらにソバのルチンなどの含量の多い品種が育成され市販されている。

4 園芸と「癒し」

1 園芸の新しい機能「癒し」

園芸活動による、いわゆる「癒し」にかかわる効用は，心理・生理的効用，社会的効用，教育的効用，身体的効用および精神的効用などがある。

園芸活動が人々に精神的な安らぎや癒しを与えてくれることは，経験的に多くの人が感じているところであろう。植物を育てることを通して，自然に囲まれた環境で過ごすこと，生きものの生長にかかわることによる他者との協調性の向上など，多くの心理的なプラス面があると報告されている。

こうした園芸のもつ癒しの効用は，家庭菜園での作業による日常的なストレス解消から，リハビリテーションなどの園芸療法まで，さまざまな場面で活用されてきている。

2 園芸療法の歴史

園芸療法（horticultural therapy）はアメリカで 1970 年代に本格的に始まり，園芸活動が高齢者や身体･精神障害者等に対して療法的に用いられ，医学的な療法の 1 つとして定着している。わが国でも，高齢者福祉施設などで園芸療法が行なわれるようになり，一定の広まりを見せている（図 6 - 5）。とくに高齢者の心身の健康維持に，重要な役割をになっていくと考えられる。

こうした背景から，大学や短期大学などでも，「園芸療法士」の養成を始めたり，2001 年には人間と植物の多様な関係を解明することを目的とした「人間植物関係学会」が設立されるなど，園芸のもつ効用の学術研究が本格化した。さらに，2008 年には日本園芸療法学会が設立され，学会公認資格として園芸療法士の資格認定を行なっている。しかし，日本での園芸療法は，まだ本格的な医学的療法としての評価は定まっていないのが現状である。この背景には，日本での園芸療法の歴史が浅いことや，医学を含めて学術的な評価が定まっていないことがある。

3 園芸療法の課題

❶研究の課題―快適性をどう測るか

植物とふれ合うことで感じる「リラックス感」や「癒し」を，科学的な手法で客観的に測定することができれば，より効果的に園芸療法を用いることができる。また，病院や高齢者施設での，園芸療法の普及のための医学的な基礎データとしても貢献できる。

これまでの園芸療法の研究では，心理状態の測定にはアンケート方式の調査が多かったが，近年，生理的な反応（脳波，心電図，唾液の成分など）を測定し，心理と生理の両面から快適性の測定が試みられるようになってきた。こうした研究の積み重ねにより，園芸療法の学術的な評価が確立されていくものと期待される。

❷普及の課題

現状では，実際に病院や施設で園芸療法を行なっているのは，多くがその施設の一般職員で，職業として園芸療法士がかかわっている場面は，まだまだ少ない。これは、園芸療法士が国家資格ではなく，この称号を与える機関が複数存在しているなど，園芸療法士の立場が非常にあいまいなことが原因になっている。

また，園芸療法の対象となる人の，年齢，性別，既往症などはまさに十人十色である。多様な対象者への対応をどのようにマニュアル化できるのかが，園芸療法が普及する上での大きな課題となっている。

図 6 - 5
ボランティアの協力で行なわれている園芸療法の例
（写真提供：大竹正枝氏）

参考文献

〈2章-Ⅰ〉
園芸学実験・実習，大阪府立大学農学部園芸学教室編，1981，養賢堂.
花卉園芸学，今西英雄，2000，川嶋書店.
種子生物学，鈴木義弘，2003，東北大学出版会.
種子はひろがる(種子散布の生態学)，中西弘樹，1994，平凡社（自然叢書 21）.
植物形態の辞典，ヴェルナー＝ラウ著，中村信一・戸部博訳，1999，朝倉書店.
農林種子学総論，中村俊一郎，1985，養賢堂.
発芽生物学，種生物学会編・責任編集吉岡俊人・清和研二，2009，文一総合出版.
野菜の生理・生態，齋藤隆，2008，農文協.
野生草花の咲く草地づくり－種子発芽と群落形成－，近藤哲也，1993，高橋理喜監修，信山社サイテック.
Seeds: Ecology, biogeography, and evolution of dormancy and germination, Baskin, C. C. and Baskin, J. M.（1998）, Academic Press, San Diego, California, USA.
〈2章-Ⅱ〉
新しい植物ホルモンの科学（第2版），小柴共一・神谷勇治編，2010，講談社.
果樹苗生産とバイオテクノロジー，小崎格 野間豊編著，1980，博友社.
植物形態学，小倉謙，1962，養賢堂.
新果樹園芸学，杉浦明ほか，1991，朝倉書店.
新編果樹園芸学，間苧谷徹ほか，2002，化学工業日報社.
日本の野菜，青葉高，2000，八坂書房.
Plant Cell Culture, Evans, D.E. et al. 2003, Bios Scientific, London.
Plant Physiology, 5th Edition, Taiz, L. and Zeiger, E., 2010, Sinauer Associate Inc, Massachusetts.
〈2章-Ⅳ〉
光周性の分子生物学，海老原史樹文・井澤毅編，2009，シュプリンガー・ジャパン.
植物のエピジェネティクス，島本功・飯田滋・角谷徹仁監，2008，秀潤社.
植物ホルモンの分子細胞生物学，小柴恭一・神谷勇治・勝見允行編，2006，講談社.
新版植物の形を決める分子機構，岡田清孝・町田泰則・松岡信監，2000，秀潤社.
〈2章-Ⅵ〉
新しい植物ホルモンの科学（第2版），小柴恭一・神谷勇治編，2010，講談社.
〈3章-Ⅰ〉
園芸学概論，斎藤隆ほか，1992，文永堂.
作物の生育と環境，西尾道徳ほか，2000，農文協.
植物水分生理学，野並浩，2001，養賢堂.
植物生理学第3版，L. テイツ・E. ザイガー編，西谷和彦・島崎研一郎監訳，2004，培風館.
「根」物語－地下からのメッセージ－，高橋英一，1994，研成社.
水とアクアポリンの生物学，佐々木成編，2008，中山書店.
Biology of Plants, 6th Edition, Raven, P. H. et al. 1999, W. H. Freeman and Company, New York.
〈3章-Ⅱ〉
Watanabe ら（2009）The Proceedings of the International Plant Nutrition Colloquium XVI, Department of Plant Sciences, UC Davis
〈3章-Ⅲ〉
園芸生理学，山木昭平編，2007，文永堂.
環境応答，寺島一郎編，2001，朝倉書店.
光合成，佐藤公行編，2002，朝倉書店.
樹木生理生態学，小池孝良編，2004，朝倉書店.
植物栄養学，森敏・前忠彦・米山忠克編，2001，文永堂.
光と水と植物のかたち，村岡裕由・可知直毅編，2003，文一総合出版.
〈4章-Ⅰ〉
野菜の発育と栽培，藤目幸擴・西尾敏彦・奥田延幸編，2006，農文協.
〈4章-Ⅱ-1〉
農家の友(平成23年1月号)，マクロアレイでRNAウイルスをキャッチ，吉岡千夜，2011，北海道農業改良普及協会.
〈4章-Ⅱ-2〉
生物多様性科学のすすめ－生態学からのアプローチ－，大串隆之編，2003，丸善.
バイオロジカルコントロール－害虫管理と天敵の生物学－，中井まどか・大野和朗・田中利治編，2009，朝倉書店.
〈4章-Ⅱ-3～5〉
アレロパシー－他感物質の作用と利用－，藤井義晴，2000，農文協.
こうして減らす畑の除草剤－耕うんからカルチ利用まで－，高橋義雄・萱原敏治，1994，農文協.
雑草学総論，伊藤操子，1993，養賢堂.
はなとやさい 2:4-11，木嶋利男，2008.
Weed Sci. 50:688-699，Hartwig and Ammon，2002.
〈5章-Ⅰ〉
果樹の栽培と生理，ケイ・リョーゴ，山木昭平ほか訳，1993，文永堂.
植物形態学，小倉謙，1962，養賢堂.
新果樹園芸学，杉浦明ほか，1991，朝倉書店.
新編果樹園芸学，間苧谷徹ほか，2002，化学工業日報社.
日本の野菜，青葉高，2000，八坂書房.
Plant Cell Culture, Evans, D.E. et al. 2003, Bios Scientific, 2003, London.
〈5章-Ⅱ〉
植物育種学，鵜飼保雄，2003，東京大学出版会.
植物育種学第4版，吉村淳・西尾剛編，2012，文永堂.
植物育種学各論，日向康吉・西尾剛編，2003，文永堂.
植物の分子育種学，鈴木正彦編，2012，講談社.
生物多様性とは何か，井田徹治，2010，岩波新書.
〈6章〉
園芸学研究. 5: 315-320，前川健二郎ら，2006，園芸学会.
園芸学入門，今西英雄編，2006，朝倉書店.
新蔬菜園芸学，鈴木芳夫ら，1992，朝倉書店.
北海道大学農学研究科紀要. 27: 269-313，前田智雄，2005.
農業および園芸，77: 784-792，松尾英輔，2002，養賢堂.

編著者一覧

編著者

鈴木正彦　元北海道大学農学研究院教授

著 者（執筆順）

近藤哲也　北海道大学農学研究院教授
増田　清　北海道大学農学研究院教授
尾崎行生　九州大学農学研究院准教授
志村華子　北海道大学農学研究院助教
竹能清俊　新潟大学理学部教授
鈴木　卓　北海道大学農学研究院准教授
実山　豊　北海道大学農学研究院講師
渡部敏裕　北海道大学農学研究院准教授
小池孝良　北海道大学農学研究院教授
増田　税　北海道大学農学研究院教授
伴戸久徳　北海道大学農学研究院教授
荒木　肇　北海道大学北方生物圏フィールド科学センター教授
山岸真澄　北海道大学農学研究院准教授
前田智雄　弘前大学農学生命科学部准教授

農学基礎シリーズ　**園芸学の基礎**

2012年9月20日　第1刷発行
2025年5月20日　第9刷発行

編著者　**鈴木 正彦**

発行所　一般社団法人 農山漁村文化協会
郵便番号　335－0022　埼玉県戸田市上戸田2－2－2
電話　048（233）9351（営業）　048（233）9355（編集）
FAX　048（299）2812　振替 00120－3－144478

ISBN 978－4－540－11105－1
〈検印廃止〉

DTP制作 / 條 克己
印刷・製本 / TOPPANクロレ㈱
定価はカバーに表示

乱丁・落丁本はお取り替えいたします